Citizen Marketers

Clientes Armados e Organizados
Ameaça ou Oportunidade?

Citizen Marketers

Clientes Armados e Organizados
Ameaça ou Oportunidade?

Como clientes bem-assistidos tornam-se poderosos
aliados para seu produto e sua marca

BEN MCCONNELL E JACKIE HUBA

Autor do best-seller *Buzzmarketing*

M. Books do Brasil Editora Ltda.
Rua Jorge Americano, 61 - Alto da Lapa
05083-130 - São Paulo - SP - Telefones: (11) 3645-0409/(11) 3645-0410
Fax: (11) 3832-0335 - e-mail: vendas@mbooks.com.br

Dados de Catalogação na Publicação

McConnell, Ben.
Citizen Marketers. Clientes Armados e Organizados, Ameaça ou Oportunidade? Como clientes bem-assistidos tornam-se poderosos aliados para seu produto e sua marca/Ben McConnell e Jackie Huba
2008 – São Paulo – M.Books do Brasil Editora Ltda.

1. Marketing   2. Comportamento do Consumidor   3. Administração

ISBN: 978-85-7680-040-8

© 2007 by Ben McConnell and Jackie Huba

Editor
MILTON MIRA DE ASSUMPÇÃO FILHO

Tradução
Maria Lúcia Rosa

Preparação de texto
Maria Sylvia Corrêa

Revisão de texto
Eveline Bouteiller

Produção editorial
Lucimara Leal

Coordenação gráfica
Silas Camargo

Diagramação e capa
Crontec

1ª edição
2008
Proibida a reprodução total ou parcial.
Os infratores serão punidos na forma da lei.
Direitos exclusivos cedidos à
M.Books do Brasil Editora Ltda.

Este livro foi selecionado, aprovado e recomendado pela ACADEMIA BRASILEIRA DE MARKETING.

A ACADEMIA BRASILEIRA DE MARKETING é uma iniciativa e propriedade intelectual do MADIAMUNDOMARKETING, idealizada no final dos anos 1990 e institucionalizada em março de 2004.

Tem como MISSÃO: identificar, selecionar e organizar as melhores práticas do MARKETING mundial e disseminá-las no ambiente empresarial brasileiro, garantindo o acesso às mesmas, muito especialmente das micros, pequenas e médias empresas, no sentido de contribuir, decisivamente, para seus sucessos e realizações na luta pela sobrevivência e crescimento.

Tem como VISÃO: tornar todas as empresas brasileiras extremamente competitivas pela adoção e implementação das melhores práticas do MARKETING, resultando, por decorrência, no desenvolvimento econômico e social do país.

Seu ENTENDIMENTO DO MARKETING: mais que uma caixa de ferramentas, é o de tratar-se de ideologia empresarial soberana e consagrada, presente nas empresas que buscam, de forma incansável e permanente, conquistar, desenvolver e preservar clientes, e crescer, sempre, e, preferencialmente, através dos próprios clientes.

Agostinho Gaspar
Alex Periscinoto
Álvaro Coelho da Fonseca
Amália Sina
Armando Ferrentini
Carlos Augusto Montenegro
Chieko Aoki
Cristiana Arcangeli
Edson de Godoy Bueno
Eduardo Souza Aranha
Elcio Aníbal de Lucca
Francisco Alberto Madia de Souza
Francisco Gracioso
Gilmar Pinto Caldeira
Guilherme Paulus
Ivan Zurita
João De Simoni Soderini

José Bonifácio de Oliveira Sobrinho (Boni)
José Estevão Cocco
José Victor Oliva
Lincoln Seragini
Luiz Antonio Cury Galebe
Luiz Carlos Burti
Marcelo Cherto
Marcos Henrique Nogueira Cobra
Miguel Krigsner
Milton Mira de Assumpção Filho
Nizan Guanaes
Pedro Cabral
Peter Rodenbeck
Régis Dubrule
Viviane Senna
Walter Zagari

AGRADECIMENTOS

Rags Vadali e Sonja Youngwith, duas estrelas brilhantes na Graduate School of Business, Universidade de Chicago, foram nossas pesquisadoras-assistentes para *Citizen Marketers*. Sua inteligência, entusiasmo e capacidade de revelar dados e pesquisa acadêmica enquanto providenciavam o contexto necessário para nosso projeto foram valiosos, principalmente considerando que elas eram estudantes com uma razoável carga de aulas, tarefas e projetos escolares.

Agradecemos ao professor titular Puneet Manchanda da Graduate School of Business, Universidade de Chicago, por sua orientação durante este projeto.

Agradecemos atenciosamente ao professor titular Matthew McConnell (aposentado) por seus comentários esclarecedores e orientação do manuscrito. Suas observações perspicazes ajudaram a refinar e a aprimorar cada capítulo.

Para este livro, solicitamos a um grupo de leitores de nosso blog para se tornarem o comitê de revisão. Eles leram os primeiros rascunhos turbulentos e fizeram generosamente comentários, deram idéias e sugestões que tornaram o livro e sua estrutura, estimamos, três vezes melhor. Reconhecemos e agradecemos a Tom Bonner, Maryann Devine, Phil Gerbyshak, Christina Kerley, Peter Kim, Matt Lindenburg, Przemek Piotrowski, Chuq Von Rospach, Todd Sattersten, Tracy Stevens, Chris Thilk, David Thomson, e Lance Weatherby. Agradecimentos especiais a Peter Kim por inventar o termo "Foguetes", que descreve um dos quatro tipos de *citizen marketers*. Originalmente denominamos o grupo de "On-hit Wonders", mas a idéia de "Foguetes" de Peter foi perfeita.

Agradecemos a Sean Moffitt, que escreve o blog BuzzCanuck, por nos apontar para o grupo de motoqueiros marginais, os 1 Porcentos. Um enorme muito obrigado a todos os leitores de nosso blog, Church of the Customer. Alguns dos trabalhos encontrados neste livro apareceram primeiro em nosso blog: é quase impossível não ser influenciado pelos comentários de pessoas que responderam direta ou indiretamente, dando apoio a uma idéia ou criticando-a. Para aqueles que sintetizam nosso trabalho através de nosso blog, muito obrigado.

Agradecemos a todos os *citizen marketers* que nos deram generosamente seu tempo e atenção em pessoa, pelo telefone ou por e-mail: Asif Alibhai, David Bott, Chris Cardinal, Matt Feidler, Brian Finkelstein, Armand Frasco, Eric Karkovack, Miuchael Marx, George Masters, McChronicles, Thomas Middleditch, Dave Muscato, Red Cart Romance, Jim Romenesko e Fernando Sosa.

Agradecemos aos líderes de empresas que responderam graciosamente a nossas várias perguntas: Jakob DeHart, Jake Nickell e Jeffrey Kalmikoff da Threadless; Steve Dembo, Scott Kinney, Coni Rechner, Steve Sidel e Betsy Whalen da Discovery Education; Dick Costolo e Traci Hailpern da Feedburner; Scott Wilder da Intuit; Gina Clark e Patrick Seybold da Logitech; Kevin Rose da Digg; Steve Safran da LostRemote.com; Caterina Fake e Bradley Horowitz da Yahoo; Mena Trott da Six Appart; Erik Kalvianen da Product Wiki; Jeff Sandquist da Microsoft; Asa Dotzler da Mozilla; Melisa Tezanos da General Motors; e RJ Stangherlin da Discovery Educator Network.

Agradecemos aos autores e pesquisadores que partilharam graciosamente seu tempo e trabalho conosco: Steven M. Gelber, autor de *Hobbies*; Max Kalehoff e Jonathan Carson da Nielsen BuzzMetrics; e Charlene Li e Peter Kim, da Forrester Research.

Este é nosso segundo livro com a Kaplan. Somos grandes fãs de Maureen McMahon, dinâmica editora da Kaplan. Seu apoio constante e grande envolvimento com o livro significaram muito para nós. Nossa editora, Karen Murphy, nos manteve no rumo e focados durante todo o projeto. O otimismo dela é contagiante. Agradecimentos especiais aos outros membros da equipe da Kaplan, inclusive (mas não limitados a) Julie Marshall, Courtney Goethals e Samantha Raue. Ângela Hayes e Mark Fortier da Goldberg McDuffie foram os magos da publicidade. Agradecimentos especiais a Shelley Dolley por sua assistência com tarefas numerosas demais para mencionar. Uma deferência especial a John Moore e Paul Williams, que gastaram tempo conosco quando começamos a esboçar o conceito de *citizen marketers*.

Finalmente, um montão de agradecimentos a Todd Sattersten por seu feedback contínuo, apoio e amizade. A missão dele é mudar o mundo editorial. Não temos dúvida de que ele mudará.

SUMÁRIO

Introdução xi

Capítulo 1 Filtros, Fanáticos, Facilitadores e Foguetes 1

Capítulo 2 Os 1 Porcentos 25

Capítulo 3 A Democratização Total 41

Capítulo 4 Todo Mundo é Editor, Todo Mundo é Radiodifusor 55

Capítulo 5 Hobbies e Altruísmo 75

Capítulo 6 O Poder de Um 93

Capítulo 7 Como Democratizar seu Negócio 103

Conclusão 129

Notas 133

Bibliografia 163

Índice Remissivo 165

INTRODUÇÃO

Em novembro de 2004, um californiano chamado George Masters fez um upload de um arquivo de seu website pessoal que mudaria sua vida e a visão de mundo que muitas pessoas têm sobre a convergência da tecnologia, do marketing e da cultura pop. O arquivo era "Tiny Machine", uma animação de 60 segundos que Masters passou cinco meses criando e que apresentava seu astro, um iPod acrobático, o aparelho portátil da Apple Computer.

Descrever "Tiny Machine" é como descrever uma pintura abstrata, mas sua animação não é diferente dos caleidoscópios coloridos da década de 1960, com cores suaves, cujas lentes mostram corações que assumem a forma de iPods. Os aparelhos de música portáteis ziguezagueiam e giram como pás de barcos a vapor. Tudo isso coreografado para uma canção pop "viajante" da década de 1980. E como propaganda, a "Tiny Machine" trata da marca. Nenhuma narração ou explicação de suas especificações. Tem um visual agradável, com um design maravilhoso, executado com profissionalismo. Um trabalho para portfólio.

Dada a história da Apple de um logotipo inspirado no arco-íris, a propaganda "Tiny Machine" poderia se encaixar em alguns dos trabalhos publicitários da empresa. Logo, um observador desavisado não poderia ser culpado por achar que "Tiny Machine" fosse trabalho de um excelente diretor de criação inventando um esquema de branding novo, embora retrô, do iPod para a Apple, esperando que este fluísse pelo cenário da cultura pop americana como aconteceu com muitas das iniciativas anteriores da empresa. Mas "Tiny Machine" nunca apareceria como propaganda de televisão, tendo sua imagem reforçada por anúncios de revista ou por cartazes gigantes nas vitrines das lojas da Apple. George Masters era um californiano do Condado de Orange, professor de escola por vocação e fazia animação digital como amador, brincando com softwares para aprimorar sua habilidade. Ele colocou "Tiny Machine" na Web e pediu a opinião sobre seu trabalho a alguns sites fãs do Mac; ele era antigo cliente e admirador da Apple, por isso o iPod foi um modelo natural para seu estudo. Os comentários sobre sua propaganda espalharam-se rapidamente entre sites de fãs dedicados aos produtos da Apple Macintosh.

Então "Tiny Machine" apareceu em Meta Filter, um site comunitário cujas dezenas de milhares de membros trocam links e discutem sites interessantes. Foi onde Gary Stein o viu. Ele estava trabalhando como analista de propaganda on-line para a Júpiter Research na época e escreveu sobre ela [Tiny Machine] em seu blog. "Daria para pegá-la e colocá-la na MTV à tarde. Não é só uma boa [animação], é uma boa propaganda. As pessoas fazem faculdade para aprender a fazer isso. Ele simplesmente aprendeu", disse Stein na época. Alguns bloggers de marketing ouviram a recomendação de Stein e em questão de poucas semanas a "propaganda" estava viajando no boca a boca que voa pela Internet. Como algo que se espalha de blog em blog, "Tiny Machine" atraiu o interesse de articulistas de jornais e revistas e de produtores de televisão, que apresentaram Masters em reportagens e entrevistas. Em vez de a Apple contagiar o cenário da cultura pop, a propaganda "Tiny Machine" de Masters contagiou a imaginação dos profissionais de marketing cujo trabalho tenta influenciar freqüentemente a cultura.

Em um mês, "Tiny Machine" foi visto mais de 500 mil vezes on-line. Masters acabou recebendo uma oferta de emprego — de uma produtora da Califórnia — para criar animações em tempo integral. Ele aceitou.

A história de Masters e sua propaganda "Tiny Machine" representa o potencial das pessoas comuns de criar trabalho que seja absorvido pelo novo universo de blogs, podcasts e comunidades especializadas on-line, permitindo que eles construam níveis sem precedentes de reconhecimento, e até mesmo de fama. "Tiny Machine" chegou a ponto de milhões de pessoas em escritórios em casa, quartos, escolas e cafés do mundo todo escreverem reportagens, tirarem fotos, criarem animações, fazerem vídeos e cobrirem notícias como amadores. Eles estavam usando uma plataforma emergente de publicação baseada na Web, chamada mídia social, que permitia às pessoas conversarem, discutirem, trocarem e encontrarem novas comunidades de pessoas que pensassem da mesma forma. Novembro de 2004 marcou a aurora de uma nova forma de cultura amadora que vem superando muitos dos tradicionais *gatekeepers* de mídia de rádio, televisão e imprensa que costumavam determinar os sucessos, as estrelas e o que as massas consumiriam. Atualmente, pessoas comuns estão produzindo efeitos reais e tangíveis na cultura, que vinha sendo amplamente controlada pela mídia tradicional. Novas vozes vêm sendo descobertas, estrelas nascem e os barões da mídia não estão entendendo como tudo pode mudar tão rápido.

Citizen Marketers é a história de amadores e profissionais que se misturam e assumem novas formas de domínio sobre empresas, marcas, produtos e pessoas que acompanham de perto, desfazendo os costumes dos filtradores e promotores culturais existentes. Também é a história de como algumas organizações adotaram a nova realidade do engajamento participativo, deixando de lado o antigo modelo do consumidor passivo. O fato de George Masters aproveitar a onda da mania do iPod e realizar um sonho de uma nova carreira graças à conveniência tecnológica da mídia movida por pessoas comuns ilustra uma mudança quando a mídia se tornou social. Publicar e divulgar uma idéia, um novo produto ou uma nova animação bacana deixou de ser um domínio da grande mídia tradicional. Foi por essa época, em novembro de 2004, que a própria idéia de mídia em si estava evoluindo para um ecossistema de duas vias, três vias, e várias vias, de fofocas, idéias, notícias e colaboração. Pessoas comuns podiam editar, divulgar e fazer parte do público.

Até então, a maioria dos meios tradicionais tinha sido os transmissores de notícias e entretenimento, usando um sistema de entrega marcado por opções limitadas de interação. Mas blogs, podcasts e a troca de fotos e vídeos entre sites convertem as notícias e o entretenimento em um *playground* de conexões, onde os leitores podem comentar e interagir com facilidade e imediatamente com os editores. Ou se ligar a reportagens, vídeos ou comunidades específicos e apontar milhares de outros para eles. É essa criação de conteúdo sobre conteúdo, em que a facilidade é primordial e muitos princípios democráticos são sagrados, que está alimentando o aparecimento da mídia social. A mídia social remove um número enorme de barreiras tradicionais à ampla distribuição. Milhões de pessoas usam esse novo conjunto de ferramentas realmente *novas* para discutir, debater e colaborar uns com os outros, enquanto outros milhões observam, ouvem e aprendem.

Quando a mídia se tornou social, era natural chamá-la de mídia social, que passamos a definir como a soma total de pessoas que criam conteúdo on-line, bem como as pessoas que interagem com ela ou umas com as outras. As pessoas usam mídia social para expressar suas opiniões, criatividade, ou notícias sobre seus hobbies e se "socializam" totalmente com amigos, colegas e estranhos. Elas estão construindo um público próprio, cujo tamanho está rivalizando aquele da mídia tradicional. À medida que a mídia social se espalha e subverte a mídia tradicional, novos desafios fundamentais são impostos para as empresas e marcas habituadas a controlar de perto suas reputações.

Quando seu novo laptop Inspiron 600M, da Dell Computer, chegou pelo correio, Jeff Jarvis descobriu que ele não funcionava muito bem. Uma vez ligado, esquentava e ficava insuportavelmente lento. Jarvis ligou para a Dell e pediu à empresa que enviasse um técnico à sua casa em Nova York. Afinal, ele pagou um adicional por uma garantia de quatro anos, exatamente para esse tipo de problema. Quando o técnico chegou, descobriu que o defeito no computador era tão grande que não dava para consertá-lo. A única solução, disse o técnico, seria devolver a máquina para a fábrica. Aquilo irritou Jarvis. Durante anos, ele havia trabalhado como crítico, tendo atuado em vários momentos de sua carreira como crítico para *TV Guide* e depois para a revista *People*. Mais tarde ele fundou a revista *Entertainement Weekly*. Era o tipo de pessoa e escritor que não se acanhava em expor suas opiniões.

Antes dos blogs e da internet, Jarvis teria três recursos para resolver o problema de um laptop novo, mas quebrado, e do fraco suporte técnico: escrever uma carta de reclamação para a empresa, ligar para a linha direta de atendimento ao cliente da empresa ou alertar o Better Business Bureau. Mas Jarvis era um blogger conhecido. Ele digitou uma nota indignada e irritada para o mundo:

> A Dell mente. A Dell é uma droga. Acabo de comprar um novo laptop Dell e paguei uma fortuna por um serviço de atendimento em casa, durante quatro anos. A máquina é um horror e o serviço é uma mentira. Estou tendo um monte de problema com o hardware... Mas o que realmente me irrita ou foi eles dizerem que se enviassem alguém até minha casa — e eu paguei por isso — ele [o técnico] não teria as peças, então eu poderia enviar a máquina e ficar sem ela durante sete a dez dias — além do tempo de passar por tudo isso... A DELL É UMA DROGA. A DELL ENGANA. Coloque isso em seu Google e se exponha ao ridículo, Dell.

Ele postou isso em seu blog *Buzzmachine.com* em 21 de junho de 2005. Centenas de leitores de seu blog comentaram a nova divulgação, muitos dividindo com irritação experiências parecidas com a Dell. Ele escreveu outro post dois dias depois, explicando como a Dell tinha lhe pedido para retirar o disco rígido antes de ele enviar a máquina para a fábrica. Isso não tinha sentido para ele, então, como um foguete, Jarvis desabafou novamente. Ele divulgou outra nota:

"Dell, o Inferno Continua." Depois de dois dias de conserto, a Dell devolveu o laptop. O aquecimento não foi resolvido (154 graus, de acordo com o programa de termômetro que ele encontrou), e ainda estava terrivelmente lento. "E eu estou recebendo e-mail de pessoas da Dell que obviamente não estão prestando atenção", ele escreveu ainda em outro post. "Caro Mr Langley', dizia um deles. Eu os corrigi e disse que meu sobrenome era Jarvis. A resposta: 'Cara Sra. Kolar'."

Com atualizações quase diárias sobre problemas em seu laptop, o "Dell Hell" [Inferno Dell] tornou-se um vírus que infectou partes da cultura. Em uma semana, o "Dell Hell" virou assunto de painéis de discussão em várias conferências de tecnologia e marketing. O "Dell Hell" foi o assunto de matérias nos jornais *Washington Post*, *Guardian*, *Wall Street Journal* e *New York Times*. O "Dell Hell" tornou-se um catalisador para outras pessoas dividirem suas experiências pessoais ruins em seus blogs. O "Dell Hell" até me convenceu (Jackie) a ficar longe da Dell quando for comprar o meu. Mas o "Dell Hell" na verdade era um sintoma de problemas maiores na Dell.

Os concorrentes que vendiam PCs tinham, em grande parte, preços comparáveis aos da Dell e melhoraram o nível de seus serviços no final de 2004, deixando pouco espaço para as empresas de computadores baseados no Windows se diferenciarem. A Dell perdeu sua vantagem de preço baixo, parte dela envolvendo a adoção de cortes financeiros no atendimento ao cliente. Aquilo os pegou. Um ano depois das primeiras mensagens no blog de Jarvis, o Google contava com mais de 10 milhões de referências ao "Dell Hell", e o preço das ações da empresa tinham caído 45%. A campanha de marketing feita por um único homem, Jeff Javris, estimulou milhares de pessoas a enriquecerem a discussão com histórias semelhantes em blogs, sites de notícias e comunidades on-line. "Estamos na nova era do 'cuidado, vendedor'", Jarvis escreveu em seu blog. "Agora, quando você ferra os seus clientes, eles podem revidar, publicar e se organizar."

Quase um ano depois da primeira mensagem de Jarvis, a Dell anunciou que iria investir 100 milhões de dólares para aprimorar seu atendimento ao cliente. Logo depois disso, a Dell lançou seu blog "para aprender e se aprimorar ouvindo os clientes". Os bloggers que tinham postado as próprias histórias sobre problemas com os computadores Dell começaram a receber telefonemas de "especialistas em soluções" da empresa, esperando estancar parte do veneno anti-Dell que estava correndo por suas veias. A Dell não podia mais ignorar as discussões.

A Dell consertaria o novo laptop de Jarvis? Ele não esperou para descobrir. Comprou um Mac.

As histórias de Masters e Jarvis ilustram uma característica fundamental da mídia social: ela multiplica exponencialmente o poder individual. Uma única pessoa hoje tem uma chance significativamente melhor de influenciar outras pessoas não só em sua rede imediata de amigos e colegas, mas na escola, no trabalho, em redes sociais do mundo, do que ela conseguiria antes da chegada da mídia social. Uma única pessoa hoje tem uma chance maior de criar uma excitação generalizada ou de abalar a reputação de uma empresa sem a assistência dos grandes megafones da mídia tradicional. Uma única pessoa hoje é capaz de criar repercussão significativa e mensurável na reputação de empresas, reputação cada vez mais monitorada por acionistas, analistas do setor e pela mídia tradicional. E graças ao Google, uma única pessoa pode criar uma impressão profunda, antropológica de um episódio datado que milhares, senão milhões de outras pessoas poderão ler e absorver imediatamente, daqui a meses ou anos. O funil da mensagem por megafone é muito maior.

A mídia social transformou George Masters em um item procurado durante várias semanas. A mídia social permitiu que Jeff Jarvis catalisasse milhares de pessoas para espalharem uma idéia, encapsulada em um slogan, tão longe e com tanta amplitude que isso levou a Dell a gastar 100 milhões de dólares para fazer a reengenharia de suas operações de atendimento ao cliente.

As histórias de Masters, Jarvis e outros que contaremos também ilustrarão várias mudanças fundamentais que estão ocorrendo na tecnologia, sociologia e na cultura pop da criação, atenção e interação da mídia. A mídia social está questionando a própria definição de mídia, pois é ela que afeta nossa cultura, e esta por sua vez afeta o que nós compramos. O debate está sendo acelerado pelos ventos fortes do crescimento da tecnologia e pela liberdade de expressão. Em *Citizen Marketers*, apresentaremos você a pessoas comuns — que estão em toda parte e em números muito maiores do que se imagina — que criam conteúdo em nome de produtos, marcas, empresas ou pessoas. Às vezes elas criam conteúdo importante e profissional em conjunto com as empresas em questão, mas com maior freqüência é por si mesmas ou com uma comunidade de colegas ou amigos. Coletivamente, o trabalho de *citizen marketers* tem o potencial de afetar a cultura dos negócios. Em *Citizen Marketers*, explicaremos as motivações de criadores de conteúdo e seus agravos diante de empresas indiferentes ou distantes. Apresentaremos dados sobre o número de pessoas que estão criando conteúdo on-line e descreveremos em linguagem simples, não técnica, as ferramentas usadas por elas. E finalmente, vamos explorar os modelos de colaboração e participação de várias organizações que estão incorporando o conceito de *citizen marketers*. Vamos aprender como sua governança aberta alimenta seu crescimento, inclusive uma empresa cujo modelo de fabricação inteiro é direcionado pelos votos de seus clientes-cidadãos. Para entender como e por que chegamos a esse momento na história da mídia social, devemos entender quem são os *citizen marketers* e os tipos e capacidades de seu trabalho.

CAPÍTULO UM

Filtros, Fanáticos, Facilitadores e Foguetes

Ser perigoso é o negócio do futuro... Os importantes avanços da civilização são processos que fazem tudo, menos destruir as sociedades nas quais eles ocorrem.

A. N. Whitehead, *The Self-Organizing Universe*

Fiona Apple estava fora de si. Alguém tinha levado seu álbum recentemente gravado para um DJ de rádio, e ele o estava tocando. O álbum ainda não tinha sido lançado. Fiona nem tinha certeza se o álbum seria lançado. Um DJ tocá-lo para um público substancial em Seattle colocava o futuro do álbum dela, e possivelmente sua carreira, em risco.

Chamou a série de canções novas, gravadas em 2003, de *Extraordinary Machine*. Elas davam continuidade a seus dois álbuns anteriores de canções confessionais, introspectivas, e ela ganhou elogios da crítica e muitos fãs. Os álbuns foram um sucesso comercial, mas já fazia quatro anos desde que ela começara a gravar *Extraordinary Machine*, uma vida em música pop. Depois de ser encorajada por um produtor a escrever e compor de novo, Apple voltou ao estúdio confiante. Ela gravou canções novas e então... odiou-as. Não gostou do som delas. Um problema maior: a Sony, selo de sua gravadora, também não gostou.

Então o colaborador de Fiona Apple apresentou-a a um novo produtor. Ele mexeu em algumas músicas e lhes deu um novo som. Ela gostou do que ouviu e decidiu que seria melhor regravar o álbum com o novo produtor. É uma prerrogativa do artista mudar de idéia, mas a Sony reclamou. Não queria pagar pela nova gravação de um álbum que já tinha pago e que não tinha gostado. Houve muita discussão. De acordo com Fiona, o selo ofereceu-se para pagar pela nova gravação da primeira música que gostou, e então pagaria separadamente por outras músicas de seu agrado.

Nada disso, ela disse. Como artista, ela achava que entendia mais de estética musical que os empresários da Sony. Então pediu a outro selo para comprar o seu contrato. As negociações não deram certo. Muito abalada, Apple desistiu. Achou ser esse o fim de sua carreira e chegou a se candidatar a um estágio na Green Chimneys, uma empresa que usa animais como terapia para crianças com problemas.

Não demorou muito para o DJ de Seattle anunciar seu trunfo. O DJ pode ter favorecido o boca-a-boca, mas Apple tinha medo que isso atrapalhasse suas chances de outra gravadora comprar seu contrato. Quem compraria músicas que já tinham sido ouvidas e cujos arquivos digitais talvez já estivessem na Internet? Nada estava dando muito certo para Fiona Apple.

O impasse alimentou inúmeras teorias conspiratórias, principalmente aquela de que a Sony não gostou do álbum e não o lançaria para cortar suas perdas, o que, em parte, era verdade. Então apareceu *FreeFiona.com*.

Descrito como "uma organização internacional em campanha para que a Sony lançasse o novo álbum de Fiona Apple", o site era um trabalho de Dave Muscato, músico de 21 anos e professor de música de Colúmbia, Missouri. Descrevendo-se como fã de Fiona Apple desde os 12 anos e alegando "não ter nenhum relacionamento especial com ela", Muscato convocou os fãs a pressionarem a Sony para lançar *Extraordinary Machine*. Ele reuniu dez assistentes de um fórum de fãs da artista, e sua alegação de que era uma organização "internacional" não era conversa fiada. Seus assistentes eram de Israel, México, Itália, América do Sul e Escócia, bem como de quatro estados americanos. Eles inauguraram sua organização em novembro de 2004. Em poucos meses, tinham convencido 36 mil pessoas a assinarem uma petição. Enviaram para a Sony uma caixa do tamanho de uma geladeira cheia de maçãs plásticas, cada uma com o nome de um assinante da petição. Organizaram uma manifestação diante do escritório da Sony em Nova York, em um dia frio de janeiro de 2005, em que 45 outros fãs entoavam com o punho cerrado: "Nós queremos Fiona!".

Fiona lembra-se do evento: "Lembro-me muito bem de entrar na sala do fundo do apartamento de minha mãe, e minha irmã estar no computador. Eu disse, 'procure Free Fiona'. Primeiro eu comecei a rir, dizendo: 'Isto é hilário; as pessoas estão protestando e eu estou aqui, vendo reprises de *Columbo*. Não estou ao telefone com meus advogados, tentando conseguir o lançamento de meu álbum. Estou me candidatando a trabalhar no Green Chimneys! Então comecei a chorar porque fiquei emocionada. É incrível ver pessoas que você não conhece interessadas em você. E ia além de mim. Era a questão da indústria da música e de qualquer pessoa decidir o que é vendável".

Muscato gastou mil dólares para construir o site, comprar as maçãs de plástico e organizar a manifestação. Abriu uma conta PayPal para solicitar doações. Como uma organização sem fins lucrativos, era transparente quanto à sua missão, objetivos e despesas: "maçãs de plástico: 1.033,62 dólares, até agora". Levantou 3.280,56 dólares. Não chegava nos esperados 8.825 dólares, que pagariam todas as despesas, mas era melhor que nada, mesmo que a campanha acabasse lhe custando cerca de 3 mil do próprio bolso. O plano funcionou; *Free.Fiona.com* chamou a atenção da revista *Rolling Stone* e do jornal *New York Times*, que escreveram sobre a manifestação na cidade de Nova York.

Aquele foi o fator decisivo. Não demorou muito para a Sony concordar em pagar pela nova gravação do álbum. Fiona completou o trabalho em algumas semanas, e a Sony lançou *Extraordinary Machine* em 5 de outubro de 2005. Ele estreou em sétimo lugar na parada de sucessos, *Billboard*, e mais tarde foi indicado para um Prêmio Grammy. "Fiona atribui o crédito à imprensa, por toda a atenção dada à campanha Free Fiona para pressionar seu selo a lhe dar o dinheiro e a liberdade de criação para gravar novamente o álbum, como ela queria", divulgou mais tarde *Entertainment Weekly*. Em janeiro de 2006, *Extraordinary Machine* ganhou o disco de ouro, o que significa que vendeu pelo menos 500 mil cópias.

Os *citizen marketers* criam o que poderia ser considerado conteúdo de marketing e propaganda em nome de pessoas, marcas, produtos ou organizações. Com freqüência, convidam outros a participarem de seu trabalho de marketing. Dave Muscato criou um site e uma causa pela qual lutariam, em nome de Fiona Apple. Seu pequeno, mas influente grupo, conseguiu resultados para alguém — Fiona Apple — por quem tinham paixão. Levando em conta que Muscato gastou milhares de dólares seus para ajudar alguém que ele nunca conheceu, Muscato pode não ser considerado um fã típico. Esta é a natureza dos *citizen marketers* — muitas vezes, não representam a pessoa, membro, cliente ou cidadão médio, eles fogem à média e são levados pela paixão, criatividade e por uma noção de dever. Como um cidadão consciente.

Todo mundo tem alguma paixão; julgar a adequação dessa paixão é um debate subjetivo, e fazer julgamentos de valor não é nossa intenção. Em vez disso, queremos apresentar pessoas como Dave Muscato, que cria conteúdo e colabora com os outros em nome de pessoas, marcas, produtos ou organizações. Os Dave Muscatos do mundo estão realizando o trabalho de *citizen marketer* com crescente freqüência e influência. A razão de Muscato: "Sou um músico independente e sei que pessoas dedicadas, inspiradas e com um objetivo comum são capazes de mudar o mundo, para parafrasear Eleanor Roosevelt". Qualquer um cuja vida é afetada pelas ondas da cultura popular deveria ficar atento a isso e se preparar.

No mundo de citizen marketers, Muscato é um Fanático. Ele é um verdadeiro crente, um evangelista. Seu trabalho se encaixa bem no que chamamos de os quatro *Fs*: Filtros, Fanáticos, Facilitadores e Foguetes. Os três primeiros *Fs* são *citizen marketers* que parecem nobres abelhas, concentrados durante meses ou anos em seu trabalho. Os Foguetes, bem, como o nome indica — são *citizen marketers* que causam uma forte explosão e depois desaparecem como fumaça. Começaremos com os Filtros.

1.

Os Filtros são serviços eletrônicos humanos. Eles coletam reportagens da mídia tradicional, lengalenga dos bloggers, podcasts e criações de fãs sobre uma empresa ou marca específica e então dão novo formato a essas informações em um fluxo diário ou quase diário de links, resumos de reportagens e observações. A maioria dos Filtros tem uma certa objetividade, como os tradicionais serviços eletrônicos de notícias, mas alguns fazem análises críticas. Em geral, os Filtros não costumam ter surtos de mau humor ou de confrontação e, às vezes, produzem um trabalho jornalístico próprio como o blog HackingNetflix, por exemplo.

Mike Kaltschnee escreve o HackingNetflix desde novembro de 2004. Todo dia, ele divulga de três a cinco matérias que poderiam ser consideradas capazes de mudar o rumo do negócio de assinatura de DVD por correio da empresa. Cerca de 7 mil leitores o acompanham diariamente. Ele e um grande número de leitores colaboradores (ele estima que cerca da metade das notícias sejam lidas pelos leitores) destacam as táticas de marketing da empresa, como "A Netflix patrocina o Google Videos" e "banners Netflix da casa dos monstros". Freqüentemente, descreve desafios ao modelo de negócio da Netflix: "Aluguéis de vídeo por 2,99 dólares na loja Blockbuster" e "downloads de filmes que estão sendo testados pela TiVo". Divulga histórias sobre os desafios da empresa para oferecer serviços consistentes ao cliente: "A controvérsia da história de aluguel da Netflix" e "Suporte ao cliente da Netflix sob controle". Finalmente, ele destaca muitos dos novos filmes disponíveis em DVD através da Netflix.

No mundo dos bancos de investimento, analistas bem pagos têm uma atividade bem-parecida, tentando conectar os pontos de um negócio em nome de investidores de milhões de ações. Por que alguém faria a mesma coisa de graça? Kaltschnee, que trabalha para uma agência de banco de imagens durante o dia, descreve sua motivação para lançar o site: "Um experimento sobre as relações da empresa com a comunidade. Sou fã da Netflix e queria aprender mais sobre a empresa, dividindo o que eu encontrei", observa ele. "Começou como um site de fãs, mas tenho tentado torná-lo mais profissional e mesmo — encolhe os ombros — 'razoável e equilibrado'". O trabalho dele não é diferente de um analista que ensina a si mesmo e aos outros sobre o negócio que ele monitora. Esta é a base da metáfora de hacking: emprestado do universo de programação de computador, o termo significa separar algo a fim de entender como funciona, e não para se infiltrar e explorá-lo. (Os exploradores geralmente são chamados "crackers" ou "black rats". Nas páginas da HackingNetflix, há um aviso de que o site "não o ensinará a mentir, trapacear ou roubar da Netflix".)

Nesse sentido, o HackingNetflix é como uma agência independente de notícias cuja matéria principal da noite é como a Netflix está indo. Ele e outros Filtros mantêm-se firmes no assunto (de vez em quando a HackingNetflix divulga notícias sobre a Blockbuster On-line), e têm um foco jornalístico na rapidez e na noção de oportunidade. Kaltschnee escreve notas curtas com o tom objetivo de um jornalista profissional. Embora ele tenha conduzido entrevistas com funcionários da Netflix, inclusive com o CEO e fundador Reed Hastings, e divulgue freqüentemente itens sobre vagas de emprego na empresa, o enfoque singular de Kaltschnee tem reforçado sua autoridade de monitor da Netflix. Jornalistas da mídia tradicional o citam com freqüência ao contextualizar algo sobre a empresa ou o setor. Procure por Netflix no Google e HackingNetflix, geralmente, aparece no alto da primeira página de resultados. O papel de Kaltschnee de blogger como editor é parecido com o dos jornais tradicionais: ele não tem ações da Netflix nem da Blockbuster e paga sua assinatura "sem desconto". Como editor, ele também ganha renda de anúncios no blog e a receita que o programa afiliado Netflix (e da Blockbuster) paga àqueles que criam links em seus próprios sites que gerem afiliados para a Netflix.

Como categoria, os Filtros apresentam um futuro interessante; o trabalho deles poderia ser chamado de jornalismo amador, e às vezes os amadores se transformam em profissionais. Dennis Loyd, um projetista civil e designer gráfico, começou o *iPodLounge.com* como Filtrador independente alguns dias depois que a Apple introduziu o iPod, em 2001. Agora com o nome de *iLounge.com*, o site se tornou bastante popular; cerca de 4 milhões de pessoas o visitam por mês, e 100 mil delas participam de seus fóruns. A receita de propaganda permitiu a Lloyd sair de seu emprego durante o dia e trabalhar em tempo integral no site. Ele tem dois funcionários em tempo integral.

Jim Romenesko dirige a StarbucksGossip. É o blog que ele tem como hobby desde que faz blog como funcionário do Poynter Institute, um instituto de pesquisa e educação em jornalismo sem fins lucrativos. O Poynter o distanciou do mundo dos jornais para que ele fizesse um blog de notícias e questões de jornalismo. Romenesko diz que teve a inspiração para o StarbucksGossip "depois de ouvir discussões interessantes entre funcionários e clientes, e imaginar que elas ficariam bem em um site", ele nos disse por e-mail, presumivelmente de uma Starbucks. "Comecei o site para propiciar conversas entre funcionários, clientes (fãs) e críticos da Starbucks. Acho que consegui, embora me pareça que os funcionários e fãs superam os críticos de 10 a 1". Ele também freqüenta a Starbucks, indo entre três a cinco lojas por dia. "Acho que é um bom lugar para eu fazer meu trabalho e tomar um gole de café decente. Também, achei que alguém deveria acompanhar as notícias Starbucks, simplesmente porque é uma enorme força na cultura popular e empresarial." Com um slogan que diz "Monitorando o traficante favorito da América", a StarbucksGossip concentra-se em matérias que apresentam novos menus de bebidas, problemas nas lojas ou locais, programas de marketing, esforços de sindicalização, resultados trimestrais ou a esquisitice mais interessante. Suas matérias podem gerar alguns comentários ou dúzias; uma divulgação sobre gorjeta gerou mais de mil comentários. Muitos comentários parecem vir de funcionários da Starbucks.

Quando a Starbucks relatou um crescimento trimestral inferior em vendas em agosto de 2006, ela culpou o tempo de espera causado por um cardápio maior de bebidas preparadas. No StarbucksGossip, as pessoas que pareciam ser funcionários da empresa expressaram sua frustração. "O problema é que bebidas preparadas levam mais tempo para ser feitas que as bebidas expressas, e, ao contrário das bebidas expressas, a gente não pode fazer quase nada para acelerar o processo", escreveu alguém. "Além do mais, há sempre alguma bebida nova saindo e outra campanha promocional para tentar empurrar mais delas. Não podemos voltar a ser apenas uma loja que vende café?." Disse mais alguém: "O engraçado é que há anos os sócios da loja dizem para alta cúpula que os preparados diminuem a rapidez do atendimento, mas ninguém de cima pareceu disposto a ouvir. Pode ser que agora eles ouçam".

Isso mostra uma dinâmica interessante do StarbucksGossip: ele parece ter se transformado em um fórum de discussão de funcionários. Um visitante dividiu sua estratégia de gerenciamento da loja, usando um linguajar claro para os funcionários: "Uma coisa que me deixa louco é ver um barista de pé no bar expresso sem bebidas enquanto seu colega está se matando nas Bebidas Geladas. O barista de expresso deveria ajudar as Bebidas Geladas até que mais bebidas expressas fossem pedidas. Ou o atendente deveria fazer o que o título diz, 'atender', e não apenas repassar o pedido de bebidas". Um ex-gerente de marketing de varejo na Starbucks, que escreveu um livro sobre suas experiências na empresa, chama o StarbucksGossip de a melhor fonte para funcionários. "Apesar de todos os procedimentos da Starbucks para que os funcionários dessem feedback sobre decisões corporativas, o mais verdadeiro canal para isso está fora da Starbucks", escreveu John Moore, em seu blog Brand Autopsy. "O canal de feedback mais verdadeiro da Starbuck é o blog StarbuckGossip". Os futuros funcionários que fazem pesquisa sobre a empresa como um empregador potencial têm chance de "trombar" com o StarbucksGossip; geralmente ele aparece no alto da primeira página dos resultados de busca do Google para Starbucks. (Ironicamente, muitas vezes, logo em seguida vem o site chamado *ihatestarbucks.com*, outro site operado por amador, que divulgou milhares de ensaios contra a Starbucks, escritos por seus visitantes.)

Como os outros Filtros que identificamos, Romenesko quer que as milhares de pessoas que visitam a StarbucksGossip por dia troquem opiniões e discutam. "Geralmente não dou minha opinião, exceto em raras ocasiões. Uma das vezes foi quando comecei a ouvir música de Natal nas lojas Starbucks no início de novembro. No ano seguinte, a música não tinha começado até o Dia de Ação de Graças, no final de novembro. Não sei se minhas reclamações tiveram alguma coisa a ver com isso. De qualquer forma, fiquei satisfeito."

Andrew Carton, empreendedor e consultor inglês, lançou o *Treonauts.com* em novembro de 2004, como um "bloguide". É dedicado ao Treo, uma combinação de assistente digital pessoal e telefone celular feito pela Palm. Carton é um Filtro prodígio: ele analisa as novas versões do produto, dá dicas e truques sobre como usar o produto, destaca as últimas notícias dos provedores de celular que vendem o PDA, e discute acessórios do produto e software. O site diz que abriga 300 mil visitantes por mês. Um de seus fãs é Harry McCracken, o editor da revista *PC World*. "É um caso raro de blog de entretenimento e informação, de um usuário que é apaixonado pelo produto, seus usos e seu futuro — e que não tem medo de falar das suas desvantagens. Não tenho certeza se existe alguma coisa como o espírito do Treo, mas se existir, sem dúvida, os treonautas o têm."

Asif Alibhai se propôs a catalogar e a fornecer toda propaganda da Apple Computer em vídeo já criada. Seu site *WatchMacTV.com* armazena centenas de vídeos sobre a Apple. Toda propaganda "Hello, I'm a PC", toda propaganda do iPod e iTunes, todo "Switch commercial", e toda referência a vídeo de cultura pop que ele consegue encontrar. Ele é um Filtro que também é um colecionador, e esse hobby preenche seu tempo livre quando ele não está ocupado como estudante em Londres. Ele envia a dezenas de milhares de assinantes de seu podcast e videocast o último vídeo com tema da Apple que adquiriu. "Além de todos os comerciais lançados pela Apple, há centenas de vídeos raros e não lançados que as pessoas não conhecem", diz ele. Se você tiver um, Alibhai gostaria de ter uma cópia.

Por que a Apple? "É uma pergunta difícil de responder", diz ele. "É como o momento em que a gente adquire um Mac, fica apaixonado pela empresa e por tudo o que ela faz".

2.

Os Fanáticos são verdadeiros crentes. Seu papel como *citizen marketer* pode incluir a filtragem, mas eles adoram analisar o progresso diário ou semanal de uma marca, produto, organização ou pessoa e prescrever rotas de ação. São, essencialmente, treinadores voluntários. Os Fanáticos elogiam os excelentes esforços da empresa — que podem variar amplamente do marketing ao desenvolvimento de acessórios — mas também criticarão erros e lapsos, assim como faz um treinador, como uma ferramenta de ensino. A personalidade dos Fanáticos é tão variada quanto a personalidade dos treinadores de esporte. Assim como Bobby Knight, o treinador de basquete, tem uma certa personalidade (tende a ser explosivo) que é muito diferente da de Tony Dungy, treinador de futebol profissional (que tende a ser equilibrado), ambos no final das contas querem que sua equipe se destaque e vença.

Veja a *McChronicles.com*, por exemplo, um blog escrito por um homem de Nova York que se concentra exclusivamente no McDonald's. Ele quer que o McDonald's seja "venerado". Com muito cuidado, ele critica o marketing e o trabalho de branding da empresa e faz análises regulares como consumidor secreto das lojas McDonald's, em visitas freqüentes. Ele classifica as lojas quanto ao atendimento, preparação da comida e limpeza. Pobre da operadora do McDonald's quando ele descobre que tem o banheiro sujo; o McChronicles raramente perdoa essa transgressão. Sua crítica de um McDonald's em um distrito *hippie* histórico de Haight-Ashbury é direta: "Regiões com muito menos que se gabar fazem um trabalho muito melhor e refletem muito mais sua tradição ou comunidade do que esta loja. O que deveria ser um marco é uma decepção".

Ele, porém, é anônimo. Embora isso seja incomum entre os *citizen marketers* (nós lhe apresentaremos uma mulher que faz um blog anonimamente sobre a Target), suas razões para o anonimato dizem respeito à preservação de sua sobrevivência. Ele nos disse em um e-mail que vive e trabalha em uma cidade relativamente pequena. Portanto, "muitas de minhas experiências no McDonald's são na minha cidade ou em torno dela. Um único homem tem cerca de trinta McDonald's aqui. O dono de minha empresa é amigo dele. Ambos são muito ricos e poderosos". Ele começou o blog em janeiro de 2005 por causa do que chama de "uma relação de amor e ódio" com a marca.

"O McDonald's é uma das marcas mais significativas em minha vida", ele nos contou. "Teve um grande papel no meu passado — principalmente em minha infância (é quase como o Natal). Em segundo lugar, é uma pena ver a marca, que já foi esplêndida, perder a referência do que representava, o que eles me diziam que era, e o que poderia ser. Muito do que eles fazem é correto — eles estão a ponto de ser considerados excelentes por muitas pessoas mundo afora — que dói vê-los se perder. Queria que eles percebessem isso e entendessem que muitas pessoas poderiam se sentir realmente felizes (inclusive os funcionários). Na realidade, tenho certeza de que muitos funcionários percebem isso, mas sentem-se de mãos atadas pelo sistema legal, corporativo — como acontece em outras empresas."

"Acho que você poderia dizer que eu só quero que o McDonald's seja excelente."

O trabalho do blogger McChronicles segue uma tendência interessante entre os Fanáticos. Um número um pouco desproporcional de sites de *citizen marketers* que catalogamos se concentra em marcas dos setores de alimentos e bebidas. Michael Marx dirige um blog de fãs dedicado à Barq, bebida não alcoólica feita de várias raízes (*root beer*), em *Barqsman.com*. Ele é casado, tem 35 anos, é de Gilbert, Arizona, e mora com suas três filhas. Diz tomar Barq desde os tempos de faculdade. (De dia, ele é gerente de pesquisa de uma revista comercial.) Como muitos de nossos outros exemplos, ele começou a fazer o blog em novembro de 2004, também. Seu propósito era aprender como fazer blog. Mas por que a Barq's? "Para manter a marca viva."

Ele procura e publica uma variedade de excentricidades sobre a Barq's, como uma receita de costelas na cerveja ou luminárias e casas para passarinhos à venda na eBay feitas de latas vazias de Barq's. Ele é um crítico criterioso da propaganda e do marketing da Barq na Web. Sua crítica do site redesenhado da Barq's elogia um cachorro Barqy, que é mascote, e seus videogames. Ele critica a falta de informação nutricional sobre o produto e se pergunta por que a história sobre a uma marca de 116 anos é pobre. A busca por todos os sites importantes da Barq no Google traz seu site geralmente em terceiro lugar, depois do site oficial da Barq's e de um verbete na Wikipedia. Marx pode adorar Barq's, mas a bebida não lhe devolve o afeto. A Coca-Cola Company, que é dona da Barq's, aparece várias vezes em *Citizen marketers*. Ela tende a fabricar produtos sobre os quais as pessoas gostam de comentar, analisar ou brincar. A Coca-Cola não se engaja na conversa com seus fãs ou *citizen marketers*. A empresa nunca teve contato com Marx, e, como veremos em dois outros exemplos, ela tende a ignorar ou a desprezar o trabalho dessas pessoas.

Marx é determinado. Quando recebeu um e-mail da Green Bay Packers, aquilo lhe chamou a atenção. Um astro da equipe NFL estava "precisando" de sua bebida não alcoólica favorita, de sua terra natal, e a equipe pediu a Marx para ajudar o jogador a localizar uma caixa dela. Marx ligou para o maior colecionador de Barq's no Mississippi, que embalou três caixas de Barq's e enviou para Green Bay. "Foi uma sensação boa poder ajudar um cara que toma Barq's a consegui-la, estando tão longe de sua casa", Marx nos disse.

Comida é um assunto popular entre os Fanáticos, mas o entretenimento é, provavelmente, mais popular ainda. O Disney Blog é o foco de um Fanático que cobre as últimas notícias da empresa, como os furacões afetam o ramo de parques temáticos, e recentes lançamentos de DVDs Disney. John Frost escreve o Disney Blog. De dia, ele trabalha para uma instituição de caridade em Orlando, Flórida, que fornece férias gratuitas na Disney World para crianças com doenças graves. Isso cria uma intersecção interessante entre seu hobby (o Disney Blog) e seu trabalho (levar crianças doentes para Disney World). Ele é casado, tem filhos, e se descreve como um fã Disney da "terceira geração". Começou o blog em junho de 2004 porque "percebeu uma lacuna enorme de fã clube da Disney na esfera dos blogs". Em sua série "Fan Video of the Week", ele cataloga vídeos feitos por outros fanáticos da Disney. Um deles mostra uma história de 23 minutos do parque Kingdom's Tomorrowland, que documenta sua abertura em 1971 e seu funcionamento até meados da década de 1990. Outro é um diário de 16 minutos de um casal francês explorando a Disneylândia em Paris. Não perca o vídeo feito por dois estagiários do College Program do Walt Disney World documentando seu estágio, o que parece incluir muita bebedeira.

Não é raro os Fanáticos assumirem papel de ativistas, como Dave Muscato fez em nome de Fiona Apple. Desde que existem programas de TV, os Fanáticos por eles têm uma história bem documentada de suas manifestações quando uma série é cancelada.

Os fãs do suspense *Angel* da Warner Brother levantaram mais de 41 mil dólares em 2004 para convencer a rede a colocar o programa de volta em uma sexta temporada. Os fãs usaram dinheiro para alugar placas móveis em Los Angeles que diziam: "Seguiremos *Angel* até o inferno... ou outra rede". Eles fizeram os anúncios nas revistas comerciais de show-business *Variety* e *Hollywood Reporter*, e enviaram duas mil barras de chocolate com o logotipo *SavingAngel.org* e o slogan para a Warner Bros., Fox, TNT, e outros executivos da rede. Mas nenhuma rede se interessou, e *Angel* foi para o céu dos programas de TV.

Os fãs da comédia *Arrested Development* enviaram milhares de bexigas com o formato de banana (a família do programa tinha uma banca de banana congelada) para os executivos da Fox, esperando que eles reconsiderassem sua decisão de cancelar o programa. A Fox manteve-se firme e o programa morreu. Os fãs de *Star Trek: Enterprise* levaram seu fã clube a sério: levantaram mais de 3 milhões de dólares em 2005 para ajudar a Paramount a continuar a produção de uma quinta temporada. A Paramount recusou o dinheiro, e o programa saiu do ar.

Quando os leais fãs do faroeste realista *Deadwood*, da HBO, tido como "um dos programas de mais alta qualidade na história da televisão", ouviram em maio de 2006 que ele acabaria inesperadamente depois de três temporadas, eles se mobilizaram. Mas os *citizen marketers* fanáticos de *Deadwood* e a maturação da mídia social podem ter ajudado a dar um final raro a esse resultado típico de uma história de cancelamento hollywoodiana.

Neil Monnens, um Fanático que mora em São Francisco, iniciou um site chamado *HboNoMo.com*. Era um abaixo-assinado on-line pedindo o cancelamento de suas assinaturas da HBO se a rede não renovasse *Deadwood*. Reuniu 652 assinaturas em 13 dias. Centenas de opiniões apaixonadas e criteriosas foram escritas: "Sou assinante desde 1982. A HBO tem tido programas muito bons, mas nenhum melhor que *Deadwood*", escreveu um assinante da petição. "A decisão de cancelar *Deadwood* mostra o completo desrespeito da HBO por seu público e pelos artistas que produziram esse excelente programa. Eu não apoiarei uma empresa que trata seus consumidores com tal desdém."

Chip Collins, em Boston, lançou um site chamado *SaveDeadwood.net*. Em cinco dias, ele levantou 6 mil dólares de 81 fãs para publicar uma carta em *Variety*. Dizia: "Em nossa opinião, deixar de permitir que *Deadwood* complete sua história toda não só priva milhões de assinantes HBO de todo o mundo da oportunidade de ver *Deadwood* até sua conclusão, o que lhes é de direito, mas também cria um sério desincentivo para o investimento do espectador em futuras séries da HBO". Eles assinaram a carta: "*Atuais* Assinantes da HBO". Considerando o profundo interesse do programa pelo universo profano, não é difícil imaginar os e-mails cheios de indignação enviados aos escritórios da HBO.

Como ocorre com freqüência no entretenimento, um negócio complexo e variado, as razões por trás da eliminação de *Deadwood* não eram tanto a popularidade do programa — seus 4 milhões de espectadores fizeram dele o segundo programa mais assistido da HBO, depois de *Família Soprano*, com 9 milhões de espectadores — mas de economia do futuro. A HBO não queria ter os direitos de distribuição de todos os programas, com os quais as redes ganham lucros substanciais. No que soa como um negócio complicado de jogadores de beisebol, o criador de *Deadwood*, David Milch, era contratado pela Paramount quando a HBO quis comprar seu roteiro para o programa.

Ao fazer o seu acordo, a HBO deu à Paramount direitos de distribuição de *Deadwood* no exterior, para adquirir Milch. Embora a Paramount não tivesse investido no programa, ela colheu alguns benefícios de seu sucesso subseqüente. Dividir os lucros com a Paramount significava que a HBO não estava ganhando tanto dinheiro no programa quanto poderia.

Enquanto isso, Milch desenvolveu uma idéia para uma série totalmente nova. A HBO gostou e assinou contrato imediatamente, inclusive com todos os direitos de distribuição. Mas aqui está a parte que deixou os críticos de TV perplexos: a HBO queria que Milch começasse a trabalhar imediatamente na nova série em vez de completar uma quarta temporada de *Deadwood*. Trabalhar em ambos os programas ao mesmo tempo seria praticamente impossível para Milch, que queria participar de tudo, e a HBO não queria pagar os atores contratados do *Deadwood* durante um período de espera até que a gravação do novo programa tivesse terminada. Quando a HBO confirmou, em 11 de maio de 2006, que tinha deixado as opções nos contratos com um grande desfalque no elenco de *Deadwood*, os fãs sabiam que a terceira temporada, que mal tinha começado, seria a última. Foi quando alguns deles se juntaram às fileiras de ativistas de programas de TV.

Está cada vez mais fácil, na era da mídia social, atrair pessoas e levá-las a agir porque há mais oportunidades para se conversar e para espalhar comentários. Cerca de trinta fóruns de fãs em vários sites, inclusive o *HBO.com*, já discutiam tudo sobre *Deadwood*. Mesmo fóruns dedicados a assuntos totalmente diferentes, como Full Contact Poker, falavam do programa. Com fãs em todas as comunidades on-line, as notícias da campanha "Salve o *Deadwood*" se espalharam com rapidez. Fóruns on-line costumam arquivar todas as discussões de modo que os fãs possam entrar em uma discussão a qualquer momento, sugerir uma ação e testar sua viabilidade com a comunidade. Essa arquitetura aberta cria uma forma transparente de conhecimento coletado. Os mecanismos de entrega construídos em várias ferramentas de mídia social aceleram a troca de conhecimentos. Quando o conhecimento coletivo é criado a um ritmo mais rápido, as decisões podem ser tomadas comparativamente mais rápido, resultando em ação mais rápida. Talvez tenha sido assim que os fãs de *Deadwood* fizeram a diferença.

Quase um mês depois, a HBO e Milch concordaram com dois episódios finais de duas horas para serem exibidos em 2007, que concluiriam a série. Pelo menos uma pessoa envolvida no programa dá aos Fanáticos crédito por forçar a HBO. W. Earl Brown, que interpreta o cara durão Dan Dority de *Deadwood*, freqüentemente conversa com fãs pelos fóruns on-line da HBO. Depois de notícias do acordo serem anunciadas, ele escreveu: "Bem, vocês todos fizeram isso. Honestamente, acredito que o esforço de todos vocês foi a gota d'água que levou a concluir *Deadwood* — e não a acabar".

Chip Collins, que tinha levantado dinheiro para a propaganda em *Variety*, comentou seu trabalho de ativista: "É difícil pensar em muitas campanhas de fãs para salvar programas. Mas nós realmente pretendemos fazer uma declaração. Queremos continuar lutando". Como muitos dos personagens em *Deadwood*, eles fizeram isso.

As histórias dos Fanáticos ilustram um tema central: eles querem contribuir. Enfrentam desafios totalmente diferentes em sua busca para adicionar valor, seja o tempo ou a indiferença. Querem contribuir e freqüentemente fazem isso, mesmo que a empresa não esteja ouvindo.

3.

Os Facilitadores são comunidades de criadores. Sua ferramenta básica de *citizen marketer* é um informativo ou comunidade na Web ou em software da comunidade. Os facilitadores são como os prefeitos em cidades on-line, e algumas comunidades on-line superam as populações de pequenas cidades.

Os Facilitadores criam comunidades on-line por diversas razões. Para produtos como o telefone inteligente da Palm Treo ou o vídeogravador digital TiVo, essas comunidades de produto são, de fato, grupos de apoio em que os clientes agem como técnicos de call center. Alguns facilitadores criam comunidades simplesmente para os fãs se conectarem uns com os outros. Algumas comunidades fazem ambas as coisas. O tamanho ou a demografia de algumas comunidades criadas por Facilitadores se torna atraente o suficiente para interessar anunciantes.

A maioria dos Facilitadores atua independentemente das empresas ou produtos, mas alguns têm buscado a bênção ou a aprovação tácita da empresa. Pelo menos uma empresa — a TiVo — mantém conversas regulares on-line e off-line com membros de uma comunidade de *citizen marketers* dedicada ao produto. Seu fundador é David Bott. Ele era um homem de 33 anos, entusiasta do teatro e funcionário municipal em uma pequena cidade perto de Rochester, Nova York, quando lançou a TiVo Community, em janeiro de 1999, para fãs do aparelho de gravação digital de vídeos. Vários funcionários da TiVo destacam-se entre os freqüentadores habituais da comunidade de Bott, de 130 mil membros.

Comunidades para modelos específicos de carros são as preferidas dos Facilitadores. On-line são encontrados sites criados por cidadãos para o Corvette da Chevrolet,

Thunderdird da Ford e Explorer (um clube da Ford Explorer é organizado apenas para organizar trabalhos de caridade), e para o Máxima e o Z28 da Nissan, e a lista continua. Se há um modelo de carro, há provavelmente um fórum criado por algum cidadão.

Um fórum criado por um Facilitador para o Mini Cooper da BMW é o *MINI2.com*. Ele se diz a maior comunidade on-line para os donos de mini. Paul Mullett era pai em tempo integral, em Bedfordshire, Inglaterra, e Casey Swenson era um programador de 25 anos na IBM em Rochester, Minnesota, quando eles lançaram o *MINI2.com*, em janeiro de 2001, como uma iniciativa independente. Com os anos, a comunidade deles atingiu 20 mil adeptos de Mini do mundo todo, que conversam sobre as vantagens e desvantagens do carrinho. A comunidade *MINI2.com* é mais elaborada que as comunidades afins; os membros podem pagar 17 dólares (o correspondente a 10 libras inglesas ou 16 euros) para se tornarem um Mini2 Privilege Member. A taxa permite aos membros carregarem imagens, acessarem um fórum privado para outros membros pagantes criarem um blog pessoal e obterem descontos de empresas Mini pós-vendas. Para Millett e Swenson, ser Facilitador significa reunir membros pagantes e policiar a comunidade em busca daqueles que poderiam perturbá-la. A seção "Pits" do site lista membros que foram banidos da comunidade; lá mesmo, como em um informativo em uma praça pública, estão os nomes de 171 pessoas. O site até faz a conta: os membros banidos representam 0,054% de todos os usuários desde a fundação do site.

A BMW presta atenção a esse fórum. Considerar as fortes habilidades de marketing de Mullet é uma ação inteligente da empresa. Em julho de 2006, ela fez um convite a ele e a 79 jornalistas para fazerem um test-drive do Mini 2007, mas Mullet não deu essa notícia à sua comunidade. Depois de sua experiência secreta de test-drive, Mullett lançou uma campanha de marketing própria para revelar o novo modelo à sua comunidade. Ele divulgou um banner de propaganda na comunidade: "27-07-2006 – MINI2", sem outra explicação. Durante duas semanas, os membros especularam. Uma hora antes do anúncio, a comunidade comentava com entusiasmo. Os membros de todo o mundo relataram que se sentaram diante de seus computadores, com salgadinhos e bebidas, esperando pelo anúncio. À meia-noite e cinco minutos, Mullet se tornou marqueteiro do Mini, divulgando uma olhada rápida de insider na edição de 2007. Ele tinha análises detalhadas de todas as novas especificações do carro. Divulgou fotos de detalhes e vídeos do interior e do exterior. Divulgou vídeos dele fazendo test-drive do carro em uma pista de prova. Os membros da comunidade ficaram extasiados. Alguns ficaram surpresos a ponto de se decidir pela compra do modelo 2007.

4.

Os Foguetes são os *citizen marketers* que fazem sucesso uma única vez.

Às vezes, o proverbial cabelo rebelde aparece e alguns amigos criam um vídeo engraçado, feito em casa, em 20 minutos, o divulgam em um site de vídeo e o vêem acumular dezenas de milhares de acessos. Nem todos os Foguetes são produções rápidas. A propaganda do iPod de George Masters foi um sucesso único, mas ele levou cinco meses para criá-lo. Os Foguetes costumam atrair atenção considerável por criarem uma música, animação, vídeo ou novidade que gera muito interesse mas que tende a ser esquecido rapidamente, à medida que os criadores continuam com outros trabalhos. Os Foguetes, porém, ilustram três princípios de conteúdo amador no universo da mídia social: (1) memes, mesmo os latentes, podem viver indefinidamente na Web (memes serão mais discutidos no capítulo 6); (2) redes de mídia social aceleram a disseminação de memes; e (3) as pessoas adoram imitar o que as entretém.

Pegue a música "Milk and Cereal"[Leite e Cereal]. Se ouvir esta canção, ela provavelmente ficará na sua cabeça. Ela grudará em seu córtex auditivo e não sairá. "Milk and Cereal" é uma música infantil pseudonova e descreve os prazeres de vários cereais: "De manhã/Na sua mesa/ Leite e cereal/ Nada de Grape-Nuts para a vovó." O coro repete "leite e cereal" sem parar. A letra inclui os slogans de cereais familiares: "Trix are for kids" [Trix são para crianças]; A is for apple [A é de maçã], J is for Jack"[J é de Jack]; e "Cuckoo for Cocoa Puffs" [Cuco para semente de cacau], para citar alguns.

O grupo G. Love & Special Sauce, com sede em Filadélfia, escreveu e gravou a canção, mas nunca a lançou. Em 2003, dois estudantes de tecnologia da Virginia — Dan Loveless e Matt Feidler — puseram a mão nela e filmaram-se na frente de uma Webcam, dublando. A produção deles era descaradamente amadora. Colheres no lugar de microfones. Uma caixa de Apple Cinnamon Cheerios e uma jarra de leite aparecem em destaque. Os dois aparecem e se escondem por trás do cereal e do leite como personagens em um jogo de fliperama. É muito bobinho. "Foi uma idéia espontânea fazermos alguma coisa com dez minutos de nosso tempo livre", disse Feidler. Então eles colocaram um link para o vídeo na rede. "Nós o pusemos em nossos perfis de mensagem instantânea e não contamos a ninguém", ele disse. Aquele vídeo bobo acabaria por aí, eles imaginaram.

Os amigos com perfis de mensagem instantânea viram o vídeo e começaram a passar o link para outros amigos. Aqueles amigos o enviaram para seus amigos, e logo ele virou um "vídeo viral", como dizem. Espalha-se de pessoa para pessoa. No final de 2005, quase dois anos depois, paródias do vídeo deles começaram a aparecer em sites que divulgam vídeos. Um vídeo de "resposta asiática" de dois estudantes de Stanford University de descendência asiática ficou popular; ele teve mais de 100 mil visitas em um site que divulga vídeos. Em junho de 2006, os fãs criaram mais de duzentas paródias e imitações, inclusive a versão da menina asiática, a versão negra, a versão de animação com bonecos de massa, a versão de meninos brancos, a versão indiana, a versão escocesa, a versão alemã, a versão brasileira e a versão verde, com Yoda e Sasquatch. (A descrição das versões é dos próprios video-makers, e não nossa.)

A música de G. Love & Special Sauce tem sido ouvida por centenas de milhares de pessoas, graças às imitações. Vários cereais também tiveram papéis de estrelas: Honey Bunches of Oats, Fruity Pebbles e Raisin Bran. Mas Cheerios foi sem dúvida a grande estrela da maioria das imitações. Alguns vídeos foram mais vistos que outros, um subproduto do talento na tela. É comum o trabalho de amadores gerar comentários entre redes sociais on-line. Um vídeo criado de modo profissional, concebido para parecer amador, em geral parece exatamente isso. Pelo tempo curto que Feidler e Loveless gastaram criando seu vídeo, eles colheram algumas recompensas: um verbete na Wikipedia. Uma menção no jornal *New York Times*. Então chegou um e-mail de G. Love, que queria que os garotos criassem um vídeo de compilação das imitações para um projeto futuro.

Nos primeiros anos formativos de mídia social, o trabalho de Feidler e Loveless contrasta com os comentados 4 milhões de dólares que a Kraft pagou para seu Post Grape-Nuts Trail Mix Crunch aparecer em um episódio planejado da série de televisão *O aprendiz*. O cereal matinal aparecia no programa de TV como uma estrela, com base em um acordo que exigiu quatro meses de trabalho e envolveu três empresas, inclusive a *TV Guide*, que planejou o acordo e ajudou a formatar as promoções subseqüentes de marketing na mídia tradicional. O editor da *TV Guide* teria dito que as colocações de produto "dirigem a visão e reforçam constantemente a mensagem dos produtos concomitantemente aos programas". A colocação de produto em programas de televisão tem se tornado uma forma popular de promoção de produto, e o episódio de o *Aprendiz* mostrou os gerentes de marca do cereal dirigindo com cuidado os personagens no programa. Mas o investimento de 4 milhões de dólares da Kraft pode ter sido em vão. Com base em dados de Information Resources, Inc. (uma empresa que acompanha a venda de produtos de supermercado), nos dois meses antes da transmissão do episódio, a Kraft estava vendendo 2,7 milhões de dólares de Grape-Nuts Trail Mix Crunch por mês. No mês seguinte à transmissão do programa, as vendas aumentaram cerca de 600 mil dólares, para 3,3 milhões de dólares. Nos cinco meses subseqüentes, porém, as vendas caíram para uma média de 2,1 milhões de dólares por mês. O programa aparentemente deu ao cereal uma alta momentânea nas vendas, mas então diminuiu com rapidez. Na verdade, o cereal estava vendendo mais antes do programa. Como o público de sites que mostram vídeos cresce rapidamente, ele ameaça igualar ou superar o alcance das redes tradicionais de transmissão, colocando em questão o futuro de acordos de colocação de produto de milhões de dólares. Vídeos amadores como "Leite e Cereal" demonstram que a nova interseção de tecnologia, cultura pop e marketing torna algumas colocações de produto autênticas, dignas de comentários e gratuitas.

Embora possam desaparecer com a mesma rapidez com que chegaram, os Foguetes podem ter um impacto mensurável em uma parcela da cultura ou dos negócios. Um dia, uma menina de 17 anos com o codinome "Bowiechick" (o nome verdadeiro dela é Melody Oliveira) passou a escrever um post diário. No início do século XXI, um diário pessoal para alguns adolescentes significa sentar-se ao computador, ligar uma câmera de vídeo de 99 dólares, gravar seus pensamentos mais íntimos e postá-los na Internet. Bowiechick é uma dessas adolescentes, e ela divulga seu trabalho no site *YouTube.com*. Em um determinado dia de 2005, enquanto ela estava falando dos problemas do amor jovem, ela também cobriu o rosto com um bigode de gato, uma máscara de gás e chapéus esquisitos, tudo criado digitalmente. Os efeitos eram de charge, mas colocados exatamente sobre o contorno de seu rosto, criaram algo surpreendente! Apareceram milhares de links ao post dela, criando ondas de boca a boca. Cerca de 1,2 milhão de pessoas assistiram ao seu vídeo. Centenas deixaram comentários no post, muitos deles perguntas sobre os efeitos. O vídeo de Bowiechick ilustra dois princípios fundamentais sobre mídia social, principalmente com a cultura amadora: a mídia social simplifica o falatório e facilita a colaboração. Bowiechick não estava fazendo blog de vídeo na obscuridade — os milhares de links e centenas de comentários sobre o post dela estão imediatamente disponíveis a ela ou a qualquer um que entrar no blog. É um sistema de feedback em tempo real sobre a capacidade que se tem de ser lembrado dentro de uma cultura. Devido ao feedback, Bowiechick criou outro vídeo alguns dias mais tarde, explicando como ela tinha criado os efeitos. Na realidade é simples. Um software em sua webcam Logitech fez os efeitos facilmente, como um clique de mouse.

O vídeo de resposta de Bowiechick ilustra uma cultura de colaboração enraizando-se no meio social. O futuro da edição pessoal e da área da cultura estão sendo direcionados pela facilidade inerente e pelo desejo que as pessoas têm de construir conhecimento juntas. O mundo acadêmico fez isso há séculos, construindo conhecimento com base em pesquisas dos outros e contando com um processo de crítica de colegas para validar o trabalho. A cultura amadora tenta algo similar, mas o período de tempo são dias ou horas. A validação é feita em links. Cerca de 250 mil visitas depois de seu vídeo explicativo, Bowiechick ajudou a estimular um pico de vendas da webcam na *Amazon.com*. Da *Amazon.com*, a Logitech percebeu que as vendas da QuickCam Orbit, o produto mostrado no vídeo, aumentaram em 128%, em comparação ao mesmo período de tempo do ano anterior. A Logitech também estava despertando para o futuro da cultura amadora. Vários meses depois, ela fez uma parceria com o YouTube com o objetivo de fazer vídeos para serem postados, criados por sua câmera e software para o site que mostra vídeos praticamente perfeitos.

Os Foguetes também podem convidar a atenção indesejada. Vincent Ferrari, um nova-iorquino de 30 anos, do Bronx, tinha ouvido "histórias de horror" de pessoas que tentavam cancelar suas contas com a AOL. Quando ele decidiu cancelar sua conta, ele gravou a ligação para ajudar a comprovar ou não as histórias. Sua gravação de 21 minutos mostrou um atendente da AOL determinado a convencer Ferrari, inflexível, a manter sua conta, chegando, em um momento, a pedir para falar com o pai dele. Para retribuir, Ferrari divulgou a gravação no blog (a AOL verificou mais tarde sua autenticidade). Um bando de Foguetes se espalhou pela rede e transformou a AOL em vilã durante uma semana, de todas as maneiras do que se considera mídia americana. "Este é o meu jeito de revidar. A grande empresa não pode mais pisar em ninguém", disse ele ao Nightline da ABC em um segmento para o noticiário. A experiência de Ferrari ofereceu uma nova perspectiva sobre a tática de call-center. A ABC chamou a isso de "a vingança dos consumidores".

Sejam os impulsos criativos daqueles que fazem vídeos ou a vingança dos consumidores, a mídia social está espalhando as notícias de modo mais fácil e mais rápido. As reputações são exaltadas ou despencam a ritmos mais acelerados e, para alguns, alarmantes. O trabalho dos *citizen marketers* é um reflexo chocante do princípio democrático de liberdade de expressão. O seu uso de ferramentas de mídia social no contexto de democracia é claramente "Nós, as pessoas". Quando as pessoas falam, é hora de ouvir. Não por causa do que elas dizem, mas por causa de quem elas representam.

O trabalho dos *citizen marketers* é tipicamente definido por três pontos em comum:

1. Expressão pessoal. A opiniãos deles ou seu jornalismo são seus, destinados a informar, entreter, ou analisar de uma forma que construa um case. Não é diferente do que faria um jornalista profissional, crítico ou analista.

2. Status de amador. Os *citizen marketers* geralmente são voluntários e não anunciam sua chegada com o barulho de um programa de marketing caro. São transparentes sobre seus motivos e associações. E devem ser, pois sem dúvida os detetives amadores na esfera do blog vão descobri-los e expô-los.

3. Gratuidade. O trabalho deles não tem por objetivo roubar dinheiro, tempo ou atenção da empresa de sua afiliação. Visa a promovê-la ou aprimorá-la. O trabalho deles é uma contribuição a todos.

Os *citizen marketers* do mundo estão se adaptando aos seus papéis simultâneos de editor, distribuidor e agências de notícias. Estão acelerando mudanças nas estruturas da mídia tradicional, e estão produzindo novas formas de colaboração democrática e participativa. Estão aprendendo que *o que* é dito é tão importante quanto *quem* diz e *onde* foi dito. Estão fazendo da autenticidade e da transparência seus princípios democráticos fundadores, e usando sua considerável capacidade de organização para inspirar a democratização de conteúdo, processos e marketing. Eles estão democratizando o engajamento.

Talvez você possa cantar o jingle "Ah, Eu gostaria de ser uma salsicha Oscar Mayer", agora mesmo e lembrar-se de sua melodia e da maioria das palavras. Essa música de 30 segundos foi ao ar continuamente em 19 países desde 1963, tornando-se o segundo jingle mais tocado da história americana. (O jingle que foi tocado por mais tempo foi o de Chiquita Bananas: "I'm Chiquita Banana, and I've come to say, bananas have to ripen in a certain way"[Eu sou Chiquita Banana e vim para dizer que bananas têm de amadurecer de um certo modo].

As raízes culturais do jingle da salsicha de Oscar Mayer chegam até orquestras sinfônicas, que o tocam regularmente. O jingle da salsicha permeou nossa psique cultural por tocar repetidamente em megafones potentes de rádio e televisão. Por ironia, o jingle da salsicha de Oscar Mayer não foi o trabalho de uma equipe de criação da J. Walter Thompson, a agência de propaganda de Mayer na época. Ele foi escrito por Richard Trentlage. Ele gravou uma fita de sua música — cantada por seu filho e sua filha, que estavam resfriados na ocasião — em um concurso criado pela empresa. Quando Oscar G. Mayer, então presidente da empresa, o ouviu, adorou.

"É maravilhoso", disse Mayer a Trentlage e a um bando de executivos da agência de propaganda. "Parecia que a garotinha estava resfriada."

É claro, ela estava mesmo resfriada. Qualquer coisa diferente da realidade pareceria forçada. A autenticidade repercutiu em Mayer: "Toda mãe tem uma filha que parece como ela". A simplicidade e atração do jingle surpreenderam os diretores musicais de estações de rádio quando os ouvintes ligavam, pedindo para tocarem o jingle como se fosse um sucesso musical. Isso ajudou a vender muito cachorro quente.

Tudo isso nos leva a um princípio norteador de conteúdo criado pelo cidadão: as pessoas são o antídoto à realidade fabricada injetada na cultura do dia-a-dia.

As pessoas são a mensagem.

As pessoas são a mensagem quando dizem que "os comentários" são a forma mais influente de mídia em sua tomada de decisão. A agência de pesquisa BIGresearch entrevistou 15 mil pessoas e lhes pediu para classificarem a influência da mídia em sua tomada de decisão. A propaganda boca-a-boca foi a número um.

As pessoas são a mensagem quando o número excessivo de mensagens de propaganda cria demanda por produtos para bloqueá-las. Em uma pesquisa de 2005, a Yankelovich Inc., descobriu que 69% dos americanos pagariam por produtos que bloqueiam o marketing e a propaganda. Eles também descobriram que mais da metade dos america nos evita comprar qualquer coisa de uma empresa que os inunda de propaganda. A mensagem que os americanos estão tentando enviar àqueles que os saturam de mensagens é para darem uma diminuída. No entanto, os saturadores continuam, estimulando o crescimento de um setor voltado para deixar os anunciantes de fora.

As pessoas são a mensagem quando sua intenção é autêntica. Bowiechick era uma *citizen marketer* autêntica, e não uma agente em um programa com instruções para espalhar buxixos. Como Foguete, sua autêntica colocação de produto em uma poderosa plataforma de distribuição causou um aumento notável na venda de câmeras. Bowiechick foi a mensagem, e não a emissora da mensagem. Esta é uma distinção importante para os profissionais de marketing fixados em *usar* pessoas para transmitir mensagens. O mundo de cidadãos criadores de conteúdo é amplamente governado por uma lei universal de autenticidade. O meio de Bowiechick calhou de ser o YouTube, uma estrela entre sites que mostram vídeos, onde milhões de pessoas assistem a centenas de milhões de vídeos todo dia. Com autoridade democrática, os espectadores determinam a popularidade e a relevância. Bowiechick é uma blogger de vídeo sincera e peculiar. Ela freqüenta o ensino médio, e não é uma atriz profissional. Aquilo tornou sua demonstração aleatória da webcam digna de crédito. A Logitech ficou muito surpresa, mas satisfeita com sua benfeitoria. Se a Logitech tivesse tentado desenvolver uma colocação de produto com Bowiechick ou qualquer outro amador que usa vídeo blogging para se expressar, teria fracassado. Forjar autenticidade é uma arte difícil. Pergunte a qualquer ator.

As pessoas são a mensagem quando têm raízes de credibilidade. Quando um blog alegou ter descoberto uma batata frita com a forma da cabeça de Abraham Lincoln, foi rapidamente indicado como um blog falso, que tinha a intenção de pegar carona na campanha que o McDonald's tinha feito durante o Super Bowl em 2005. Alguém ligado ao McDonald's tinha tentado fabricar o buxixo; o tiro saiu pela culatra quando centenas de bloggers escreveram duras críticas ao blog de batata frita, à sua falta de história, ou qualquer informação identificável sobre os escritores. Obviamente, todos eram advertências.

Os *citizen marketers* que identificamos e com quem falamos nem sempre se pareciam em idade, experiências de vida ou perfis demográficos. Alguns conseguiram um número considerável de seguidores com seu trabalho. Eles interagem com leitores e espectadores. Vivem publicamente parte de suas vidas on-line; por causa disso, às vezes, eles aguentam críticas sarcásticas e investigações. ("Eca. Eu não ficaria com você porque você é nojenta", escreveu um mal educado que viu o vídeo de Bowiechick.) Os *citizen marketers* são transparentes quanto a suas motivações e interesses — considerados virtudes, certamente, mas importantes para estabelecerem e manterem credibilidade. Pode-se alegar que a transparência entre os criadores de conteúdo on-line é o resultado de pressão social excessiva on-line, para revelar conflitos de interesse reais ou percebidos. Uma boa dose de ceticismo freqüentemente beirando o cinismo se difunde por algumas redes sociais; os mágicos da credibilidade sempre tentarão tirar vantagem de um público crédulo para levá-lo a acreditar em algo que não é real.

Um objetivo evidente dos *citizen marketers* é construir um relacionamento com a empresa. Por exemplo, Mike Kaltschnee divulgou em seu blog uma troca de e-mails com um funcionário de relações públicas da Netflix. Neles, ele pedia que a empresa respondesse a perguntas feitas por seus leitores que não eram esclarecidas na página da empresa das perguntas mais freqüentes. "Eu prometo manter um contato amigável (eu gosto de vocês)", ele escreveu. O representante de RP respondeu, mas teria sido melhor não responder à ira que ele despertou entre os leitores do HackingNetflix e dúzias de outros bloggers: "Apreciamos seu interesse pela Netflix, mas não podemos atender à sua solicitação desta vez". Alguns bloggers de relações públicas e marketing criticaram publicamente a Netflix por seu tratamento frio e indiferente dado a Katlschnee. "Um exemplo perfeito de como muitas empresas entendem mal as oportunidades dos weblogs", escreveu Rick Bruner no site Business Blog Consulting.

"Profissionais de relações públicas, por favor, tentem lembrar-se de que freqüentemente os bloggers podem ser seus maiores aliados. Eles são poderosos clientes evangelistas que freqüentemente querem ajudar a dirigir a consciência... Infelizmente, a Netflix não parece entender isso", escreveu Steve Rubel, um executivo sênior na empresa de RP Edelman, em seu blog pessoal, Micro Persuasion.

A resposta de Kaltschnee em seu blog é instrutiva para qualquer organização que espere cair nas boas graças de bloggers e reduzir o risco do buxixo negativo que se alastra pela Internet.

Quando eu trabalhava em relações públicas, tentava responder a toda solicitação por telefone ou por e-mail, ainda que a publicação fosse pequena. Eu falava com grupos de usuários em todas as oportunidades (e falar em público costumava me deixar fisicamente doente!). É difícil fazer as empresas levarem os bloggers a sério. Eu gosto realmente da Netflix, mas eles estão se retraindo lentamente, distanciando-se de seus clientes. Em vez disso, as empresas deveriam estar se aproximando dessas comunidades on-line, compostas basicamente dos "primeiros adeptos", altamente desejados, que pregam produtos à população em geral.

O trabalho dos *citizen marketers* pode ser considerado marginal à cultura e à expressão pessoal quando comparado ao que a maioria das pessoas cria na rede, mas o duro trabalho deles passa despercebido. Como vimos até aqui, o trabalho de *citizen marketers* pode encontrar grandes públicos. Mas um público não precisa ser grande para ser influente. Quando as mensagens são influentes, é porque elas são autênticas. Quando criadas e oferecidas além dos limites dos mecanismos de marketing corporativo, as mensagens são mais autênticas. Este é o valor e a promessa da propaganda boca a boca; a autenticidade contribui para a autoridade. Uma vantagem distinta que os *citizen marketers* mantêm sobre os diversos meios tradicionais é o que chamamos de *autoridade dinâmica*. A autoridade infundida pela atividade produtiva contínua. Mike Kaltschnee tem autoridade dinâmica. Ele criou rapidamente um nome para si mesmo como autoridade em Netflix por causa de seu foco intenso nela e de sua interação permanente com os leitores. Suas divulgações freqüentes no blog, o propósito e a interação consistente com seu público levam à autoridade dinâmica.

Embora a Netflix respondesse à sua solicitação, a empresa demonstrou pouca autoridade dinâmica quando se negou a atender a Kaltschnee (de fato, pesquisas feitas por uma empresa verificaram que quase a metade de todas as empresas norte-americanas nunca responde a solicitações por e-mail). Os meios tradicionais podem ter autoridade, sem dúvida, mas sua autoridade é freqüentemente estática. Uma mensagem pode aparecer no *Economist*, *Harper's*, ou *South China Morning Post*, na forma de propaganda ou uma história sobre uma marca, produto ou organização, mas esses meios não estão preparados para responder adequadamente à zombaria, objeções ou perguntas dos leitores no momento certo, se responderem. Todas as três publicações são excelentes fontes de informação e notícia, mas ainda estão ligadas a expectativas institucionais de meios não interativos. É por isso que estudantes de marketing, a disciplina mais freqüentemente responsável por disseminar a mensagem de uma organização, aprendem o modelo AIDA: obter Atenção, manter o Interesse, despertar Desejo e obter Ação. Se perguntas ou preocupações importantes geradas pela mídia tradicional ficam sem resposta, ou a mensagem é odiosa ou obtusa demais para se entender, há pouca esperança de se passar à ação. A mídia não interativa cria uma autoridade estática. A mídia não interativa evita a interação, o engajamento e a conversação.

Com o conteúdo criado pelo cidadão, as pessoas são a mensagem porque seu papel como editores ou transmissores os ergue acima dos limites que os comunicadores da mídia de uma única via têm se erigido. Os *citizen marketers* e criadores de conteúdo on-line com públicos substanciais e autoridade dinâmica contam com seu público e, assim, interagem com ele. Eles trabalham em *piazzas* públicas onde outras pessoas escrevem, trabalham e participam também. Eles não são os representantes da mídia de uma única via, escondidos atrás de paredes da privacidade organizacional. A participação é o seu meio e sua plataforma.

CAPÍTULO DOIS

Os 1 Porcentos

Estamos entre os 1%, cara — aquele 1% que não se entrosa e não liga pra isso. Então, não venha me dizer das contas do seu médico e de suas multas de trânsito — Quero dizer, você tem sua mulher, sua moto e seu banjo e eu acho que você segue o seu caminho. Nós abrimos nosso caminho na raça, com aquela barulhada toda, e estamos vivos a custa de socos e pontapés. Somos a realeza entre os motoqueiros transgressores, querido.

Fala de um **Anjo do Inferno** em gravação citada
em *Anjos do Inferno*, de Hunter S. Thompson.

Como brasão, é muito simples: uma forma de diamante circundada por uma borda azul, e no meio tem "1%" bordado. É super usado pelos membros dos clubes de moto que comemoram sua condição de transgressores na sociedade de motociclistas. Eles se chamam os "1 Porcentos".

A inspiração do bordado e o seu significado datam de 1947, quando os membros do Pissed Off Bastards do Bloomington Motorcycle Club e do Boozefighters Motorcycle Club apareceram em Hollister, Califórnia, para a corrida anual de motocicleta daquela cidade. Como acontece, às vezes, com festas regadas a cerveja no calor do verão, as coisas fogem do controle. Um fotógrafo da revista *Life* estava presente na corrida e tirou uma foto de um motoqueiro bêbado montado numa Harley-Davidson e cercado de garrafas de cerveja quebradas. A *Life* publicou a foto com uma chamada: "Evento de motoqueiros: ele e amigos aterrorizam a cidade". Uma breve reportagem acompanhando a foto dizia que 4 mil membros de um clube de motoqueiros fizeram baderna e estragos em Hollister. Isso, segue a reportagem, levou a American Motorcylists Association a denunciar os motoqueiros bêbados. Ele assegurou ao público alarmado que 99% de seus associados eram cidadãos corretos, marginalizando, assim, os "1 Porcentos" restantes.

A reportagem foi a inspiração e o princípio fundador para clubes de motoqueiros transgressores do mundo todo. Os 1 Porcentos se organizam e usam seus brasões como o dedo proverbial levantado contra as expectativas que a sociedade tem deles. O filme de 1954, *The Wild One* [*O selvagem*], em que Marlon Brando atua como o líder revoltado de uma gangue de motoqueiros que "aterroriza" uma cidade durante um fim de semana (bem, só os babacas), também ajudou a reforçar a legenda dos 1 Porcentos. Há décadas, a história do que aconteceu em Hollister tem sido repetida por inúmeros escritores em revistas e jornais, reforçando sua lenda. William L. Dulaney passou meses pesquisando a história e a cultura da motocicleta para a revista acadêmica *The International Journal of Motorcycle Studies*. Ele alega que as gangues de motoqueiros "fora-da-lei" não são necessariamente defensoras do crime; mas são contra a burocracia. Embora alguns clubes tenham problemas com drogas e a lei, eles são a "vasta minoria". Nem os clubes vivem para violar a lei. Eles são organizados em torno da idéia de uma comunidade, e sua vida não convencional e o estilo de vida de motoqueiros são reforçados pelos fortes vínculos com outros membros. Eles curtem, às vezes, de uma forma barulhenta e num pandemônio regado a cerveja, uma cultura que a sociedade convencional não aprova. Nem pensam em buscar a aprovação de órgãos convencionais; os 1 Porcentos sentem prazer em seu *status* de minoria. Fazem parte da cultura marginal.

Dulaney nos surpreende, porém, derrubando vários fatos sobre os Hollister. A foto do motoqueiro bêbado? O fotógrafo da *Life* fez uma montagem. Muito se falou na cidade sobre aquele fim de semana fatídico, mas a polícia só fez uma prisão. E não há evidências de que a American Motorcylists Association tenha denunciado os motoqueiros desordeiros, fossem 1% ou não. A lenda dos 1 Porcentos surgiu de um editor de uma revista de motocicleta que censurou severamente a *Life* por sua cobertura em Hollister: "Reconhecemos lamentavelmente que houve desordem em Hollister — não os atos de 4 mil motociclistas, mas de uma pequena porcentagem daquele número".

Mesmo que os fatos sobre Hollister fossem inverídicos, isso ilustra o poder de um mito duradouro e de uma premissa que ressoou com uma fatia da cultura americana. Um brasão de 1% se tornou "uma condecoração de *status* social", como Dulaney conclui, uma condecoração que se mantém entre um número de comunidades de motociclistas americanos atualmente.

Os 1 Porcentos são uma analogia adequada para descrever citizen marketers. Eles também são contraventores. O que fazem quebra as regras, mas com talento nato e muita paixão, os *citizen marketers* estão construindo públicos consideráveis. Como os clubes de motoqueiros transgressores, os *citizen marketers* geralmente trabalham longe dos limites de uma corporação ou de um órgão regulador. Às vezes, há pouco reconhecimento, mas eles são dedicados e protegem seu trabalho e a comunidade por eles criada. Destacam-se nas margens da cultura mesmo que sua porcentagem como criadores de conteúdo seja pouco mais que um erro estatístico para algumas empresas. Não são um número grande, mas isso não importa.

Veja, por exemplo, a Wikipedia — uma enciclopédia na rede que, como a *Enciclopédia Britânica,* luta para manter um ponto de vista neutro sobre seus inúmeros assuntos. Ao contrário da *Britânica*, que foi publicada pela primeira vez em 1768 e é considerada freqüentemente a fonte mais confiável sobre um assunto, qualquer um que visite a *Wikipedia.org* pode contribuir com ela. Em junho de 2005, 7,4 milhões de pessoas visitaram a Wikipedia. É um número grande, equivalente à população da cidade de Nova York. Enquanto 7,4 milhões de pessoas tinham uma oportunidade igualitária e democrática de acrescentar novo conteúdo ou fazer mudanças na Wikipedia, apenas 68.682 pessoas o fizeram. São 0,9% de visitantes. Desde o início da Wikipedia em 2001, a porcentagem de visitantes que têm criado conteúdo para ela tem girado em torno de 1%, mais ou menos vários décimos. Além disso, nos cinco primeiros anos da história da Wikipedia, 1,8% dos visitantes do site escreveram mais de 72% de todos os artigos. Isto significa que em junho de 2006, com 1,2 milhão de artigos e o movimento tendo crescido para 25 milhões de visitantes por mês, o que é espantoso, os 1 Porcentos da Wikipedia escreveram 864 mil artigos. Uma fração de seu total de visitantes foi amplamente responsável por criar conteúdo que fez dele um dos vinte sites mais visitados da rede, no mundo. Em comparação, a edição de 2006 da *Enciclopédia Britânica*, que conta com especialistas sobre seu conteúdo, tinha apenas um pouco mais de 100 mil artigos.

Outras comunidades on-line que dependem do trabalho de colaboradores trocam dados semelhantes sobre índices de participação, e têm uma característica similar: uma percentagem mínima de seus visitantes contribui com conteúdo. Com base em nossa pesquisa sobre o trabalho de *citizen marketers*, postulamos a *Regra do 1%*. Ela é simples: Cerca de 1% do número total de visitantes de um fórum democratizado criará conteúdo para ele ou contribuirá com conteúdo para ele. Além disso, postulamos que cerca de 10% do número total de visitantes irá interagir com o conteúdo contribuído. *Interagir* pode ser descrito como escrever comentários ou votar em itens de conteúdo. Mas a Regra do 1% é o princípio norteador. Ela não é absoluta — é uma estimativa baseada em nossa pesquisa — e nós encorajamos os criadores da comunidade a estabelecerem metas e expectativas de contribuição além dela. Um por cento é um número baixo, talvez mais baixo do que o que muitas pessoas esperariam, esperariam ou planejariam, mas com base no que vimos entre uma amostra de sites, é aproximadamente a norma, tirando-se ou acrescentando-se alguns pontos. Estabelecemos a Regra do 1% usando dados existentes que estão disponíveis publicamente e solicitando dados de inúmeras comunidades que contam com voluntários para criar conteúdo.

Um exemplo da Regra do 1% pode ser encontrado com o Yahoo Groups, um serviço gratuito do Yahoo que permite a qualquer um criar uma comunidade on-line praticamente para qualquer coisa. Cerca de 9,2 milhões de pessoas visitam Yahoo Groups por mês, mas apenas cerca de 1% delas são originadores de conteúdo, de acordo com um dos chefes de tecnologia da empresa. Do total de visitantes do Yahoo Groups, cerca de "1% da população de usuários poderia iniciar um grupo ou um subgrupo", de acordo com Bradley Horowitz, o vice-presidente de estratégia de produto da empresa. Depois disso, cerca de 10% do público total de qualquer grupo Yahoo interage com conteúdo de cidadão ou, nas palavras dele, "o sintetiza". Horowitz aponta rapidamente que o resultado neste cenário é que os criadores e os sintetizadores "fornecem valor para 100% do público total". O outro benefício é que o Yahoo tem sites ricos em conteúdo criados por trabalhadores não remunerados para os quais ele pode vender propaganda altamente direcionada, de nicho.

A QuickBooks Community é um fórum on-line destinado a ajudar os 4 milhões de clientes do software de contabilidade da Intuit a se ajudarem a responder a perguntas sobre o produto e a resolverem os desafios contábeis uns dos outros. Em julho de 2006, a QuickBooks Community teve 100 mil visitas, e novecentas delas criaram novos conteúdos no site. Aquelas novecentas pessoas representaram 0,9% de seu total de visitantes, de acordo com dados que nos foram apresentados pela empresa.

O TiVo Community Fórum (*TiVoCommunity.com*), dedicado ao gravador de vídeo digital, é independente da empresa e dirigida por um *citizen marketer*. Dezenas de milhares de clientes e fãs do TiVo visitam o site todos os dias. O fundador do TiVo Community Forum, David Bott, diz que cerca de 1,1 milhão de pessoas visitam o site todo mês. Com base em dados que ele partilhou conosco, estimamos que menos de 0,3% de todos os visitantes de sites comecem uma nova discussão a cada mês.

O *ProductWiki.com* é parecido com a Wikipedia por contar com uma comunidade de voluntários que criam conteúdo para seu catálogo enciclopédico. Seus visitantes, no entanto, escrevem descrições neutras de produto ou críticas, todas para atrair pessoas que estejam pesquisando, para se decidirem sobre a compra de alguma coisa. Como a Wikipedia, o ProductWiki permite a qualquer pessoa criar um verbete sobre um produto existente ou editar um verbete existente. O site estreou no final de 2005 e cresceu rapidamente; seu número total de visitas cresce cerca de 30% todo mês. Em julho de 2006, 75.901 pessoas visitaram o ProductWiki, e 188 dessas visitas contribuíram com conteúdo para ele. Isto significa que 0,2% dos visitantes escreveram uma entrada ou editaram uma existente. Dados para abril, maio e junho de 2006 mostram percentagens similares de contribuintes, embora o número total de visitas fosse marcadamente diferente a cada mês. Quando Erik Kalviainen, um dos fundadores do site, registrou tudo o que foi escrito e editado, comentado e "acessado" — uma ferramenta de votação que permite aos visitantes votarem em um produto que eles gostariam de comprar — o índice de contribuintes sobe para 3,6% em julho de 2006. Essa porcentagem é a média dos três meses anteriores também.

Channel 9 (*channel9.msdn.com*) é um site desenvolvido pela Microsoft por programadores que usam várias tecnologias da empresa para desenvolver aplicativos. Os visitantes da comunidade criam a maior parte do conteúdo para o site, inclusive posts em fóruns on-line, wikipages e fotos. Para nossa pesquisa, um dos fundadores do Channel 9 compilou dados sobre o site e descobriu que em junho de 2006, 4,5 milhões de pessoas visitaram o Channel 9 e 11.420 delas criaram novos conteúdos para ele. Isso é menos que 0,2% do total de visitas.

A Discovery Education, uma unidade da Discovery Communications, lançou o site em 2005 para professores da pré-escola até o ensino médio. A Discovery Educator Network convida professores a se conectar uns com os outros e trocar suas experiências e conhecimentos sobre ferramentas da mídia digital em sala de aula. (Nós ajudamos a Discovery a realizar o programa; para saber mais sobre a DEN, ver capítulo 7.) Ela relata porcentagens ligeiramente mais altas de colaboradores. Em julho de 2006, 9.877 pessoas visitaram o site, e 422 delas ou 4,3%, criaram conteúdo para ele. Steve Dembo é o gerente da comunidade da DEN, e ele teoriza que "ao contrário da maioria das comunidades on-line, temos vinte gerentes que estão passando 80% de seu tempo em eventos face-a-face com pessoas que estão lhes ensinando como usar o site e os encorajando a fazer isso". Além disso, o site criou um plano de incentivo para estimular colaborações: para terem acesso a alguns outros artigos do site, um membro deve apresentar um conteúdo, como um plano de aula.

Sites com porcentagens de contribuição substancialmente melhores que 1% seriam notáveis. Considerando o sigilo guardado por muitas operações comerciais sobre os dados do site, é difícil determinar vastas exceções à regra. Para criação de conteúdo na era da mídia social e cultura amadora, a Regra do 1% pode subverter a regra bem-estabelecida dos 80/20, uma regra prática seguida por milhões de gerentes do mundo todo. A regra dos 80/20 determina que 20% de alguma coisa costuma responder por 80% dos resultados. Quem popularizou a regra dos 80/20 foi Joseph Juran, um engenheiro industrial que ganhou proeminência como guru da qualidade e teórico da administração. Em 1941, quando ele descobriu o trabalho do economista Vilfredo Pareto, ficou surpreso com a observação de Pareto de que 20% dos residentes na Itália tinham 80% da riqueza. Juran estendeu o trabalho de Pareto, chamando-o de Princípio de Pareto, e o aplicou à administração de pessoas e coisas, em negócios. Ele o chamou de "poucos vitais" *versus* "muitos triviais" (mais tarde corrigidos para "muitos úteis"), e tem sido desde então um princípio norteador em negócios.

A Regra do 1% (assim como o Princípio de Pareto) pode ser explicada pelo que os cientistas chamam de lei do poder. Ela é usada para explicar uma variedade de fenômenos, como as palavras mais usadas, a ocorrência de nomes na maioria das culturas, a venda de livros, a venda de ingressos, rendas anuais, intensidade de terremotos — qualquer coisa em que os fenômenos tendam a ser altamente concentrados. As leis de poder também explicam como um pequeno número de sites pode gerar um movimento significativo. Se tivéssemos de somar o número de pessoas que visitam o Yahoo, MySpace, YouTube, Wikipedia e Digg, o movimento combinado deles tornaria mínimo o movimento combinado de dezenas de milhares de sites escolhidos aleatoriamente. As leis de poder explicam por que somente um pequeno número de pessoas escreve a maioria dos artigos na Wikipedia, embora milhões de pessoas possam fazer isso. Clay Shirky, que leciona novas mídias na Universidade de Nova York, explicou as leis de poder em 2003, quando os blogs estavam começando a aparecer com freqüência crescente: "Um novo sistema social se inicia e parece ser adoravelmente livre do elitismo e das 'panelinhas' dos sistemas existentes. Então, à medida que o novo sistema cresce, os problemas de escala se instalam. Nem todos podem participar em todas as conversas. Nem todos serão ouvidos. Alguns grupos principais parecem mais conectados que o resto. O que importa é isto: diversidade mais liberdade de escolha cria desigualdade e quanto maior a diversidade, mais extrema é a desigualdade".

Nem todos aproveitarão a proposta para participar de um concurso, criar conteúdo, ou deixar um comentário. De fato, as chances são de muito poucos fazerem isso. As leis do poder nos dizem que a distribuição da ação é desigual por um campo diverso de atuação. A vasta maioria de pessoas envolvidas será de espectadores, mastigando feliz sua pipoca, observando por um momento e indo em frente. Pode ser tentador chamar os observadores de *freeloaders*, mas este nome seria incorreto. Alguma coisa os atraiu até o campo, e sua possibilidade como futuros criadores, sintetizadores ou conectores a outras redes é real. Mas com leis de poder e a Regra do 1%, a desigualdade é a regra, e não a exceção. Isto significa que construir um núcleo sólido dos primeiros voluntários e colaboradores é essencial para se criar um site de sucesso, dirigido para a comunidade, ou para lançar um novo produto ou conceber uma campanha básica. No modelo da AIDA que descrevemos no capítulo 1 (obter atenção, manter o interesse, despertar desejo e obter ação), os 1 Porcentos ajudam a dirigir os outros para a ação.

Embora não consideremos as pessoas que colaborem com a Wikipedia, Digg e outros sites que contam com conteúdo amador como *citizen marketers* (seria mais adequado chamá-los de 1 Porcentos), eles têm muitos pontos em comum. David Mehegan, repórter do *Boston Globe*, descobriu que os colaboradores geralmente estão na casa dos 20 anos e entendem de computador. "Eles têm alto grau de instrução, são intelectualmente curiosos, sociáveis, interessados em muitas coisas e em descobrir novos interesses", de acordo com Mehegan. "Estão acostumados com o mundo do Google, blogs, grupos de usuários, *meetups*, mensagem instantânea e informação gratuita e aberta pela Internet." Mais homens que mulheres. Do ponto de vista da motivação, eles são idealistas sobre a informação livre, mas não são cegos a seus desafios. "Pode não ser confiável, mas eu sei que em geral as pessoas estão [colaborando] porque querem oferecer informações precisas", declara Brandford Stafford, descrevendo seu papel como colaborador do Wikipedia. "Elas não estão ganhando nada com isso — nenhum dinheiro. Eu não acho que disseminar informação falsa deixe alguém satisfeito, mas distribuir informações úteis deixa." Distribuir informações falsas é útil para algumas pessoas, principalmente durante eleições políticas, mas o coletivismo do Wikipedia leva seus colaboradores a patrulharem ativamente também a desinformação.

De fato, o vandalismo é um dos desafios da Wikipedia como um livro aberto, e também pode ser um desafio para os criadores de fóruns democráticos. Um caso muito divulgado de vandalismo digital dentro da Wikipedia foi à custa de uma figura política e editor de jornal, John Seigenthaler. Com cinco sentenças que insinuaram um papel nos assassinatos dos Kennedy, um vândalo difamou o respeitado Seigenthaler, e as sentenças passaram despercebidas durante quatro meses, até que chamaram a atenção do editor aposentado. Depois de informar o co-fundador do Wikipedia, Jimmy Wales sobre o conteúdo, Seigenthaler escreveu um editorial crítico no jornal *USA Today* em que chamou a Wikipedia de "uma ferramenta de pesquisa irresponsável e falha". Vários dias depois, um voluntário investigou e desmascarou o vândalo anônimo, rastreando as pistas até seu computador, que tinham sido captados pela Wikipedia. Um homem do Tennessee tinha acrescentado dados falsos por brincadeira, para chocar um colega de trabalho que conhecia a família Seigenthaler. Ele se desculpou e a questão foi encerrada.

Outro desafio é lidar com vândalos destruidores — pessoas que eliminam partes inteiras de conteúdo. Essa forma de vandalismo enfoca tipicamente um pequeno número de pessoas conhecidas, no qual um ponto de vista neutro é difícil, como George W. Bush e, estranhamente, a cantora Christina Aguilera. Os colaboradores da Wikipedia não precisam ter crédito pelos artigos que escrevem, e até o incidente de Seigenthaler, não se exigia que eles citassem as fontes de sua informação. Mas a Wikipedia mudou algumas de suas práticas, inclusive "protege" alguns dos assuntos mais freqüentemente sujeitos a vandalismo de serem editados pelas massas. Alguns bloggers criticaram a moderação de conteúdo da Wikipedia como um sinal do fracasso ou mesmo do "fim" de modelos de edição democratizada. Porém, a idéia de que um site concebido como um experimento de participação democrática não possa passar por mudanças ou modificações sem que isso signifique seu fim é profundamente pretensiosa. Mesmo a Constituição dos Estados Unidos, o baluarte da democracia institucionalizada, tem 27 emendas. Enquanto a abertura do Wikipedia pode ser mais vulnerável a vândalos e à crítica, as primeiras indicações são de que o conteúdo criado por seus colaboradores é bastante exato. O periódico científico *Nature* descobriu que a Wikipedia é tão exata quanto a *Britânica*, quando se comparam artigos de ambos os sites; de oito "erros sérios" encontrados pelos críticos do periódico, quatro vieram de cada fonte.

A Regra do 1% irá destinar planos para dedicar recursos a comunidades democratizadas, se apenas uma pequena porcentagem de pessoas criar conteúdo para elas? Em alguns casos, esta pode ser uma decisão prudente. A Regra do 1% poderia ser considerada uma regra prática no desenvolvimento das expectativas básicas para a criação de conteúdo. Investir em sites participativos elaborados ou em ferramentas caras com base em uma premissa de que mais da metade das visitas irá interagir com elas pode ser uma questão a ser revista. A Regra do 1% significa que os criadores de conteúdo não são uma amostra representativa dos clientes existentes ou da população de membros? É muito provável. Como a experiência com os sites mencionados anteriormente parece indicar, os 1 Porcentos costumam ter bom grau de instrução, ser altamente envolvidos e entender muito de tecnologia. Eles não são a média. Eles estão, como o clube de motoqueiros transgressores, à margem da cultura. Os 1 Porcentos contribuem para o que eles vêem como um bem comum, mesmo que não sejam pagos. Investem no futuro. Plantam as sementes da interação como um totem de seu compromisso com a comunidade. Eles se sustentam e, acima de tudo, são voluntários. Isso não parece impedi-los de dedicar quantias significativas de tempo, reflexão e energia ao seu trabalho.

Quantos cidadãos criadores estão on-line? A Pew Internet & American Life Project, sem fins lucrativos, apartidária, procurou responder a esta questão. Todo ano, ela entrevista uma amostra representativa de americanos sobre seu uso da internet. Em março de 2006, Pew disse que 48 milhões de americanos estavam fazendo blog ou criando conteúdo de arte ou de vídeo para divulgar na rede. *Quarenta e oito milhões de criadores de conteúdo americanos.* Isso representa mais criadores de conteúdo baseados na rede do que a população existente do Canadá. Quarenta e oito milhões é aproximadamente igual à população da Coréia do Sul. Com essa taxa de crescimento, a Pew pode não demorar muito para atingir 100 milhões de americanos que sejam ativos criadores de conteúdo.

Para organizações com interesses em negócios nos Estados Unidos, a idéia de que mesmo 1% de 100 milhões de pessoas — 1 milhão de pessoas — possa criar as próprias propagandas, as próprias campanhas de marketing e as próprias comunidades de marca específica sem autorização oficial, insumo ou controle é legal demais ou algo alarmante.

Nem todos os cidadãos criadores terão público e influência consideráveis ou (para sermos justos) muito talento nato, mas muitos deles trabalharão duro para desenvolver todos os três. Eles colocarão sua reputação em jogo porque nesse novo paradigma de criação e envio de mensagem, os *citizen marketers são* a mensagem. É o trabalho não afiliado, não remunerado deles, em nome de um produto, marca, empresa ou pessoa que estimula sua credibilidade e, portanto, sua mensagem. George Masters e Jeff Jarvis criaram uma agitação porque chegaram a um ponto de alarde em que um novo mundo de cidadãos de mídia estava fervilhando nas câmaras de gás do universo digital. Também foi nesse período, em novembro de 2004, que outro site nasceu e ajudaria a democratizar a popularidade de artigos pela rede: Digg.

A *Digg.com* agrega artigos. Suas centenas de milhares de membros registrados vagueiam pela Internet todo dia, lendo artigos novos, dando uma olhada em blogs ou assistindo a vídeos, e então indicam itens que acreditam serem de interesse da comunidade Digg mais ampla. Qualquer um dos leitores pode votar (ou *digg*, no palavreado deles) com o dedão pra cima ou pra baixo em cada item apresentado. Um sistema de registro em tempo real determina quais itens deveriam ascender na relação de histórias populares.

Digg foi um dos primeiros sites a democratizar o que poderia ser chamado de hierarquia de artigo. Quando alguém seleciona uma cópia do jornal *New York Times* ou do *Contra Costa Times*, um pequeno grupo de editores por trás das cenas determinou quais os artigos que aparecerão na primeira página. Os editores determinam a hierarquia das notícias. É o mesmo princípio para ouvir notícias na NPR ou assistir à CNN: A primeira matéria divulgada costuma ser a mais importante. Mas o Digg virou o modelo de cabeça para baixo. Os leitores determinam a hierarquia do artigo, principalmente daqueles que chegarão à sua cobiçada primeira página. Os membros do Digg são Filtradores, mas em um formato consideravelmente maior.

Em alguns círculos, as pessoas que indicam artigos para sites como o Digg (ou variantes dele, como *Reddit.com* ou *Del.icio.us*) são chamadas marcadores de livros. Elas "marcam" um artigo para o benefício da comunidade. No Digg, a hierarquia é determinada por uma fórmula secreta de quatro elementos: total de votos, a autoridade relativa dos nominadores, comentários dos leitores do Digg, e a velocidade dos votos que chegam. Com votos sendo continuamente recebidos e computados, um artigo pode estar na primeira página do Digg por algumas horas e então escorregar para as páginas subseqüentes. (A fórmula de registro é mantida em segredo para impedir manipulações do sistema.) O número de visitantes do Digg enviados para um site é significativo. Alguns sites relatam uma entrada repentina de 15 mil novos visitantes em apenas quatro dias. Este é um reflexo do tamanho e da curiosidade da comunidade Digg. Os princípios democráticos do Digg e a facilidade de uso o têm impelido a se tornar um dos 25 sites mais populares na Internet. Em cerca de 18 meses, o Digg registrou mais 400 mil pessoas como membros. O Digg cresceu graças a um bando de 1 Porcentos que contribuíram para conteúdo.

Veja como a história do Digg e de outras comunidades on-line em situações similares pega um desvio interessante por um caminho desconhecido. Tem sentido pagar aos 1 Porcentos? Mesmo que eles estejam satisfeitos como voluntários?

Considere um experimento conduzido por Jason Calacanis. Ele é um empreendedor que vendeu sua empresa de montagem de blogs, a Weblogs Inc., para a AOL em 2005 pela quantia divulgada de 25 milhões de dólares. Depois de comprar sua empresa, a AOL colocou Calanis no comando da *Netscape.com*, um de seus portais de notícias e e-mail. Ele reformulou a Netscape como um site de notícias agregado onde, de modo parecido ao *Digg.com*, os visitantes classificam os artigos para sua primeira página. Em julho de 2006, Calacanis ofereceu "aos cinqüenta maiores usuários de qualquer um dos sites importantes de notícias sociais; *bookmarking*... mil dólares por mês de seus direitos de 'bookmarking social'. Coloque pelo menos 150 artigos por mês e nós lhe daremos 12 mil dólares por ano". (Ele mais tarde alterou a oferta para os 12 melhores bookmarkers sociais.) "O talento vence, e o talento precisa ser pago", ele escreveu em seu blog. Várias semanas depois, Calacanis anunciou que tinha contratado três colaboradores do Digg, bem como um colaborador de cada um dos sites de bookmarking social, Newsvine e Reddit. Os contratados remanescentes eram candidatos internos de sua empresa, a Weblogs Inc. Ele não atingiu sua meta dos "12 maiores bookmarmers sociais" dos principais sites de notícias sociais/bookmarking", e pode levar pelo menos de um a dois anos para ver como essa tentativa resultará.

A oferta de Calacanis foi uma experiência na microeconomia da mão-de-obra. A cultura de voluntários no Digg, Wikipedia, Reddit, Del.icio.us, e outros provavelmente frustraria Adam Smith, o mais famoso e talvez o mais influente economista de todos os tempos. Ele teorizou em 1776 que "não estamos prontos para suspeitar que falte egoísmo a alguém... Não é pela bondade do açougueiro, de quem prepara a cerveja, ou do padeiro que esperamos nosso jantar, mas do respeito deles aos próprios interesses". A influência de Smith ainda é sentida hoje, na medida em que as empresas continuam a oferecer dinheiro, pontos ou recompensas em troca de fidelidade ou do boca a boca. "Nenhum homem, senão um obtuso, escreveu, exceto por dinheiro", como Samuel Johnson escrevera certa vez. A maior recompensa de todas é o dinheiro, e assim segue o raciocínio. Isso sintetiza, de algum modo, o sistema de crença de Smith, Calacanis e outros: o talento não funciona de graça, nem deveria. Isto levanta duas perguntas mais amplas: (1) uma vez que os 1 Porcentos estão produzindo voluntariamente trabalho em nome de uma operação comercial, e que esse trabalho aumenta o valor da operação, eles deveriam receber remuneração justa como trabalhadores?; (2) A quem pertence o conteúdo gerado pela colaboração — aos 1 Porcentos, à organização provedora ou a ambos?

Para a questão da remuneração, uma resposta é que eles não são trabalhadores. São *hobbistas*. Como hobbistas, eles adotaram o princípio da Web participativa. De que outra forma explicar o sucesso das operações comerciais on-line, como Digg, Flickr, Channel 9, YouTube e outras, e os milhares de fóruns, como o TreoCentral, que são sites voluntários, de apoio real ao cliente? Esses sites provam a viabilidade do que Lawrence Lessig, professor de Stanford, chama de "cultura não comercial", mas no contexto da cultura comercial. Os hobbistas já estão contribuindo para um bem comum comercial sem esperar pagamento ou ganho comercial.

Os 1 Porcentos contribuem porque *é divertido*. Supõe-se que os hobbies sejam divertidos. Os hobbies os livram das expectativas do trabalho e dos prazos. Os 1 Porcentos só esperam que eles e a comunidade aprimorem suas habilidades como hobbistas. Logo, segue que, ao se pagar aos hobbistas contribuintes de um site ou de uma comunidade que depende dos cidadãos criadores de conteúdo, corre-se o risco de convertê-los em trabalhadores, eliminando potencialmente a diversão. Então, será um trabalho, e não bem-remunerado por isso; a oferta de Calacani de 12 mil dólares por ano está ligeiramente abaixo do nível de pobreza dos Estados Unidos. O salário médio de alguém que trabalha como atendente em um restaurante de fast-food nos Estados Unidos é 24 mil dólares por ano.

Para a pergunta sobre a quem pertence o conteúdo das colaborações, novamente recorremos ao professor Lessig: ele denomina o trabalho produzido pelos *citizen marketers* e pelos 1 Porcentos uma contribuição para a "cultura de ler-escrever". Como o fundador e chairman da organização Creative Commons, sem fins lucrativos, Lessig tem sido uma força influente em tornar possível que os detentores de direitos autorais concedam alguns de seus direitos ao público enquanto retêm outros através de uma variedade de esquemas de licença. Na nova "cultura da leitura-escrita", ele propõe que as organizações estabeleçam licenças para funcionamento conjunto que criem a autoria equivalente de conteúdo que permite às pessoas e organizações a distribuírem gratuitamente. A ninguém pertenceria exclusivamente o conteúdo — ambas as partes teriam — portanto, os outros poderiam criar livremente conteúdo a partir dele, ou que viesse antes dele. Ele espelha a idéia de trabalhos derivados, sem a concessão de direitos autorais. Sob a lei de direitos autorais, um trabalho derivado é a criação que inclui importantes proporções de trabalho que seria de autoria de terceiros. Para usar o trabalho original, a segunda parte deve ter autorização do detentor de direitos autorais. Na cultura da leitura-escrita, ter a autorização representaria um obstáculo significativamente importante, e poderia acabar levando a comunidade democratizada a parar. Em seu pronunciamento na conferência anual de 2006 para os fãs da Wikipedia, Lessig disse: "Se não resolvermos este problema agora, será um problema ambiental que enfrentaremos daqui a três, cinco, oito anos. Como ilhas de criatividade, agora não temos maneiras simples de operar cooperativamente". As ilhas de criação de conteúdo, de autoria, devem estar unidas em uma rede que flua livremente.

É o "efeito de rede" que torna as redes sociais como Digg, Flickr, Reddit, YouTube, MySpace e outras valiosas. Assim como um telefone torna-se mais valioso pelo número de pessoas que também têm telefones, as redes daqueles que se importam com o social se tornam mais valiosas pelo seu crescimento. À medida que mais pessoas aderem aos sites, sua utilidade de valor e potencial cresce proporcionalmente. Com um mix potente de transparência, participação e propriedade da comunidade, todos sendo princípios democráticos ligados à cidadania, os sites se transformaram em comunidades especializadas. Sim, o crescimento introduz mais ruído à rede, mas este é um desafio para qualquer comunidade. No entanto, o crescimento orgânico de redes sociais se baseia em um tipo de darwinismo social democrático. As pessoas interessadas ficam e formam a base de uma comunidade, enquanto as desinteressadas vão em frente.

Há um modelo para a economia do comportamento humano em comunidades? Gary S. Becker, o economista vencedor do Prêmio Nobel, em *The Economic Approach to Human Beharior* [A abordagem econômica ao comportamento humano] teoriza que, pelo menos dentro das famílias, há uma distinta "falta de importância da distribuição de renda". Ou seja, nem todos em uma família esperam uma "parte justa" da renda. A preocupação do chefe com o bem-estar dos familiares fornece a cada um, inclusive a ele, "um seguro contra acidentes", escreve ele. Em outras palavras, se os membros de uma família acham que o seu líder visa o melhor interesse deles, eles sacrificarão a "distribuição de renda" porque valorizam a família, principalmente se isso resulta em um seguro contra acidentes. Evidentemente, isso depende do chefe da família não ir para Las Vegas um dia. E nos lembra de Michael Marx, que gasta parte de seu tempo livre em um blog sobre o Barqsman. Quando lhe perguntaram por que ele dedica seu tempo livre a um blog sobre um refrigerante, ele disse: "Para manter a marca viva". Se aplicamos o modelo de Becker aos vínculos estabelecidos pela comunidade, então poderemos alegar que o trabalho de Marx e de outros *citizen marketers* é reduzir os riscos de piorar a qualidade do produto, deteriorar o atendimento ao cliente, ou ficar atrás dos concorrentes. Eles estão contribuindo para um seguro contra "acidentes".

Pagar *citizen marketers*, cidadãos criadores de conteúdo ou 1 Porcentos é não respeitar a natureza de um hobby e o vínculo familiar que ocorre com o tempo. O *Digg.com* foi lançado em dezembro de 2004 e levou cerca de 18 meses para adquirir 400 mil usuários registrados e uma comunidade de colaboradores-chave, todos os quais trabalhando de graça. Suas contribuições significam sua fidelidade, e criar fidelidade é um lento e desafiador processo. Pagar a alguns bookmarkers sociais entre um grupo mais amplo deles introduz uma hierarquia no trabalho e pode se tornar um desestímulo para os outros contribuírem. "São os usuários que precisam de poder para moderar, e dar a cada um deles uma parte do poder é a melhor maneira de fazer isso", disse-nos Kevin Rose, fundador do Digg. As comunidades têm ajudado a definir o futuro delas mesmas, dando-lhes assim uma noção de propriedade, de cidadania. Esse poder vale mais que dinheiro. Um dos maiores colaboradores do Digg escreveu em seu blog que recusou a oferta de Calacanis porque: "Eu não preciso ser pago pelo que faço agora. Eu vou empregar meu tempo para o Digg sempre que possível, porque eu adoro o Digg. Não se trata de dinheiro, mas do prazer que você sente, e é disso que eu gosto".

Levar de 12 a 18 meses para criar uma comunidade de colaboradores que acreditem na idéia, na comunidade ou no site, e sua visão dificilmente parece um investimento tolo. Se os colaboradores de conteúdo acreditam na causa, eles trabalharão de graça. Esta é a base da maior parte do trabalho voluntário. Quase todos os *citizen marketers* com quem falamos enfatizaram que seu trabalho é uma contribuição para um bem comum em busca de um hobby. Pagar aos bookmarkers sociais parece ser o mesmo que tentar aprimorar a fidelidade do produto comprando um comercial de Super Bowl: é uma aposta, mas as chances estão contra ela.

A Regra do 1% se aplica ao seu Web site interno ou externo? Para aplicar a fórmula, selecione um período de tempo, como um mês. Pegue o número de pessoas que criam um conteúdo novo ou original (*x*) e divida isso pelo número total de pessoas que visitam o site (*y*). A porcentagem resultante (*n*) é sua resposta (n = x : y). Lembre-se da Regra do 1% nos próximos capítulos. Como veremos, o valor das contribuições feitas pelos 1 Porcentos e pelos *citizen marketers* pode ser mensuravelmente forte.

Por ora você pode estar pensando: por que "*cidadãos*"? Por que não chamá-los de consumidores? Ou usuários? E que tal amadores?

Para explicar por quê, vamos voltar a alguns milhares de anos até Atenas, na Grécia. Os atenienses criaram a idéia de cidadania assegurando — e até esperando — que cada um assumisse responsabilidade por sua cidade-estado. Este foi o nascimento da democracia, e é uma história clássica do poder concentrado fortemente nas mãos de poucos e de como o abuso do poder eventualmente levou à revolução. Em Atenas, o poder favorecia os proprietários de terra acima de todos.

"Alguns poucos donos de todas as terras, e os cultivadores com suas esposas e filhos podiam ser vendidos como escravos se não pagassem seu aluguel", ou suas dívidas, escreveu Aristóteles sobre essa época. Visto que os trabalhadores eram muitos, eles ganhavam quase nada. O legista Draco, um amigo dos ricos atenienses, escreveu legislação que punia com a morte o pequeno furto ou a simples negligência. Draco assegurou seu lugar na história quando descrevemos os legistas ou autoridades que aplicam medidas excessivamente severas ou desumanas para dar uma "lição" aos cidadãos.

Economicamente, Atenas estava desorganizada. A ira e o ressentimento entre as classes mais baixas infundiram a inquietação e o caos cultural. Com a revolução iminente, um número de atenienses conclamou seu respeitado cidadão Sólon para assumir o controle da cidade.

Sólon salvou Atenas de si mesma, forçando maiores níveis de igualdade entre os ricos e os pobres. Ele cancelou todas as dívidas existentes devidas a indivíduos ou ao estado. Liberou qualquer um que fosse escravo por causa de dívida, e soltou todos os presos por suas crenças políticas. Legalizou e passou a cobrar impostos sobre a prostituição e estabeleceu bordéis públicos, licenciados pelo estado. Instituiu julgamentos por um júri de pares e estabeleceu padrões para pesos e medidas. Rescindiu as leis draconianas. Estabeleceu novos padrões de igualdade que trouxeram estabilidade e, eventualmente, a prosperidade para Atenas. Sólon quis romper com a noção de que os atenienses eram meramente ativos a serem comprados e vendidos — a igualdade deveria ser o fator decisivo para governar o comportamento social, independentemente da riqueza ou do *status*. Sólon preparou terreno para a consolidação da democracia declinando apelos para se tornar ditador permanente, dizendo que a ditadura era "um ponto bem razoável, mas não havia como voltar a ela".

A cidadania nasceu. *Efcharisto!*

Os atenienses agora estavam no controle de sua cidade-estado, mas ainda não se falava em *cidadania*. Era *politéia*. Brook Manville e Josiah Ober estudaram a história da cidadania e da democracia e explicam:

> *Politéia* engloba uma riqueza de significados cuja complexidade é exatamente o ponto — implicando não apenas um *status* legal ("ter passaporte, ser contribuinte de impostos de uma nação"), mas uma noção profunda e multifacetada de identidade cívica. A palavra politéia abrange os conceitos de "comunidade de cidadãos", "constituição", "forma de governo", e até mesmo "forma de vida".

Cidadania não era um conceito político. Era a cultura da vida diária. Quando todos acrescentam ao conhecimento coletivo de uma empresa, produto ou marca, criando posts de blog, podcasts ou suas próprias comunidades específicas de produto, vemos isso como um estilo de vida. É sua noção de dever contribuindo para o bem comum. Embora possa ser em nome de uma entidade comercial, não somos nós que devemos julgar esse valor relativo. Afinal, o livre-arbítrio é uma força liberadora. Para os *citizen marketers*, seu trabalho e participação como membros de comunidades de marketing fazem parte de suas vidas. É o hobby deles. É a *politéia* deles. É cidadania na era do marketing como cultura.

CAPÍTULO TRÊS

A Democratização Total

*Pois este é o esporte que terá o engenheiro destruído
por seu próprio petardo.*

De *Hamlet*, Shakespeare

Em 1994, a Time Warner criou o *Pathfinder.com*.

Como a maior empresa de entretenimento e publicação do mundo e uma das cinqüenta maiores empresas, indicadas pela *Fortune*, a Time Warner tinha grandes planos para seus primeiros passos no novo mundo da Internet. A empresa se gabou sem modéstia de que o Pathfinder se tornaria "o maior site do mundo" porque funcionaria como portal on-line para reportagens em seu grupo de revistas famosas, como *Time, People, Sports Illustrated, Fortune* e *Entertainment Weekly*, bem como uma rede a cabo CNN. O Pathfinder foi uma "desova" problemática porque, como escreveu um observador na época, parecia "uma explosão em uma fábrica da revista *Time Warner*". Nos anos que dependiam de modem, de 1994-2000, o Pathfinder era uma jóia de 50 quilos de ouro em um modelo de um metro. Era sobrecarregado de desenhos. Pendeu sob o peso de inúmeras propagandas. Estava tentando ser uma revista com uma bela impressão, sem o papel. A primeira página do Pathfinder carregava lentamente, e os visitantes eram forçados a navegar pela primeira página para ler os artigos. No decorrer de cinco anos, o Pathfinder passou por alterações em seu design e sugou dezenas de milhões de dólares e provavelmente várias carreiras até que a empresa desistisse dele.

O que o Pathfinder representava era a batalha que surgiria pelo controle, entre alguns e muitos. O Pathfinder era "trabalhoso, confuso e falava de cima para baixo em um meio que prosperava por fluir de baixo para cima", de acordo com a escritora Kara Swisher. "Como todas as empresas tradicionais de mídia, ele falava enquanto os consumidores deviam ouvir". A Time Warner impôs seu papel de porteiro em um meio que rejeitava a hierarquia e o controle, e a empresa recusou-se teimosamente a capitular diante das demandas de seus visitantes. Devido à sua descendência, o Pathfinder era meio parecido com o monstro ficcional de Mary Shelley, um ser defeituoso, feito de vários componentes, que nunca poderia ter uma vida normal. Quando a empresa finalmente desligou o Pathfinder, um porta-voz da empresa disse: "As marcas individuais eram mais potentes que a marca Pathfinder. Por que enterrá-las sob o nome Pathfinder? Foi isso que o mercado nos indicou".

Ao mesmo tempo, dois estudantes de Stanford, Jerry Yang e David Filo, estavam construindo o Yahoo. Ele lembrava um jardim público mais do que um castelo. Seus desenhos eram simples, e sua missão também: um arquivo criado por humanos de conteúdo da Internet. A abordagem do Yahoo apoiava-se na igualdade e na abertura, e atropelou o Pathfinder na corrida pela supremacia. O Yahoo e seus portais globais acabaram se tornando a rede mais visitada dos Web sites do mundo, atraindo 500 milhões de visitantes por mês. A Time Warner aprendeu, a duras penas, que o controle centralizado na Web é difícil, se não inútil.

São as forças da democratização. Elas trabalham sem parar contra as forças de controle. À medida que as forças de democratização se consolidam, elas impulsionam continuamente as empresas a se tornarem mais transparentes, às vezes contra sua vontade. Três artigos distintos em 23 de julho, 2004, ilustraram esse conceito.

1.

Mal a temporada de beisebol de 2004 tinha começado, partes do histórico Wrigley Field de Chicago começaram a ruir. Literalmente. Vários pedaços pequenos, mas potencialmente perigosos de concreto despencaram nos assentos. Um pedaço do tamanho de um tijolo caiu no pé de um torcedor durante um jogo. Os Cubs fizeram consertos no famoso estádio sem contar a ninguém, inclusive o pai da equipe, a Tribune Company, que publica a *Chicago Tribune*. À medida que o concreto caía, os comentários se espalharam rapidamente pelos sites, blogs e mídia concorrente; mesmo assim, a equipe não disse nada. Quando o "buxixo" se tornou muito claro, a *Tribune* e os Cubs finalmente reconheceram o problema. O presidente do Cubs, Andy MacPhail perguntou, durante uma conferência à imprensa: "Devemos anunciar cada vez que um banheiro entope ou que fechamos um banheiro público por um determinado tempo? Não estou brincando... Temos mesmo a obrigação de fazer isso?".

A queda de pedaços de concreto nas cadeiras está longe de ser o mesmo que um lavatório entupido, por isso vamos deixar de lado a comparação questionável de McPhail e examinar a questão maior: o boca-a-boca influencia. Desde sua fundação em 1876, os Cubs se beneficiaram de fortes relacionamentos com fãs fanáticos, que os veneravam. A equipe lota regularmente a capacidade da casa, tendo em média 39.700 torcedores por jogo em 2006, em um estádio de 41.118 lugares. Embora a equipe seja uma eterna perdedora, os ingressos para os jogos dos Cubs foram os segundos mais caros no beisebol, durante 2006, a 34,30 dólares por cadeira. O boca-a-boca é um meio poderoso por causa da confiança que se transmite a cada mensagem, de pessoa a pessoa. Ao esperar semanas para reconhecer o que vinha sendo dito on-line e off-line, os Cubs simplesmente alimentaram as perguntas e a especulação. Sua hesitação em reconhecer o óbvio foi um caso clássico de controle de informação e, por extensão, de controle de imagem. "Seja extremamente misterioso, mesmo a ponto de não ser ouvido", é o conselho do estrategista de guerra chinês Sun Tse, a quem inúmeros gerentes ainda ouvem, depois de 2.500 anos. "Assim você pode dirigir o destino do oponente."

2.

Questões de controle alarmaram uma pequena empresa de software cuja missão é democratizar a expressão pessoal e a disseminação de informação. A Six Apart funcionava havia quase três anos, no verão de 2004. Um de seus produtos era o Movable Type, um software que permite que as pessoas criem blogs e então se comuniquem facilmente com indivíduos, grupos ou o mundo.

O Movable Type é uma história de sucesso no boca-a-boca. O entusiasmo de seus primeiros defensores infundiu o crescimento orgânico da empresa. Então, em julho de 2004, a Six Apart aborreceu centenas, senão milhares, daqueles adeptos, anunciando uma mudança drástica em sua política de preços e licenciamento. (Até aquela data, o software tinha sido gratuito, dependendo de doações de seus usuários.) Centenas de pessoas reclamaram em seus blogs sobre a mudança nos preços. Os blogs destinavam-se à expressão pessoal — não importa seu tom — fácil e rápida, e a Six Apart estava sendo tomada pela fúria potencial que seu software poderia desencadear.

Obviamente, cabe à Six Apart determinar seus preços, mas seus defensores reclamavam que a voz que eles tinham normalmente no processo de tomada de decisão da empresa havia sido ignorada. Eles tinham participação no sucesso da empresa porque a Six Apart buscou sua contribuição. É este o acordo feito pelas empresas quando contam com a ajuda de clientes para crescer: os clientes lhe dão voluntariamente tempo e atenção, mas lutarão por seu *status* e poder. Diante da perda de *status*, os bloggers estavam furiosos.

"Não foram as mudanças no licenciamento e na precificação que os afetaram, foi que impingimos uma decisão a eles", disse a co-fundadora da Six Apart, Mena Trott, depois de algum tempo. "Estávamos tão ligados à realização de blogs que as pessoas queriam confiar mais em nós. De queridinhos que éramos, passamos a odiados. Éramos um mal pior que a Microsoft." Recobrar a confiança perdida se faz de uma posição de fraqueza, e não de força. O que acabou ajudando a empresa a se recobrar foi a sinceridade de Trott em reconhecer as reclamações e a obviedade do passo mal dado.

3.

Outra história naquele dia de julho, muito além do mundo dos negócios, ilustrou a batalha entre o controle e a transparência. A comissão federal bipartidária que investigava os ataques de 11 de setembro nos Estados Unidos divulgou seu relatório final, culpando as agências de inteligência por seus sistemas de sigilo:

> As informações não foram partilhadas, às vezes inadvertidamente, ou por causa de mal-entendidos legais. A análise não foi compilada. Não foram iniciadas operações efetivas. Freqüentemente, a transmissão de informações se perdia entre as agências estrangeiras e domésticas do governo... [nos] sintomas da incapacidade mais ampla do governo de se adaptar ao modo como gerencia problemas ante os novos desafios do século XXI.

A comissão insistiu para que o Congresso fosse mais transparente em relação ao orçamento da inteligência do país. Recomendou a redução significativa da quantia de informações sigilosas e a criação de um "sistema de troca de informações com base em rede que transcenda os tradicionais limites governamentais". A comissão disse que o sigilo excessivo levou à "compartimentalização" de registros, tornando praticamente impossível ligar os pontos de um plano fatal. Apesar das recomendações da comissão, os Estados Unidos continuam a recuar de sua posição de liderança no que tange à transparência governamental. A administração do presidente George W. Bush criou 81% a mais de sigilo em 2005 que em 2000, de acordo com a coalizão da oposição *OpentheGovernment.org*. Quase setenta países asseguram o direito a solicitar e analisar documentos públicos, e muitas de suas leis são mais abrangentes e efetivas que aquelas dos Estados Unidos.

Seja em nível de empresa, comunidade ou nacional, as forças da democratização combatem as forças de sigilo em uma luta pela crescente transparência, e a mídia social está dando apoio à transparência. As raízes da democracia instilam em nós uma expectativa de governo transparente por parte das autoridades políticas, sem fins lucrativos, ou de líderes empresariais indicados. Os líderes em muitas organizações se vêem enfrentando ou argumentando em defesa do forte controle, em nome de fórmulas protetoras, dados, planos ou, às vezes, da arrogância *versus* nossas expectativas diárias de abertura. Forças que impõem o sigilo apelam para os nossos medos. Forças que impõem a transparência apelam para nossas esperanças e para a noção de justiça.

A Time Warner aprendeu que o controle centralizado na rede é caro. O Chicago Cubs descobriu que o boca-a-boca está sendo acelerado pela mídia da Web. A Six Apart aprendeu que ser aberta com clientes é um caminho para o crescimento, mas se essa abertura desaparecer em nome do controle da mensagem, isto pode ser doloroso e levar tempo. E a Comissão do 11 de setembro disse que as vidas de cidadãos dependem de uma democracia que seja transparente. Livre seu governo, seu negócio, sua mente do gerenciamento de cima para baixo. Porque o controle está saindo do controle.

Quando a World Wide Web celebrou seu 13º aniversário em 2004, estava começando a evoluir para o que alguns tecnólogos chamaram de Web 2.0, a segunda geração da rede. Para aqueles que desenvolvem softwares, é um termo cujo significado é indeterminado — Web 2.0 pode significar coisas diferentes para pessoas diferentes. Nós a definiremos como *criar experiências em colaboração na Web quando informações são partilhadas multilateralmente*. Se a "Web 1.0" foi uma comunicação de uma única via entre o dono do site e o visitante, então a Web 2.0 é uma comunicação de várias vias entre o dono do site e o visitante, e dos visitantes com outros visitantes. A Web 2.0 se tornou um mantra para aqueles que desenvolvem e prevêem a abertura ou uma referência para os desenvolvedores que lutam com comitês, clientes, conselhos ou chefes que querem controlar e restringir dados. Os desenvolvedores de Web 2.0 são alimentados pelo poder do XML, um sistema padronizado para descrever dados, que facilita o transporte de dados a um browser, celular, programa de e-mail ou qualquer dispositivo digital. É essa troca de dados, seja através de posts de blog, de podcasts, fotos, vídeos ou mapas, que permite que ele seja *recombinado* em produtos novos, sempre em constante mutação, que toca a imaginação de alguns desenvolvedores.

Tudo isso leva a um subproduto tangível, de *citizen marketer*, de imaginação da Web 2.0: mashups. "Mashup" é o neologismo para descrever uma combinação híbrida de duas ou mais fontes de dados que, quando combinados, criam um novo produto ou aprimoram um existente. Dois dos mashups mais prevalentes são (1) mashups de dados e (2) mashups de entretenimento.

Mashups de dados são criados normalmente por desenvolvedores de software que combinam freqüentemente as tecnologias de mapeamento do Yahoo, Google ou MSN (todas as quais abriram seus sistemas de mapeamento a programadores) com seus próprios dados ou dados que estão disponíveis gratuitamente. Por exemplo, Adrian Holovaty criou um dos primeiros mashups de dados colocando fotos de crimes fornecidas pelo Departamento de Polícia de Chicago sobre o sistema de mapas do Google. Ele escreveu um software que visita automaticamente o site do departamento de polícia toda semana, seleciona dados de crime, então classifica-os em categorias de crime, tipo, rua, data, código de endereçamento postal, guarda, distrito policial, e até do transporte ferroviário. Toda categoria, toda rua e todo CEP podem ser vistos no *ChicagoCrime.org* como um Mapa Google, com suas tachinhas familiares de localizações de cenas de crime. O público para esse aplicativo mashup é praticamente ilimitado: proprietários de casas, transportadoras postais, imobiliárias, ou policiais, para nomear alguns. É assim que a Web 2.0 democratiza o futuro. Ela cria novos produtos, colocando dados uns sobre os outros e fornecendo todo o contexto, significado ou valor adicional de dados.

Holovaty trabalha durante o dia como "editor de inovações editoriais" no Washingtonpost.Newsweek Interactive, e ele criou o mashup e o site como um cidadão consciente; está disponível a qualquer um, e depende das contribuições dele e de doações de visitantes. O Institute for Interactive Journalism deu ao *ChicagoCrime.org* seu Batten Award de 10 mil dólares em 2005 pela inovação. "Um jornalista deve ver todas essas coisas e juntá-las, mas toda cidade deveria oferecer isso como um serviço público", disseram os jurados ao anunciar o prêmio.

Ferramentas de software como o iMovie e GarageBand para o Mac ou o Microsoft Movie Maker para o PC vêm junto com compras de computador. Como programas gratuitos e úteis, eles permitem às pessoas reproduzir e recombinar vídeos ou músicas com outros vídeos e músicas e criar uma nova obra de entretenimento. A remixagem não é uma idéia nova; artistas de hip-hop têm remixado músicas para criar novas desde a década de 1980, e foi isso que levou aos mashups — é uma cultura hip-hop de desmembramento. Os artistas mashup que formam camadas de dados, música ou vídeo juntas são os novos artistas do hip-hop. Mashups que emprestam filmagem de um único filme, como *De volta ao futuro*, podem criar facilmente uma história totalmente nova para ele. Um tema popular de mashup é pegar o tema do mocinho gay de *Brokeback Mountain* e aplicar a ele outros filmes, por exemplo, *De volta ao futuro*. Cenas do filme de 1985 de Michael J. Fox e Christopher Lloyd são montadas com o tema lamurioso de *Brokeback,* por Gustavo Santaolalla, criando um roteiro novo e bem dramático de dois minutos do amor proibido. É *Brokeback to the future.* Vale a pena assistir? Como qualquer entretenimento, a qualidade é uma questão de gosto. As cenas e o diálogo tirados de seu contexto original e ajustados a uma trilha musical emotiva podem ser provocantes. E muito divertidas. Um mashup popular no YouTube, que já foi visto mais de 200 mil vezes, é um falso trailer de 1m20 que empresta cenas do filme *O iluminado*. Em sua forma original, o filme evocativo de Stanley Kubrick faz uma crônica da decadência de um escritor até chegar à loucura e ao assassinato. Nas mãos de um artista de mashup, *O iluminado* se torna *Shining*, uma comédia familiar com um final feliz, repleta de música contemporânea, em alto volume, e uma nova voz de fundo. A transformação é notável e, para quem viu o filme original, é muito engraçado. Alguns artistas de mashup preferem permanecer anônimos, enquanto outros divulgam um pseudônimo no final do vídeo para demonstrar sua proeza ou disponibilidade como editores. Enquanto os donos de direitos autorais têm pavor de trabalhos derivados e da falta de taxas de licenciamento, os artistas de mashup continuam fazendo isso, oferecendo muita exposição gratuita, em comerciais de dois ou três minutos, de filmes que talvez estivessem esquecidos do público mais velho ou nunca tenham sido vistos pelos mais jovens.

Com a mídia social ainda na infância, levará anos para se entender seu potencial. As editoras e as emissoras tradicionais tiveram décadas para aperfeiçoar seu ofício e padrões. Quando os amadores criam seus próprios vídeos, blogs ou podcasts, a reação entre alguns críticos da cultura é reclamar que são todos um lixo — que valor há em um vídeo de crianças dublando na frente de suas webcams? Quem liga para um blog cujo assunto são gatos? Os argumentos contra a cultura amadora vão além — a Wikipedia não é confiável, o YouTube é uma perda de tempo, e o MySpace é perigoso. O escritor Douglas Adams descreveu uma reação similar em 1999, entre pessoas que pensavam o mesmo da Internet:

> Imagine tentar aplicar qualquer uma daquelas críticas ao que você ouve ao telefone. É claro que você não pode "confiar" no que as pessoas lhe dizem na web, assim como não pode "confiar" no que as pessoas lhe dizem em megafones, cartões-postais ou em restaurantes. Decidir em quem você pode confiar e por quê é, literalmente, um dos motivos da evolução de uma grande parte de seu cérebro. Por alguma razão maluca deixamos de lado esse ceticismo natural quando vemos coisas, em qualquer meio, que dão muito trabalho ou demandam muitos recursos, ou diante das quais não conseguimos reagir com facilidade — como jornais, televisão ou granito. Daí a expressão "gravado na pedra".

Embora ainda seja uma idéia em desenvolvimento, a Web 2.0 não é um sucesso por acaso. Para construir um argumento que a justifique, recorremos a Thomas Kuhn. Ele passou sua carreira estudando a história da ciência e filosofando sobre seu impacto na cultura. Sua tese mais famosa foi que a história da ciência foi marcada por uma "série de interlúdios pacíficos pontuados por revoluções intelectualmente violentas". Nessas revoluções, "uma visão de mundo conceitual é substituída por outra". Kuhn chamou de paradigma a visão do mundo tradicional. Mas, se mudanças suficientemente substantivas, totais, ocorressem naquela visão, fosse na forma de comprarmos ou vendermos produtos, de aprendermos ou acumularmos conhecimento, ou interagirmos com nossas comunidades, então nós estaríamos prontos para uma nova visão de mundo. Kuhn denominou isso de mudança de paradigma. A Web 2.0 poderia ser considerada uma mudança de paradigma porque são muitas as mudanças gerais que estão acontecendo no mundo da tecnologia. Como a biologia, a tecnologia faz parte de um ecossistema evolucionário. Nos primeiros cinco a seis anos do século XXI, tecnologias-chave que facilitam o aparecimento de conteúdo criado por cidadãos e *citizen marketers* têm sido mais rápidas e mais poderosas. O inventor e futurista Ray Kurzweil alega que os primeiros anos do século XXI estão no meio de uma mudança de paradigma. Em seu fascinante livro *The Singularity Is Near* [A singularidade está próxima], Kurzweil compila uma riqueza de dados e cálculos para argumentar que a velocidade, a capacidade, a banda larga e a potência geral de computadores e aparelhos eletrônicos começaram a *dobrar* a cada ano. Além disso, Kurzweil defende que o ritmo de adoção de novos paradigmas, ou o ritmo em que a sociedade e a cultura realizam mudanças radicais em suas maneiras de fazer as coisas, está dobrando a cada década. "Ou seja, o tempo para se adotar novos paradigmas está caindo pela metade a cada década", afirma ele. "Nesse ritmo, o progresso tecnológico no século XXI será equivalente a duzentos séculos de progresso." Nossas ferramentas estão ficando biônicas.

Se os cálculos de Kurzweil estão corretos e mantêm sua trajetória, eles parecem destinados a aposentar a Lei de Moore. O co-fundador da Intel, Gordon Moore, teorizou que o número de transistores que poderiam se encaixar em um chip dobraria aproximadamente a cada 18 meses. A Lei de Moore tornou-se o principal barômetro de crescimento tecnológico e inovação até, pelo menos, a virada do século. A Lei de Moore tem sido aplicada basicamente aos setores de eletrônicos e semicondutores, mas tem influenciado o desenvolvimento de discos rígidos de computadores, celulares, jogos de computador — praticamente qualquer coisa que dependa de um chip de computador. A Lei de Moore também não previu corretamente a potência disponível dos circuitos de computador, ou os fabricantes aderiram à Lei de Moore como uma meta de produção e a mantiveram como uma profecia auto-realizadora.

O poder por trás das ferramentas tecnológicas já não é mais uma reta com inclinação gradual; inclina-se acentuadamente para cima e cresce exponencialmente, quando os números no quadro são multiplicados, e não apenas somados. O crescimento exponencial na capacidade de armazenamento de computador permitiu que o Google passasse a perna no Yahoo e no Hotmail, e oferecesse um gigabyte de armazenamento de e-mail na rede gratuitamente, quando os portais ofereciam apenas um quarto disso. (Eles conseguiram equiparar sua oferta à do Google rapidamente.) Kurzweil diz que esse poder crescente está contribuindo para uma mudança de paradigma, dando aos cientistas a capacidade de tornar as coisas exponencialmente mais potentes porque o material existente já é significativamente mais potente. Para os não cientistas, isto significa que as ferramentas customizadas, de milhão de dólares, que Steven Spielberg usou para criar e editar os assustadores dinossauros, em *Jurassic Park,* seu filme de 1993, estão agora disponíveis para qualquer um na Amazon e na Best Buy que as queira instalar em seu Mac ou pc.

Se alguém quiser criar conteúdo sofisticado para atrair os amigos, comunidades ou o mundo, o futuro ficou muito mais barato.

No que pode ser considerado um reforço ao argumento de Kurzweil de uma ampla mudança de paradigma, o aparecimento do *citizen marketer* está sendo estimulado por duas realidades tecnológicas distintas: conexões rápidas com banda larga e ferramentas digitais acessíveis.

As assinaturas de banda larga atingiram um ponto de saturação, tornando a Internet significativamente mais acessível e acentuando o efeito de rede, de quando alguma coisa se torna mais valiosa devido ao número de usuários. Milhões de pessoas comuns agora têm a banda larga para publicar e transmitir conteúdo mais sofisticado enquanto oferecem a seu público uma voz, uma vocação e um voto. A banda larga é o elemento essencial para a criação de conteúdo on-line; os usuários de banda larga respondem por dois terços de todo o conteúdo criado on-line, de acordo com um estudo respeitável compilado por Pew Internet & American Life Project, uma organização sem fins lucrativos que se dedica a estudar as tendências americanas. No século xxi, o uso de banda larga atingiu um ponto significativo: em março de 2006, 84 milhões de adultos americanos tinham banda larga em casa. Isso representou um salto de 40% comparado ao mesmo período do ano anterior. Por quê? Um número significativo de americanos abandonou suas lentas conexões por discagem, em grande parte graças à queda dos preços estimulados pelas guerras de preço entre empresas de telefonia e empresas de transmissão a cabo. Fora dos Estados Unidos, os índices de adoção de banda larga também cresceram rapidamente. No final de 2005, quase 139 milhões de pessoas no mundo assinaram DSL. O crescimento anual mundial foi de 42%, o que significa que 800 pessoas estavam assinando o DSL toda semana. Um setor acrescentando quase um milhão de novos clientes por semana está crescendo exponencialmente. A União Européia foi o maior adepto do DSL em 2005: 16,7 milhões de pessoas fizeram assinatura do DSL. Só a União Européia responde por quase 35% do mercado mundial. Considerando-se os países em separado, a China é a mais conectada: 26 milhões de pessoas estavam navegando em casa pelo final de 2005. Curiosamente, os Estados Unidos estão atrasados, em todo esse crescimento. No fim de 2005, o país ainda era o 12º em assinantes de banda larga por cem habitantes. (Os cinco primeiros países eram Islândia, Coréia, Países Baixos, Dinamarca e Suíça.)

O que esses dados significam? Mais usuários de banda larga significam mais cidadãos criadores de conteúdo. Significam que mais pessoas têm as ferramentas e acesso para fazer críticas e elogios em blogs, podcasts e sites de mídia social sobre produtos, serviços e marcas. Significam mais Filtradores, Fanáticos, Facilitadores e Foguetes. Empresas com marcas globais enfrentam novos desafios à medida que seus call-centers são democratizados, apresentando-lhes desafios culturais e lingüísticos totalmente novos. As empresas que antes controlavam habilmente as linhas de demarcação global descobrirão que os clientes não ligam para quadros organizacionais corporativos e unidades de negócio. Uma marca é uma marca, não importa onde seja sua sede ou quem gerencia seus países ou regiões. Para departamentos que desenvolvem produtos ou criam planos de relações públicas e marketing, a democratização da expressão pessoal apresenta desafios totalmente novos (e, esperamos, interessantes) para trabalharmos com os que são e os que não são clientes, indiferentemente. As pessoas estão comprando produtos e serviços em um país e entrando em blogs sobre eles em outro. Grupos pequenos mas determinados de *citizen marketers* preencherão vazios naturais dos centros de suporte para muitos produtos conhecidos e apreciados. A maneira como as empresas aceitam tacitamente ou reconhecem oficialmente o suporte baseado em colegas afetará o boca-a-boca. Como já vimos, os 4 Fs têm as ferramentas e os meios para publicar e transmitir suas histórias de experiências de produtos.

Depois das rápidas conexões de banda larga, a segunda realidade tecnológica distinta são as ferramentas mais acessíveis. Os preços de software, equipamento de áudio e câmeras de vídeo e digitais têm caído acentuadamente, permitindo que milhões de pessoas se tornem competentes criadores de conteúdo on-line, editores e radiodifusores. Os criadores de conteúdo contam com quatro ferramentas básicas para criar esse conteúdo: câmeras digitais *still* e de vídeo, celulares e computadores.

As câmeras digitais *still* e de vídeo são os grandes catalisadores da mídia social. O número de visitantes mensais para dois dos grandes sites de mídia social — My Space e Flickr — são dezenas de milhões. Uma razão para eles serem tão populares: eles tornaram seus sites de fotos fáceis, principalmente para celulares equipados com câmeras. As câmeras digitais estão se tornando mais potentes e menos caras a uma taxa exponencial. Em 2000, o preço médio de varejo de uma câmera digital era 499 dólares. Em 2005, o preço médio tinha caído para quase a metade, 265 dólares, mesmo com o aprimoramento da resolução das câmeras e com o acréscimo de funções. Os acessórios que estendem a funcionalidade das câmeras digitais têm caído de preço ainda mais acentuadamente. Um cartão de memória de flash de um gigabyte é obrigatório para fotógrafos sérios. Ele pode armazenar cerca de 3.700 fotos de muito boa qualidade (dois megapixels para cada imagem) ou cerca de 409 imagens de excelente qualidade (cinco megapixels para cada imagem). Em 2003, o Office Depot vendeu cartões de flash de um gigabyte por 429 dólares. Dois anos mais tarde, os mesmos cartões de flash eram vendidos por 99 dólares.

Como um mercado combinado, as câmeras digitais e câmeras de vídeo são campeãs de vendas. Em 2000, a Mintel, uma empresa de pesquisa do setor, disse que 3,6 bilhões de dólares em câmeras *still* e digitais foram vendidos nos Estados Unidos. Em 2005, por conta da inflação, as vendas basicamente dobraram, para 6,7 bilhões de dólares. As câmeras que tiram fotos são as campeãs de venda, e esta é uma boa notícia para sites que reúnem fotógrafos amadores. A Mintel diz que 5,1 bilhões de dólares de câmeras digitais foram vendidos em 2005, *versus* 1,6 bilhão de dólares para câmeras de vídeo. O desafio para os 173 sites de vídeo que competiam uns com os outros em 2005, inclusive 85 que aceitavam e mostravam vídeos, é um pouco diferente. Muitos deles competem pela atenção dos usuários de webcam. As Webcams, os minúsculos dispositivos parecidos ao globo ocular, em uma capa de plástico, são bastante acessíveis para o usuário médio de banda larga — geralmente cerca de 100 dólares — e são ligadas diretamente no computador. Duas empresas — a Logitech e a Creative Technologies — têm cerca de três quartos do mercado de webcam. A Creative tem sede em Cingapura, vários de seus negócios são difíceis de discernir, mas o negócio da Logitech reflete o crescimento animado de criadores de vídeo amadores. As vendas de webcams da Logitech passaram de 166 milhões de dólares em 2004 para 273 milhões, em 2006, um aumento de 64%. Nos próximos anos, à medida que os sites que mostram vídeos ensinam ao amador como criar conteúdo cativante ou envolvente, o futuro do negócio de webcam parece ser promissor.

A maioria dos criadores de conteúdo on-line tende a ser jovem, e eles estão ficando mais jovens. Uma pesquisa relatou em 2006 que "as crianças estão usando ativamente dispositivos de música pessoal, câmeras digitais e DVD players aos 7 anos — cerca de seis meses antes, em comparação a um ano atrás. Um número duas vezes maior de crianças com idade de quatro a 14 anos tinha aparelhos de música e câmeras digitais em 2005, enquanto a posse de celulares no grupo de idade disparou 50% desde (2005)". Se alguém acha que os adolescentes já estão perturbando com seus celulares e câmeras digitais, espere até os garotos de dez anos criarem o próprio conteúdo e formarem as próprias redes. Para os executivos que cresceram usando máquinas de datilografar elétricas para escrever seus relatórios escolares, o mundo mudou radicalmente, e o mundo da criação instantânea de conteúdo pode parecer mistificador. Porém, quem cresceu usando ferramentas digitais não pode imaginar um mundo onde existia um líquido para apagar erros de datilografia, papel carbono, walkmans da Sony, nem mesmo VCRs. O conteúdo digital otomiza o tempo, comprimindo a realidade e a percepção da mídia de maneira que podem nunca ser compreendidas por alguém que não cresceu nessa experiência.

Cinqüenta anos foram necessários para POTS, ou o velho serviço de telefonia, atingir um nível significativo de uso nos Estados Unidos, mas dez anos para os celulares atingirem o mesmo nível. Foi assim que os celulares se tornaram indispensáveis para a vida moderna. Em um período de apenas cinco anos, de 1999 a 2004, as vendas de celulares e assinaturas aumentaram 144%, fazendo delas uma indústria de 112 bilhões de dólares. Para os *citizen marketers*, um "celular inteligente" é um equipamento padrão. É um telefone que pode enviar e receber e-mail, navegar na Web, tirar fotos, tocar música e passar vídeos, e até fazer chamadas telefônicas. É o Comunicador de Jornada nas Estrelas que está ganhando vida.

Para enviar e receber todos esses dados, as empresas de telefonia móvel investiram bilhões de dólares no que eles chamaram de 3G, ou terceira geração, redes sem fio de alta velocidade. No final de 2005, pelo menos 156 milhões de americanos fizeram assinaturas de redes 3G. Os *citizen marketers* encaixam-se nesse quadro porque Pew diz que 41% dos donos de celulares os usam como ferramentas de conteúdo. Eles checam notícias, o clima, e quem fez comentários em seu blog. Escrevem mensagens em blog, carregam fotos de eventos e participam de sistemas de votação. Oito por cento dos americanos que possuem celulares dizem que têm usado seus telefones para votar em concursos de televisão como *American Idol* (e pagam pelo privilégio). Oito por cento representam 24 milhões de americanos. Isto equivale a cada pessoa na cidade de Nova York, Chicago, Londres e Sydney demonstrar sua disposição para votar em nome de um empreendimento comercial, mesmo que eles tenham de pagar um imposto pela pesquisa de opinião. Mais da metade das crianças americanas com idade entre 12 e 14 anos tem um celular, e quase 80% dos europeus têm celular. À medida que influenciamos nossas ferramentas, elas nos influenciam.

A popularidade dos celulares estimulou a criação de dúzias de sites de *citizen marketers* específicos de celular. O celular Treo, feito pela Palm, tem muitos admiradores. Pelo menos seis sites amadores são dedicados a ele. A maioria dos sites amadores disseca, discute e analisa rumores e fatos da Treo, problemas e soluções, e novos acessórios de software e hardware. São esses os sites que dão, realmente, suporte ao cliente, menos a garantia. Quando a Treo foi descoberta pela primeira vez em 2003, eu (Jackie) percebi pessoalmente o tremendo valor dos sites de *citizen marketers*. Enquanto esperava que a Verizon Wireless tornasse o Treo compatível com sua rede em 2004, eu me coloquei numa lista de espera e aguardei oito meses para estar entre os primeiros que poderiam usar o telefone inteligente na rede da Werizon. Quando finalmente o telefone chegou e eu cadastrei minha conta de e-mail para ele, as mensagens chegavam bem, mas não eram enviadas. Liguei para o centro de suporte ao cliente da Verizon, e perdi uma hora. Foi frustrante.

Impulsivamente, digitei "Treo 600 e-mail problems" no Google. A primeira página de resultados destacava um assunto específico no *TreoCentral.com* que descrevia exatamente o meu problema. Descobri várias mensagens no site de pessoas que descreviam meu problema juntamente com sugestões para resolvê-lo. A solução consensual: instalar outro software de e-mail. Dúzias de mensagens preconizavam um programa de e-mail chamado SnapperMail da Snapperfish. Alguns cliques depois, comprei o programa, baixei-o e o instalei em meu telefone. Mais alguns cliques e pronto — recebendo *e* enviando mensagens. Os clientes da Treo trocaram seu conhecimento coletivo sobre o produto e suas limitações em um site independente, democratizado, que era essencialmente um centro de gestão de conhecimentos em tempo real. Sua interface com o mundo externo era o Google. A comunidade da TreoCentral sabia mais sobre o produto, suas limitações e soluções para superar aquelas limitações que a Verizon. Nesse caso, a congregação era mais inteligente que o pregador.

O PC está para ir além das fronteiras do mundo industrializado. Nicholas Negroponte, o fundador do Media Lab, do MIT, lançou o projeto One Laptop Per Child em 2005 para colocar um laptop sem fio nas mãos de crianças em nações em desenvolvimento como o Brasil, China, Egito, Nigéria e Tailândia por cerca de 135 a 140 dólares por máquina. Usando versões simplificadas de software de fonte aberta e tirando vantagem da queda rápida dos preços de componentes, Negroponte está tentando ir na onda da democratização tecnológica, diminuindo o elitismo da posse de um computador. Essa cultura poderia ser democratizada globalmente. O projeto OLPC espera tornar o que é chamado "PCs sub-$100" disponível a regiões do mundo a partir de 2007. A democratização da tecnologia está começando a se enraizar em regiões do mundo onde a pobreza é a norma e a tecnologia é mais pobre. Se o plano de Negroponte funcionar, uma criança crescendo em uma parte pobre do Cairo terá acesso a um novo mundo, no sentido literal e figurativo, cheio de ferramentas gratuitas que lhe permitam se tornar um editor com tanta facilidade quanto um garoto na frente de uma tela de computador em Londres ou Berlim. Com um PC de menos de 100 dólares, essa criança poderia escrever um blog, ouvir ou criar um podcast, contribuir para a feeds RSS, criar uma página no MySpace, e ver vídeos no YouTube.

As outras tendências que estão alimentando o aparecimento de cidadãos criadores de conteúdo são a demográfica e a social. Forrester Research diz que números maiores de pessoas estão buscando tecnologia para "fins sociais". Principalmente os mais jovens. Adolescentes entre 12 e 17 anos nos Estados Unidos passam 17% mais tempo on-line que adultos, por razões pessoais e 155% mais tempo enviando mensagens instantâneas. Sua filha ou sobrinha que tem seis telas abertas de mensagem instantânea enquanto fala no celular com um ouvido e usa o fone de ouvido do IPod no outro, enquanto um vídeo do YouTube passa no seu laptop, está se preparando para o futuro da mídia.

As pesquisas sociais feitas por Pew, Forrester e Nielsen BuzzMetrics indicam que são esses jovens caçadores de engenhocas que parecem ter a maior influência sobre a opinião de pessoas em suas redes on-line e off-line. Estão dominando poderosas novas ferramentas que os capacitam a se tornar editores e radiodifusores de maneira que as empresas tradicionais de mídia ou respeitam muito ou morrem de medo.

CAPÍTULO QUATRO

Todo Mundo é Editor, Todo Mundo é Radiodifusor

Nós nos tornamos o que queremos ser.
Modelamos nossas ferramentas e então nossas ferramentas nos modelam.
Marshall McLuhan, *Understanding Media: The Extensions of Man*

Os romanos poderiam ter sido os primeiros bloggers, 2.100 anos atrás?

Por volta de 130 a.C, um grupo de cidadãos intrépidos começou a escrever e a publicar notícias de Roma diariamente. Eles gravavam contos com sacrifício, em pedaços de pedra e metal e os penduravam em locais públicos, como o Fórum, a praça central da vida romana diária. Os escritores romanos chamavam suas divulgações de *Acta Diurna*, ou "atos diários", em uma tradução livre. Durante trezentos anos, eles relataram votos no senado, observações legais, resultados de julgamentos e resultados de lutas de gladiadores. (Talvez tenhamos que agradecer aos romanos por nossos placares.) Mais comumente, os *Acta Diurna* descreviam vários milagres, funerais, sacrifícios e as aventuras amorosas de cidadãos romanos conhecidos.

É estranhamente confortante pensar que fofocas da vida amorosa de cidadãos conhecidos tornam os *Acta Diurna* não muito diferentes das fofocas de hoje na "Página Seis", do *New York Post*. Parece que nós, humanos, demonstramos um desejo inerente por notícias que poderiam afetar nossa vida, temperado com um montão de notícias sobre celebridades. Uma vez que nenhum dos *Acta Diurna* sobreviveu intacto, os acadêmicos não sabem ao certo se eles foram escritos sob a autoridade do governo romano ou representaram a primeira forma da imprensa de hoje. Concordam que gravar uma história em pedra ou em madeira não era lá muito eficiente. Demorou quase 1.500 anos, mas uma ferramenta criada por um jovem alemão mudaria radicalmente a maneira como a cultura e a inteligência coletiva são formadas.

Johann Gutenberg tinha aquele espírito empreendedor que resolve grandes problemas. Sua comunidade alemã abrigava 350 monastérios e conventos, e eles tinham uma demanda inesgotável por materiais religiosos impressos. Gutenberg vivia em um momento da história em que a maioria dos europeus tinha pouco, se é que tinha algum, conceito de verdade científica ou histórica. A educação era administrada em grande parte pela igreja em Roma, a qual era um suporte para livros que ia da Europa ocidental até o outro ponto em Constantinopla no Oriente Próximo, Ásia. No início dos anos 1400, quando Gutenberg era jovem, ele testemunhou uma disputa incessante entre as duas cidades-estado quanto à autoridade e o controle da doutrina religiosa. Suas disputas levaram à eleição de três papas um atrás do outro, período que ficou conhecido como Grande Cisma. Foi uma época de grande incerteza e inquietação cultural. Uma das várias razões para o cisma era a falta de consistência nas Bíblias, livros de oração e hinos. Quase todo material impresso era escrito à mão. Aquilo facilitava o aparecimento e a propagação de erros genuínos e deliberados. Como o historiador John Man escreveu em sua biografia de Gutenberg: "Um escriba era pressionado a copiar mais de duas páginas de alta qualidade, densas, por semana — um comentário de 1.272 páginas sobre a Bíblia exigia dois escribas trabalhando durante cinco anos para ser completado". Imagine esperar cinco anos até um escriba copiar o último livro da série *Harry Potter*, de J. K. Rowling.

A genialidade de Gutenberg foi reconhecer a necessidade de se fazer uma cópia perfeita de uma publicação em dias, e não anos. Através de muita tentativa e erro, ele aprimorou a produção de réplicas perfeitas das letras do alfabeto, despejando prata fundida em um molde de ferro. Depois de esfriar, as letras podiam ser dispostas em palavras e linhas de tipo. O tipo era móvel de uma linha para outra, e não gravado permanentemente ou decorado em um único molde como um pedaço de madeira ou de metal. A imprensa escrita nasceu, e era hora de mudar radicalmente a Europa ocidental.

A acadêmica Elizabeth L. Eisenstein disse que a imprensa escrita acabou "dividindo o tecido social e estrutural da vida no Ocidente europeu e religando-o de novas maneiras que deram forma aos modernos padrões sociais. A disponibilidade de materiais impressos tornou possíveis as mudanças sociais, culturais, familiares e industriais que facilitaram a Renascença, a Reforma e a revolução científica". Os primeiros governadores a serem afetados foram os religiosos. O cristianismo controlou a Europa durante mil anos antes da imprensa escrita, mas agora os líderes religiosos podiam criar e divulgar as próprias interpretações da religião. A Reforma Protestante de Martinho Lutero foi um "movimento que se formou logo no início dos novos poderes da imprensa (e em grande parte guiado por eles)", declarou

Eisenstein em seu livro *The Printing Press as an Agent of Change* [A prensa como agente de mudança]. Em apenas três anos, entre 1517 e 1520, as trinta publicações de Lutero provavelmente venderam mais de 300 mil exemplares. Este é um número significativo de livros, mesmo pelos padrões modernos. O conhecimento coletado podia ser disseminado de modo mais efetivo, em maior volume e detalhes. Livros produzidos em massa sobre história, leis e ciência tornaram possível para as cidades-estado e nações difundirem seu conhecimento, ensinamentos e crenças a um maior número de pessoas. A verdade não estava mais ao alcance apenas de uma entidade dominante. O conhecimento era replicável.

Nas décadas após Gutenberg ter colocado o papel contra as linhas de tipos móveis, a imprensa escrita fez da produção de livros — de fato, da produção de conhecimento — um catalisador para mudar a cultura. Um novo molde cultural foi forjado. A verdade tinha sido democratizada. A sociedade foi demolida e reconstruída de formas novas e igualitárias.

Assim como a imprensa escrita revolucionou o mundo do século xv em diante, também o rádio e a televisão alteraram radicalmente o cenário da cultura do século xx. Marshall McLuhan foi um observador precoce do poder da televisão para redefinir a cultura. No início da década de 1960, ele escreveu: "Uma nova forma de política está surgindo, e de maneira que não tínhamos notado antes. A sala de estar tornou-se uma cabine de votação. A participação via televisão em marchas pela liberdade, em guerras, revoluções, poluição e outros eventos está mudando tudo".

McLuhan alegou que a mídia eletrônica estava tornando o mundo menor, à medida que as fronteiras se tornaram irrelevantes. Devido à mídia eletrônica, o mundo acabaria se fundindo em formas tribais de uma "aldeia global", uma idéia (e frase) que ainda sobrevive. Quando a televisão começou a exercer sua influência, criou um atrito inevitável: "Nossa cultura oficial está lutando para forçar a nova mídia a fazer o trabalho da antiga", ele escreveu. "São tempos difíceis porque estamos testemunhando um conflito de proporções cataclísmicas entre duas grandes tecnologias". Foi um conflito entre a imprensa e a televisão. Indiscutivelmente, a televisão venceu. A Guerra do Vietnã e o movimento dos Direitos Civis dominaram a política americana por causa da televisão. Por causa dela, a Guerra do Vietnã formou a percepção que os americanos têm da guerra e da política durante uma geração. Desde então, as campanhas políticas nacionais são gerenciadas em grande parte em benefício das audiências de televisão. Durante décadas, a televisão foi a força dominante a modelar nossas idéias e a realidade em si. Se a imprensa tem serventia, é para verificar a realidade ou como antídoto da realidade inautêntica que a televisão cria com tanta freqüência.

Conflitos entre a mídia tradicional e as emergentes são inevitáveis, sejam entre artistas medievais do século xv e a imprensa escrita ou entre os computadores pessoais e celulares *versus* a sala de estar e a cabine de votação. Hoje, a mídia social está forçando a mídia tradicional a reconsiderar seus modelos dominantes, de publicação e transmissão de via única, à medida que lutam para estabelecer a ponte entre o controle e a participação. McLuhan pode ter imaginado alguma coisa como a Internet, mas quarenta anos se passariam até que a tecnologia alcançasse sua imaginação. Quando isso aconteceu, um catalisador poderoso que está influindo a cultura do cidadão on-line é o blog.

No começo, os blogs eram periódicos on-line — o equivalente de um diário escrito na privacidade do quarto, e depois trancado e escondido sob a cama. Os blogs apareceram quase tão rápido quanto a Web, na década de 1990. Justin Hall foi um dos primeiros diaristas da rede. Como estudante em Swarthmore College, ele escrevia longas observações sobre emprego, relacionamentos, família e os detalhes mais íntimos de sua vida. Seu diário e vida abertos responderam por 4.800 posts, no total. O jornal *New York Times* proclamou-o o "primeiro blogger" e seu trabalho ajudou a estabelecer a prática do blog como púlpito e como confissão. Ele fez isso regularmente durante 11 anos, e então parou de repente, no início de 2005, durante alguns meses, antes de retomar.

"O que posso extrair de mais importante sobre minha vida on-line? A correspondência com outras pessoas que também procuravam algo ", disse Hall em 2005. "As pessoas que me descobriram porque estavam procurando algum sentido ou a si mesmas, ou seja, lá o que fosse que eu estava buscando. Gosto dessa falta de isolamento que senti quando me derramei nas páginas da Web."

Young Justin ajudou a traçar o caminho para o indivíduo como editor. Ele divulgou pensamentos íntimos de uma maneira pública criando as próprias páginas na Web, e preparou terreno para a criação das ferramentas de edição baseadas na Web como LiveJournal em 1999. Depois de sete anos, o LiveJournal era provedor de 10 milhões de contas. (O serviço oferece uma mistura de ferramentas gratuitas e pagas. Também lançada quase ao mesmo tempo foi uma empresa similar chamada Blogger, que acabou sendo comprada pelo Google.) O aparecimento do jornalismo on-line começou com adolescentes, como acontece com muitas tendências. Entre os que tinham conta no LiveJournal e davam voluntariamente a data de seu aniversário, a vasta maioria tinha entre 15 e 23 anos. Dois terços eram mulheres. Quase todas americanas.

Mena Trott começou um diário on-line no início de 2001 e chamou-o de Dollarshort. Ela era designer, tinha 24 anos e morava na Califórnia. À medida que seu diário ganhou popularidade, Trott foi ficando cada vez mais descontente com o software que usava. Então o pequeno estúdio de arte onde ela trabalhava com seu marido, Ben, foi fechado abruptamente em setembro de 2001. Começou então a pensar. "Diante da perspectiva de procurar novos empregos, Ben e eu decidimos tirar uma folga e desenvolver uma ferramenta de weblogging própria, que dividiríamos com alguns de nossos amigos", escreve Trott, apropriadamente, no seu blog. Um mês depois, lançaram o software para blog que tinham escrito. Eles o vinham chamando de Serge. Pouco antes de lançá-lo, Trott pensou em Gutenberg e no impacto que ele teve na indústria editorial. Então o denominaram Movable Type.

"Na manhã do lançamento do Movable Type 1.0, Ben e eu sentamo-nos ansiosamente diante de nossos computadores, com os dedos prontos para tornar o Movable Type disponível ao público. Na primeira hora, mais de cem pessoas fizeram o download do software". Em vez de cobrarem diretamente pelo software, os Trotts pediam doações. Dois anos depois eles lançaram uma versão do software oferecida por provedores, chamada Typepad, para pessoas que quisessem fazer o blog imediatamente, em minutos, sem ter de fazer download e instalar software. Cinco anos depois, sua empresa, a Six Apart, tinha o mercado de montagem de blogs com suas ferramentas. A empresa que Mena e Ben Trott começaram em seu apartamento em São Francisco ajudaria milhões de pessoas a se tornar editores e a formar público no mundo todo, e acabaria levando as empresas de mídia tradicional a reconsiderar suas maneiras de interagir com os leitores.

A decisão dos Trotts, de chamar seu software de Movable Type, foi presciente. Milhões de blogs foram criados desde então, e eles estão nos radares das grandes empresas, se não estão anotados em seus cadernos. Os executivos sênior da General Motors, Southwest Airlines, Sun, HP, e Amazon.com fazem blog regularmente e se engajam em discussões com pessoas comuns. Embora a pesquisa formal ainda tenha de correlacionar os leitores regulares de blogs de empresa com outros índices de despesas ou com índices de referência mais altos, podemos supor que o investimento dos leitores em tempo e atenção com blogs de empresas indica fidelidade.

Para empresas, começar e manter um blog é criar um sistema de feedback para o cliente em tempo real. Os leitores de blogs conversam uns com os outros, estimulam idéias, identificam problemas, ou debatem semântica. Não é um sistema de feedback quantificável, mas ele cria um assento no banco da frente para empresas interessadas nas opiniões em tempo real de pessoas que têm boa instrução, são bem pagas, e são indicadores de tendências. Assim como a imprensa escrita de Gutenberg fez seiscentos anos atrás, os blogs estão democratizando o controle da informação e do conhecimento, difundindo-os para uma faixa mais ampla de pessoas. O conhecimento está sendo replicado a índices além do escopo e da capacidade da imprensa. Se todo blogger for editor, então todo blog também será uma plataforma — um palco no meio da praça virtual. O desafio é fazer as pessoas prestarem atenção.

A Six Apart foi pioneira em blogging, mas é um desafio quantificar o alcance da empresa. Como uma empresa privada, ela se nega a divulgar dados sobre as instalações do Movable Type ou o número de bloggers que ela hospeda no Typepad. Por outro lado, a Microsoft oferece dados gerais sobre suas operações. Um ano e meio após seu lançamento, o windows Live Spaces, um serviço gratuito de blogging, estava atraindo 100 milhões de visitantes por mês. Quase um em sete usuários da Internet no mundo estava visitando um blog da Spaces. Parece que a Spaces atraiu um número significativo de bloggers chineses. Em um trabalho intitulado "24 Hours in the Blogosphere" [24 Horas na Blogosfera], o pesquisador Matthew Hurst analisou todos os "pings"* capturados pelos servidores, que os serviços provedores de blogs enviam automaticamente quando alguém atualizou seu blog. Nesta amostra de 24 horas, Hurst descobriu que os bloggers na China eram, de longe, os bloggers mais ativos da Spaces, superando em número os bloggers americanos, por quatro a um. O terceiro país mais ativo em blogging foi Taiwan, logo atrás dos Estados Unidos. O Japão e o Brasil, respectivamente, ficaram entre os cinco primeiros. Pelo menos dessa amostra, podemos presumir que a linguagem dominante entre blogs na Spaces é o chinês. Com uma população de mais de 1,3 bilhão, a China pode, teoricamente, se tornar a capital de blogging do mundo, mas a liberdade de expressão na China é um experimento permanente.

Assim como fez com o Windows, a trajetória da Microsoft foi capturar uma parcela considerável, senão a maioria, dos blogs pessoais. Na Internet, o mesmo que na televisão e no rádio, a empresa que atrai a maior parte de visitantes permite que ela comande os preços mais altos para os "painéis eletrônicos virtuais". Poderia ser alegado que os blogs não são diferentes de homepages pessoais da década de 1990, mas a chegada e o crescimento de LiveJournal, Movable Type e Spaces demonstra de-

---

* Comando usado pelo protocolo ICMP (Internet Control Message Protocol) para testar a conectividade entre equipamentos. (N. E.)

manda considerável entre pessoas comuns por ferramentas fáceis de usar para se tornarem editores. Homepages da década de 1990 exigiam conhecimento básico de HTML. As modernas ferramentas de blogging não exigem isso. Daí, sua demanda apresentar um crescimento em espiral.

Em qualquer mercado novo, o dinheiro segue a demanda. Quando a News Corporation de Rupert Murdoch comprou o My Space, o site dirigido a adolescentes por 580 milhões, o mundo dos negócios levou o MySpace mais a sério. Poucos meses depois, a AOL comprou a Weblogs Inc., uma rede de blogs voltada para temas que vão desde mergulho a eletrônicos, por anunciados 25 milhões de dólares. Medir o fluxo do dinheiro é interessante, mas isso ainda não mede a influência da mídia social na cultura popular, e vice-versa. Para isso, nós precisamos de uma empresa chamada Technorati.

A Technorati funciona um pouco como a NASDAQ: promove ativamente o setor de blogs, acompanha seu crescimento e classifica o valor relativo dos milhões de blogs competindo por atenção. A atenção costuma ser medida pelo "trackback" — a ação quando um blogger se liga a outro. A Technorati tenta seguir os trackbacks do mundo do blogging. Ela tende a atribuir mais peso de influência a blogs com mais trackbacks que aqueles com menos. Como as distribuições da lei do poder que discutimos no capítulo 2, um número desproporcionalmente pequeno de blogs atrai o movimento maior comparado ao número total de blogs existentes. Ser notado entre as dezenas de milhões de blogs geralmente requer que se seja um "linker" prolífico. (Para ser justo, nem todos os blogs pedem atenção — alguns não passam de um diário, ou de um diário das crianças ou cães de uma pessoa.) A Technorati também é um mecanismo de busca, e seus resultados indicam freqüentemente os temas mais populares que estão sendo discutidos on-line a qualquer momento. Por exemplo, se alguém quer ter uma idéia do que as pessoas estão dizendo sobre os Hotéis Hilton, a Technorati buscará seu índice e mostrará as citações que encontra nos blogs. Como indicador boca a boca, a Technorati às vezes é um alarme de alerta vermelho. Sua página de rosto exibe uma lista dos termos de busca mais usados; muitos dias depois alguns termos viram reportagens na mídia tradicional.

Quando a Technorati começou a acompanhar os blogs, em março de 2003, talvez houvesse alguns milhares deles. Desde então, a Technorati descobriu que o número total de blogs dobra, aproximadamente, a cada seis meses. (Em setembro de 2006, a Technorati relatou que estava acompanhando 55 milhões de blogs.) Tem sido um tipo de Lei de Moore cujo tempo de vida permanece incerto. Quando os dados do número de blogs são traçados em um gráfico, os primeiros 1,5 anos de dados lembram a inclinação suave que uma montanha-russa segue ao sair da estação.

A começar em torno de janeiro de 2005, os dados e o carro da montanha-russa inclinam-se acentuadamente para cima, sendo a subida impulsionada pela simples soma de números que dobram. Em três anos, a blogosfera aumentou cem vezes.

A pergunta natural sobre esse crescimento é, quando ele vai parar, ou pelo menos se estabilizar? "Há tanta gente no mundo!" O fundador da Technorati escreveu em seu blog, detalhando uma outra curva maluca de crescimento. "Precisa desacelerar." Ainda não, talvez. Dados coletados pelo Miniwatts Marketing Group verificaram que mais de 1 bilhão de pessoas estavam on-line em 2006. A Ásia liderou, com 380 milhões de cidadãos on-line, seguidos por 294 milhões de europeus e 227 milhões de norte-americanos. Ao todo, cerca de 16% da população mundial estava navegando. Se as pessoas são seres expressivos e acham que blogs são fundamentais para essa expressão, parece que o crescimento deles ainda estaria no comecinho. Esta é a primeira razão pela qual o crescimento de novos blogs ainda deve cair. Uma segunda razão: o que acontece se coisas e não gente começam a fazer blog? Se os carros começarem a fazer blog? Ou jatos? Ou animais? Consideramos os "blogobjetos"?

Foi isto que Julian Blecker, pesquisador da Universidade do Sul da Califórnia, chamou de coisas que coletam dados e os disseminam pela mídia. Um exemplo: bandos de pombos-correio espalhados em algumas cidades da Califórnia começaram a coletar dados sobre poluição do ar no verão de 2006 e os divulgaram como mensagens de texto para o PigeonBlog. Cada ave carrega um transmissor celular minúsculo e um monitor de poluição do ar. Com esses kits atados ao corpo com Velcro, os pombos mapeiam níveis de poluição em tempo real, enquanto suas locações e rotas são identificadas via satélite em um mapa do Google. Ver seus padrões de vôo num mapa já é bem fascinante, mas juntá-los com dados sobre poluição cria um novo padrão de blog. Os pombos são bloggers móveis, e as câmeras minúsculas em seu pescoço permitem aos coordenadores do projeto tirar fotos aéreas e divulgá-las instantaneamente on-line. Mesmo que aves, ursos ou javalis sejam os bloggers do futuro, caberá aos homens inserir seus dados com contexto e significado. A versão animal de *The Truman Show* poderia autorizar um urso pardo canadense a tratar de precipitação, poluição ou invasão de propriedade alheia. Se o universo de objetos é infinito, seu potencial para fazer blogs também é. O potencial dos blogojetos para aumentar nosso conhecimento é notável. Foi preciso poucos anos para os blogs saírem das margens e se tornarem as massas.

Se blogs fossem pais, podcasts seriam seu primeiro filho.

Podcasting oferece o que não foi possível aos ouvintes de rádio nos primórdios da radiodifusão: uma maneira fácil de assinar um programa e então pausar, voltar ou ir adiante, sem contar com fitas cassete. Como posts de blog, os podcasts são arquivos digitais entregues automaticamente aos assinantes como feeds. A FCC (Federal Communications Commission, Comissão Federal de Comunicações) tem a satisfação de ser excluída do controle de seu conteúdo. Mesmo durante seus primeiros anos de desenvolvimento — os podcasts começaram a aparecer regularmente em 2003 — podcasting já eram elementos democratizadores da tradicional transmissão das emissoras de rádio. Desde o aparecimento do rádio, qualquer um que tivesse microfone e uma fita para gravar poderia ter sido radiodifusor, mas para alcançar dezenas de milhares ou milhões de ouvintes era necessário ter licença da FCC. Com um computador e iTunes, qualquer um pode ser uma emissora e atingir dezenas de milhares de ouvintes sem a permissão da FCC. Busque o iTunes da lista de Podcast da Apple Computer para "baby" e você descobrirá pelo menos 18 podcasts amadores inclusive PregTASTIC Podcast e Baby Talk Radio. Alguns dos podcasters mais populares têm audiências cujo tamanho rivaliza com programas de rádio tradicionais. *Keith and the Girl* é um programa diário de entrevistas apresentado por um casal de Nova York, Keith Malley e Chemda Khalili. Todo dia eles conversam sobre pequenos detalhes de sua vida, às vezes em linguagem vulgar, e atraem 50 mil ouvintes por episódio. A FCC não aprovaria, e talvez esse seja um motivo de sucesso do programa.

Citizen marketers estão entre os primeiros a adotar as ferramentas de podcasting, e estão criando programas dedicados a marcas e produtos. Paul Dennis, professor na Black Hills State University, apresenta *The Real Deadwood Podcast,* um programa bimensal de variedades de Deadwood, South Dakota. É para fãs do programa de televisão *Deadwood*, da HBO, e Dennis combina entrevistas, entretenimento e notícias de ambos os Deadwoods. *The Meandering Mouse Podcast* é um podcast apresentado por "Jeff de Houston", entusiasta da Disney. Ele diz que suas histórias de "passeios" pelo parque de diversões Disney enfatizam "todos os detalhezinhos que deixam lembranças mágicas".

A democratização do rádio permite que alguns programas de rádio sejam transferíveis, e algumas emissoras estão se adaptando às mudanças do mercado. Em 2006, a National Public Radio fez um esforço considerável para tornar disponíveis como podcasts mais de trezentos dos programas que transmite em estações locais. Os ouvintes de NPR adoraram a idéia; depois de alguns meses, eles estavam baixando 2 milhões de podcasts por semana. Diante de tão promissor início, a NPR quer criar comunidades on-line em torno de seus programas e podcasts mais populares. "Este é o nosso sonho", comentou Eric Nuzum, diretor de programação e aquisições da NPR.

Além de apertar determinados botões, os ouvintes nunca tiveram muito controle sobre o rádio. Porém, esse rádio-sob-demanda inerente ao podcasting indica um futuro incerto para as emissoras. Em junho de 2006, a Nielsen Analytics descobriu que 9 milhões de americanos baixaram podcasts só naquele mês. Dez por cento das 1.700 pessoas que a Nielsen entrevistou eram super usuários de podcast; eles baixavam oito ou mais podcasts por semana. O que pode preocupar algumas estações de rádio tradicionais foi que 38% dos usuários entrevistados disseram ouvir menos o rádio por causa de podcasts. Considerando os 9 milhões de americanos, isto significa que 3,4 milhões de americanos ouviram menos ao rádio terrestre por causa de podcasts. Vamos imaginar o cenário no futuro. Em um relato de 2005 sobre podcasting, Bride Ratings estimou que, por volta de 2010, cerca de 63 milhões de americanos estariam baixando podcasts. Se os 38% de ouvintes de podcast continuassem a ouvir com menos freqüência o rádio, isso corresponderia a 23,9 milhões de americanos. A audiência da rádio terrestre já estava em declínio; 194 milhões de americanos eram ouvintes de rádio em 2005, abaixo dos 203 milhões um ano antes. O crescimento de podcasts significa que pelo menos 71 milhões de americanos viriam a ouvir rádio com menos freqüência do que fazem agora.

Com milhões de iPods em circulação, viagem é um assunto popular em podcasting. A agência de viagem on-line Orbitz criou uma série de podcasts sobre viagens. Uma outra agência, a TravelCommons, se denomina "a voz do viajante de negócio" e grava semanalmente "histórias de viagem gravadas em banheiros de hotel no mundo todo". Os podcasts parecem ter um futuro especialmente promissor para empresas que vendem para outras empresas. Um podcast semanal do Energy Smart News enfoca o setor de energia elétrica. Toda semana, ele entrevista fabricantes de comutadores de luz e lâmpadas. A Fitness Business Radio enfoca exclusivamente o setor de fitness. No MIT e outras escolas mundo afora, os professores gravam suas palestras e então as disponibilizam como podcasts. Estão surgindo nichos de mercado para atrair homens de negócio ocupados que viajam com iPods, o ícone do podcasting.

Os podcasts de vídeo são primos dos podcasts de áudio. Os podcasts de vídeo são vídeos sob assinatura que podem ser vistos no computador ou baixados por um dispositivo portátil de vídeo, como o vídeo iPod. Com freqüência, são programas de televisão baseados na Web, criados por amadores, com episódios semanais ou diários. Os podcasts de vídeo ficam disponíveis em iTunes ou diretamente no blog que os acompanha. Um dos podcasts de vídeo amador conhecido é Rocketboom, uma tomada diária de três minutos sobre notícias e cultura na Internet. Produzido por quatro pessoas, o programa chegou a 300 mil assinantes em seus dois primeiros anos. Isso representa mais espectadores que qualquer noticiário local nos Estados Unidos.

RSS é a abreviatura de Really Simple Syndication, mas nem sempre é muito simples de explicar ou entender.

Uma forma de descrever o RSS é que ele torna possível a assinatura de qualquer coisa na rede. Com o RSS, pode-se fazer assinatura de blogs, podcasts, fóruns de discussão, até partes de sites, como o *Amazon.com*. Para ter certeza de receber tudo o que um blogger conhecido escreve, inscreva-se no feed RSS dele. Alguém deseja os últimos press releases da Microsoft no momento em que são publicados? É só assinar o feed de press-release da Microsoft. O RSS na verdade é uma máscara sobre uma definição técnica mais ampla (especificamente, como o conteúdo é contido dentro de um formato de arquivo XML), de modo que o termo emergente, fácil de usar, é o *feed*. Um feed é um veículo de entrega de dados instantâneos, gratuito, para um editor, que pode ser qualquer um ou qualquer coisa. Gente, máquina ou, como discutimos antes, animal.

A garantia do feeds é que os assinantes queiram receber dados. Se eles se cansam do editor ou de seus dados enviados através do feed, os assinantes simplesmente o fecham, como uma torneira. Para os criadores de conteúdo amador, os feeds democratizam o mundo da publicação e da radiodifusão de quatro maneiras distintas, pelo menos:

1. Os feeds não consomem energia. Os jornais e revistas operam um modelo complexo de impressão e distribuição para enviar seu trabalho a dezenas ou centenas de milhares de assinantes, exigindo infra-estrutura e fluxo de caixa. Bloggers, podcasters, ou criadores de feed simplesmente enviam, ao ligar seu feed de dados, e os assinantes o acessam ou o dispensam. No mundo de bits digitais, o número de assinantes é irrelevante. Para um editor de feed RSS não custa mais ter um público de centenas de milhares do que ter cem.

2. Os feeds são gratuitos. Os feeds não usam endereços de e-mail, e este é um alívio para aqueles que caçam informações, que devem separar o spam de e-mails relevantes. Sistemas confiáveis de gerenciamento de e-mails exigem um investimento inicial ou permanente. Há uma compensação com esse pacto. Os assinantes de feed são anônimos porque o RSS não conta com

nenhuma informação que os identifique pessoalmente. Assim, solicitações inflexíveis de príncipes nigerianos que querem esconder dinheiro ficam fora do universo feed, mas membros do público também ficam invisíveis até que se tornem conhecidos de outras formas, como por e-mail. Isso faz parte do plano de ação dos feeds.

3. Os feeds são quase instantâneos. Envie seus dados, e todos que estão preparados para recebê-lo farão isso em alguns minutos. Como assinante, a maneira como alguém escolhe para receber feeds depende de seu nível de conforto com a tecnologia. Pode ter uma forma simples como ser parte de uma home page no Yahoo ou designá-los como uma lista de bookmarks em um Web browser. Poderia ser uma conta com um site destinado a coletar feeds. Poderia ser um software separado chamado agregador, que agrupa todos os feeds de uma pessoa em um sistema de display, semelhante com o que faz um programa de e-mail. Poderia ser um software que se conecta a um programa de e-mail existente. Ou ao celular. Se alguém consegue imaginar uma ferramenta futura que esteja conectada à Internet, é bem provável que ela venha a receber um feed.

4. Os assinantes de feed são um ativo tangível. Eles representam uma linha direta de comunicação, dando, assim, aos editores, capacidade considerável para disseminar dados, notícias, fofocas ou informações. Os feeds são uma razão pela qual o boca a boca entre blogs, principalmente entre os exemplos de Foguetes mencionados anteriormente, pode se espalhar rapidamente: os feeds aceleram tudo. Esta é a experiência que Dick Costolo tem tido com seu negócio, a Feedburner. A empresa dele é como um sistema de controle de tráfego aéreo que dirige dezenas de milhões de feeds de editores para centenas de milhares de assinantes por dia. O crescimento de feeds é paralelo ao crescimento de blogs, dobrando aproximadamente a cada cinco ou seis meses. Como outros negócios da Web 2.0, o Feedburner oferece a maior parte de seus serviços gratuitamente. Com investidores financiando seu negócio, Costolo está realizando uma antiga pretensão. À medida que ferramentas e sistemas se tornam mais sofisticados, a Feedburner e outras empresas como ela incentivarão serviços pagos para selecionar ou combinar feeds múltiplos, compilar dados em relatórios, ou colocar propagandas dentro ou junto com feeds.

Qualquer dispositivo que possa ler dados formatados tem o potencial para se tornar um leitor de feed. Isso faz parte do poder inerente de RSS, mas também é a causa de parte da confusão motivada por sua flexibilidade. O RSS não é um produto. É um sistema de entrega que pode ser usado por qualquer um. Pode ajudar a mídia tradicional a concretizar a antiga idéia de um "noticiário customizado". Reuters, CNN e BBC enviam manchetes, resumos de notícias, artigos ou uma combinação deles diretamente aos leitores via feed. Muitos no setor de notícias esperavam que o e-mail preenchesse a promessa de entrega customizada de notícias, mas o spam e as redes para barrá-los destruíram em grande parte esse plano. De acordo com algumas estimativas, mais de 50% de todos os e-mails enviados no segundo semestre de 2005 foram spam.

Os feeds provavelmente deixam alguns economistas loucos. É uma tecnologia gratuita. Não é propriedade de ninguém nem controlada por uma empresa que cobra por seu uso. Seu design foi destrinchado por um pequeno grupo de voluntários, e não por um grupo de industriais que queriam controlar e lucrar com esse mercado. O trabalho elaborado para tornar os feeds uma característica quase universal de sistemas de entrega de dados baseados na Web é emblemático de uma crença altruísta por parte de alguns, de que a tecnologia deveria tornar a vida mais produtiva e melhor.

Poucas histórias ilustram melhor os efeitos em cascata do ritmo da aceleração da democratização da tecnologia que a criação do TiVo. O gravador digital de vídeo que capta sinais de televisão enquanto se está assistindo, ou que grava facilmente temporadas de programas ou programas baseados em palavras-chave é uma inovação capaz de mudar a cultura existente. Ele surgiu das ruínas ainda em fumaças de outra iniciativa dispendiosa da Time Warner — a Full Service Network (FSN) — que tentou criar a primeira versão da televisão controlada pelo espectador.

O principal desenvolvedor de software para a FSN foi Jim Barton. A Time Warner contratou seu empregador na época para ajudá-lo a construir a FSN. Mas a World Wide Web chegou cerca de um ano depois, e a Time Warner tirou o plugue da tomada logo depois. A idéia de uma televisão controlada pelo espectador inspirou Barton e seu colega, Mike Ramsay. Um dos maiores desafios da FSN foi um sistema operacional de computador dentro de cada decodificador, com capacidade suficiente para tornar possível a televisão controlada pelo espectador. O sistema operacional que eles criaram para a FSN não era adequado para sua tarefa, mas Barton e Ramsay agora tinham o Linux. Os planos para esse sistema operacional de computador estão disponíveis para qualquer um ler, testar ou modificar. Ninguém "é dono" do Linux, o que significa que não existe restrição de licenciamento ou de direitos autorais. Com o Linux e discos rígidos e componentes de computador mais baratos (dizem que cada decodificador de teste na FSN custa 3 mil dólares), Barton e Ramsay construíram um produto para controlar a televisão, o TiVo, a um preço realista, em termos de varejo, despachando os primeiros TiVos aos varejistas em março de 1999. A televisão foi democratizada. Os espectadores se livraram da complicação dos VCRs e das programações inflexíveis das emissoras. A liberdade é um propulsor poderoso, e a TiVo sabia disso. A empresa anunciou orgulhosamente que 96% de seus assinantes nunca abririam mão de seu serviço TiVo.

Como acontece com qualquer tecnologia que muda paradigmas, a velocidade com que as massas a adquirem talvez seja lenta demais. Levou seis anos para o TiVo mostrar lucro em seu balanço patrimonial. Mas, graças a um grupo fiel e manifesto de clientes, a palavra TiVo entrou para o vernáculo da cultura pop. Seria possível argumentar que uma razão para a empresa ter sobrevivido a anos de crescimento lento e não lucrativo é o *TiVoCommunity.com*. É um fórum gratuito, aberto e descentralizado para o gravador digital de vídeo. Seus 130 mil membros são uma equipe de suporte técnico não remunerada para 45 mil visitantes todo dia. David Bott é o seu fundador e prefeito virtual.

Bott é uma mão experiente em comunidades e fóruns. Antes de começar a TiVoCommunity, ele lançou uma comunidade on-line para pessoas que vivem e respiram tecnologia de home-theater. Além disso, ele já trabalhou na cidade de Gates, Nova York, como diretor de operações de rede e supervisionou sites municipais. Tem a mentalidade determinada de um administrador urbano. Deixou o emprego na cidade quando seu fórum de home-theater começou a dar mais dinheiro.

Quando as discussões sobre o TiVo no fórum de home-theater começaram a "esquentar" no final de 2000, Bott reconheceu o potencial para um outro fórum, dedicado ao TiVo. Rapidinho, enviou um e-mail para o TiVo, pedindo sua aprovação, que chegou uma semana depois. A TiVoCommunity logo teve início e conserva uma mentalidade semelhante à Casa dos Comuns. Debates acalorados sobre o modelo de negócio da empresa, suas direções estratégicas, seu marketing e as características de produto são comuns. A comunidade também assumiu parte do trabalho de uma empresa de relações públicas: catalogou milhares de menções TiVo em mídia on-line e tradicional. Acima de tudo, diz Bott, um grupo pequeno mas essencial de membros da TiVoCommunity responde a perguntas de suporte de produto. Eles resolvem problemas. Identificam erros. Ajudam os clientes com problemas de empresas a cabo. Com freqüência, diz Bott, atendem como alguém de suporte, antes de uma venda ser feita.

"Algumas pessoas acham que somos TiVo", diz ele, enfatizando que a comunidade não é. "Mas a TiVo adorou isso. Eles começaram a crescer tornando-se um nicho de mercado através de outras pessoas em nosso site. A minha filosofia é instruir e ajudar as pessoas a aproveitar ao máximo o que elas têm à disposição. A TiVo foi um produto procurado quando apareceu, mas precisava de desenvolvimento e de feedback para crescer." Bott atribui à TiVo o crédito por monitorar discussões de fórum; pelas suas contas, 44 funcionários da TiVo registraram-se na comunidade desde o início.

Desde então, a TiVoCommunity apresenta ocasionalmente os saltos criativos e orientados para ação que os clientes da TiVo darão como *citizen marketers* para assumirem a posse de uma empresa, marca e produto. Vários membros criaram guias de treinamento sobre como reconhecer e abordar um vendedor de uma loja de eletrônicos que não explica direito a vantagem de um TiVo para clientes potenciais. A TiVoCommunity construiu um "centro de ajuda" cujos milhares de linhas abrangem quase todos os problemas imagináveis que os clientes enfrentam, desde controles remotos com defeito a problemas com as inúmeras ofertas de descontos da empresa. No fórum "Suggestion Avenue", milhares de pessoas oferecem idéias para aprimorar o produto. Algumas empresas têm que gastar dezenas de milhares de dólares para conseguir exatamente o mesmo tipo de dados.

Bott preocupa-se com alguns de seus cidadãos da TiVoCommunity. "Algumas pessoas passam literalmente oito horas por dia no site", disse ele. "Desenvolvem relações pessoais com as pessoas e a comunidade. É um pouco assustador. Algumas pessoas me pediram para fechar suas contas e proibir seus ips porque isso estava começando a afetar seu trabalho ou sua vida familiar". Como os 1 Porcentos, os membros da TiVoCommunity protegem sua comunidade. Eles organizam as próprias convenções em locais retirados. Levantam fundos para membros antigos que enfrentam tragédias ou acidentes inesperados. Eles se mantêm unidos por causa do produto. Às vezes, apesar dele.

MySpace e YouTube atraem grande parte da atenção sobre mídia social, redes sociais e por que as comunidades on-line se formam. Por que eles são populares?

A resposta simples é que eles democratizaram as ferramentas da auto-expressão. Uma usuária do MySpace tem a flexibilidade e a permissão para preencher sua página de perfil pessoal com todas as bugigangas, arquivos de som, itens piscando e fundos de doer os olhos que desejar. O espaço dela, talvez como o quarto dela, pode ser tão imponente ou feio quanto ela desejar. Ela pode enchê-lo até o teto com dispositivos digitais. Assim, seu espaço se destaca do design limpo mas homogêneo da maioria dos sites corporativos. Os especialistas em design que insistem em uniformidade de cor e estilo para uma coisa chamada "identidade da marca" não se dariam bem no MySpace. Os adolescentes podem expressar livremente sua identidade, formar redes sociais, estar com amigos. Para eles, MySpace é o novo shopping center. Os músicos estão entre os primeiros membros do MySpace. O site atraiu fãs de música para bandas legais, não descobertas. MySpace é o lar de mais de 666 mil artistas e bandas. A liberdade conferida a qualquer usuário do MySpace — inclusive a liberdade para fazer um upload de música e fotos e de se mostrar como um bobo alegre numa festa, ou até mesmo bêbado — é exatamente o que algumas pessoas adoram no MySpace e outras odeiam ou temem. Além disso, não têm de aguentar a supervisão de adultos.

O MySpace ouviu consistentemente seus membros mais dedicados e forneceu a funcionalidade que eles solicitavam. Em vez de dar a seus usuários um conjunto de ferramentas elaboradas que levariam meses de desenvolvimento, os programadores da empresa lançavam uma nova ferramenta a cada poucas semanas. Sempre havia alguma novidade para experimentar, portanto alguma coisa nova para brincar e para discutir. Eram bugigangas para aqueles que gostam delas. A compra do MySpace por Rupert Murdoch provavelmente veio na hora certa. Enterrou 20 milhões de dólares em staff e infra-estrutura, inclusive o upgrading de antigos servidores e de código de software, problemas que aleijaram aquele que já foi o rei das redes sociais, o Friendster. Em julho de 2006, uma empresa de pesquisa disse que o MySpace tinha alcançado um novo patamar: foi o site norte-americano mais visitado e respondeu por 4,5% de todas as visitas na Internet, nos Estados Unidos. Então, MySpace estava se aproximando de 100 milhões de membros. O Google pegou a febre do MySpace e assinou um acordo no verão de 2006 para pagar 900 milhões ao MySpace, a fim de colocar os serviços de busca e propaganda do Google no site. Só com aquele acordo, Rupert Murdoch já ganhou duas vezes o dinheiro investido em uma propriedade que ele comprara um ano antes. Toda aquela liberdade de expressão mais as muitas ferramentas controladas por usuários fizeram a diferença.

Quando o YouTube apareceu do nada em novembro de 2005, lançado por dois empreendedores com vinte e poucos anos em cima de uma pizzaria em San Mateo, Califórnia, tornou-se o site on-line predominante de vídeo-sharing em cerca de seis meses. Quando completou seis meses, dizem que o YouTube estava chegando a mais pessoas que os sites de todas as principais redes de televisão *e* da mídia popular, embora tradicional, como o jornal *New York Times*. Estava mostrando 100 milhões de vídeos por dia a 6 milhões de pessoas. Os visitantes estavam fazendo upload de mais de 65 mil vídeos diariamente. E descartou habilmente um desafio do Google, mesmo com seu exército de PhDs e receita anual de 4 bilhões de dólares. Por quê? O que deu energia a essa empresa iniciante do Vale do Silício para encarar a empresa online mais temida do mundo e ganhar? Como ela se tornou o 39º site mais popular e um parceiro procurado pelas redes de televisão?

Aplicando a filosofia mcluhanesca a essa questão, podemos dizer que o computador se tornou uma cabine de votação, e comunidades democratizadas podem criar sua política de influência. O YouTube reflete a posição destacada das redes sociais. Suas ferramentas são aquelas que a equiparam ou a levam a vencer na arte e na ciência da expressão pessoal. As seis lições do YouTube são instrutivas para qualquer organização que esteja pensando em criar uma comunidade democrática própria.

1. O YouTube foi concebido e construído com a comunidade como seu princípio fundador. Aspectos como tags criados pelo visitante, votação e comentários são as ferramentas de mídia social que democratizam o envolvimento. Suas outras funções, como a criação de listas de amigos, vídeos preferidos e grupos de interesse, permitiram que tribos naturais florescessem. O sistema privado de e-mail do YouTube encorajou o registro e permitiu que os membros entrassem em contato uns com os outros sem ter de fornecer o endereço de e-mail de todo dia. Isso forneceu aos YouTubers certa medida de anonimato e ajudou a impedir seus endereços de e-mail diários de serem inundados com spam. Em contrapartida, o lançamento do Google Vídeo refletiu um serviço de lista mais do que um site de networking social. Só depois disso ele acrescentou ferramentas como classificações, tags e comentários.

2. O YouTube tornou a troca de conteúdos ridícula de tão fácil. Acrescentou uma mensagem "Mostre seu Vídeo" no final de cada vídeo. A funcionalidade embutida dentro daquela mensagem facilitou a apresentação de vídeos aos amigos. Ele forneceu com inteligência o código de programação para usuários entendidos inserirem vídeos do YouTube diretamente em seus blogs pessoais ou sites. Isso deu ao YouTube credibilidade com os primeiros usuários e sinalizou que ele não estava tentando controlar a experiência ou meramente dirigindo os espectadores de volta para o Web site. No Google Vídeo, mostrar vídeos exigia que os visitantes decifrassem um botão chamado "E-mail — Blog — Post to MySpace".

3. O YouTube estava carregado de dados estatísticos. Exibia o número de vezes que cada vídeo tinha sido visto, um dado crítico do qual alguns criadores de vídeo se orgulhavam. Ele exibia o número de comentários para cada vídeo,

o número de vezes que outros votavam nele como "favorito", e o número de prêmios que ele ganhou, como "#4Most Viewed of All Time". Exibia o número de links de cada vídeo, uma evidência para os criadores de vídeo e observadores que buscam as raízes do buxixo e da influência. Quando o Google Vídeo finalmente acrescentou classificações, ele só exibiu a classificação geral de uma a cinco estrelas. Ele não exibia o número de votos, visitas ou distinções. A transparência de dados tem sido um dos atributos mais fortes do YouTube. Ele não esconde dados, os ostenta. Todo mês durante o ano de 2006, a mídia tradicional anunciava os números de uploads de vídeos do YouTube, acessos a vídeo e visitantes diários. Isso tem dois papéis: é uma evidência para analistas profissionais e amadores discutirem popularidade, e é uma ferramenta de feedback para criadores de vídeo, sobre sua capacidade de criação ou de marketing. No universo do YouTube, os links são evidência empírica de popularidade, evidência de que podem ser vistos e medidos por qualquer um em tempo real.

4. O YouTube encorajou seus usuários a personalizar suas páginas de perfil públicas. Como o MySpace, os YouTubers podem decorar seus perfis como um adolescente que acabou de descobrir as cores primárias, mesmo que isso torne as páginas praticamente ilegíveis. Na linguagem do YouTube, qualquer um que faça um upload de um vídeo se torna um "canal" e todo canal pode ter assinaturas. Os canais mais populares tendem a ser de jovens homens e mulheres que criam videoblogs pessoais freqüentes, fazem vídeos cômicos ou atuam como artistas. Quando as pessoas fazem upload de vídeos, elas são incentivadas a acrescentar "tags" (ou palavras-chave) que descrevem o vídeo ou seus criadores. Os visitantes do YouTube também podem fazer assinatura de tags. Por exemplo, fizemos assinatura para o tag "mcdonalds", e 11 vídeos foram acrescentados imediatamente à nossa conta. Cada vez que visitamos o YouTube, nossos canais e tags são atualizados com os vídeos mais recentes. O Google Vídeo não oferecia uma área pessoal para criadores de vídeo, mas oferece uma conta Google master para indivíduos. Para as ferramentas de personalização, o Google não chegou nem perto de oferecer nada parecido.

5. A interface com o usuário do YouTube era restrita e simples. Ela incluía espaço em branco e não tentava se retratar tematicamente como um lugar apenas para adolescentes ou para os jovens *fashion* de vinte e poucos anos. Esse tipo de design criou uma estética universalmente agradável para profissionais e amadores, jovens e adultos. A navegação do YouTube pelas

páginas não era revolucionária, mas teclas-chave (tabs) facilitam a navegação. O Google Vídeo era um monte de colunas de *stills* e listas verticais de títulos de vídeo. Sua interface era azul, links sublinhados, combinando com o diagrama geral de design do Google, que, além de alardear simplicidade, é pouco inspirado. O design amontoado do Google Vídeo traiu a simplicidade do espaço branco da home page do Google.

6. A busca de funcionalidade do YouTube, embora não fosse seu ponto forte, superou consistentemente a funcionalidade do Google Vídeo. Este é um resultado surpreendente do líder de busca no mundo. O YouTube permite aos visitantes selecionarem seus retornos de busca por título, data acrescentada, contagem de visitas e classificação. Os visitantes do Google Vídeo só podiam selecionar retornos por data e título.

Em seus primeiros dias de concorrência, o Google bateu o YouTube em duas áreas importantes: (1) possibilitando o download dos vídeos e (2) fornecendo aos criadores de conteúdo de vídeo os meios para vender seus vídeos. Para aqueles que criam apresentações multimedia, um vídeo do qual se possa fazer download é um grande diferenciador. Se uma conexão da Internet não está disponível, boa sorte para mostrar ou trocar um vídeo do YouTube. Para os criadores de conteúdo que acreditam que os vídeos on-line são uma iniciativa para ganhar dinheiro, o Google Vídeo oferece um sistema financeiro para compradores e vendedores. Esse futuro é incerto; a maioria dos vídeos on-line é vista em grande parte gratuitamente, suas apresentações sendo patrocinadas pelo número crescente de anunciantes.

As redes sociais e as comunidades democratizadas são reais, e seu impacto em outros países às vezes é medido em cifras de dois dígitos. Na Coréia do Sul, um terço do país se uniu ao Cyworld, uma comunidade da Web operada pela SK Telecom. Seus membros criam lares digitais próprios e os preenchem com um número ilimitado de fotos, diários, documentos e até trabalhos escolares. Os membros decoram seus espaços da mesma forma que fazem com seus lares análogos — com obras de arte, aparelhos de tv e móveis. Assim como fazem com suas casas de verdade, os cyworldianos gastam dinheiro real para decorar o lar digital, enriquecendo o Cyworld como o senhorio digital. Quando os visitantes param em um lar digital Cyworld, talvez seja porque eles viram a foto de um proprietário, posting de blog ou arranjo de móveis. As amizades no Cyworld são confirmadas com o clique de um botão, então freqüentemente florescem no mundo análogo. Com o Cyworld, talvez mais do que com a maioria das comunidades de networking social, as distinções entre o mundo real e o virtual com freqüência desaparecem.

Existem desafios para redes sociais independentes como o Cyworld, MySpace e suas dúzias, senão centenas, de concorrentes. A democratização da tecnologia nivelou o campo de atuação para empreendedores criarem suas próprias redes independentes. Cada vez mais, os empreendedores no Vale do Silício lançam seus projetos Web 2.0 financiados por cartões de crédito, e não por investidores. As redes sociais independentes podem ter centenas de concorrentes no futuro para as Bowiechicks do mundo, que focam estilos de vida orientados para nicho. Com seu público formado por adolescentes e jovens de vinte e poucos anos, é inevitável que essas redes sociais sofram mudanças imprevisíveis para atrair um mercado tão jovem. Uma nova geração de adolescentes costuma chegar armada de novas expectativas e olhar com desdém os gostos culturais de seus irmãos mais velhos. Como comunidades homogêneas, as redes sociais independentes não têm uma causa pela qual lutar; sua rede é tão valiosa quanto seus membros e suas ações. O campo de atuação tem sido nivelado para marcas, empresas e associações sem fins lucrativos, também. Para uma marca com uma missão de mudar o mundo, uma rede social anexada pode florescer em um sistema de comunicação integrado que, como a TiVoCommunity, debate direções estratégicas, identifica erros, cataloga acessos da mídia, oferece idéias para upgrade e trabalha para manter a marca viva. Suas contribuições são uma façanha para o direito de posse.

Em 2030, quando historiadores e antropólogos refletirem analiticamente sobre todos esses dados — fotos, posts, tags, vídeos, podcasts — será consideravelmente mais fácil determinar o ponto em que a mídia social começou a mudar as estruturas fundamentais das culturas do mundo. Nos primeiros anos do século XXI, os blogs foram uma força significativa na democratização das noções tradicionais de expressão pessoal.

CAPÍTULO CINCO

Hobbies e Altruísmo

Gosto da cor de seu carro. Que cor é essa? Uma mistura de amarelo xixi e vômito verde, não é?

Bob Falfa, interpretado por Harrison Ford, em *American Graffiti*

A pequena cidade de Carlisle, na Pensilvânia, é conhecida por duas coisas: por ser o ponto central da passagem de caminhões da Costa Leste norte-americana, e por abrigar uma das maiores reuniões do mundo, de aficionados por carros.

A geografia de Carlisle a posiciona naturalmente como um eixo. Está no sul da Pensilvânia, ligada como hambúrguer entre duas "fatias" largas de rodovias: A Interestadual 76 ao norte e a Interestadual 81 ao sul. A cidade (oficcialmente município) separa as duas interestaduais e sua importância como principais artérias do comércio interestadual. Chega-se a 60% da população norte-americana com um dia de viagem, de carro, a partir dessa área. Uma extensão de 1,2 milha (quase dois quilômetros) da Rota 11 que passa por Carlisle é chamada de Miracle Mile. Ela conecta as interestaduais e por ela passam 5.400 caminhões por dia, o segundo maior volume de tráfego de caminhões em uma rodovia no país. Assim como os caminhões adoram Carlisle, também os aficionados e seus carros. Todo ano, cerca de 500 mil deles se dirigem com seus veículos até esse município de 18.074 moradores e ruas arborizadas e bem varridas, para conversar sobre carros e vendê-los uns aos outros. Durante o "Cars at Carlisle" [Carros em Carlisle], os colecionadores comercializam Corvettes, Fords, GMs, Chryslers, caminhões, motocicletas, modelos esportivos e clássicos importados. Com seu charme de cidade pequena e o amor por carros, Carlisle é a versão viva de *American Graffiti*.

Em se tratando da história de Carlisle como centro comercial de artigos colecionáveis, Eric Karkovack está no lugar certo. Durante quatro anos, em um apartamento de 65 metros quadrados na periferia da cidade, Karkovack, 28 anos, gastou boa parte de seus dias para criar e alimentar uma comunidade que ele chama de "ativistas de refrigerante". Mil deles se inscreveram. Ele lhes escrevia um informativo semanal. Criou e manteve um site elaborado. Orquestrou campanhas por telefone dirigidas aos engarrafadores. Reuniu assinaturas para petições. Criou um corredor da fama. Tudo para convencer a Coca-Cola e seus 394 engarrafadores norte-americanos a ressuscitar um certo refrigerante.

É importante dizer que Karkovack é genial, extrovertido e sincero. Ele é um desenvolvedor de site que trabalha com consultoria desde 1999. Criou sites para estações de rádio da Pensilvânia, agências de marketing e, naturalmente, transportadoras. Ele é o que se poderia esperar de um jovem empreendedor: inteligente, confiante e calmo. Não tem a imagem estereotipada de um *ativista,* com um megafone na mão, um termo usado por ele com um pouco de ironia. É um fã apaixonadíssimo do Surge, um refrigerante altamente cafeinado verde-limão, feito nos Estados Unidos desde 2002.

A história do Surge começa em 1997, quando a Coca-Cola lançou-o com um comercial vistoso para o Super Bowl. Ele chamou a atenção de Karkovack, que tinha então 19 anos. Durante um período, o Surge foi um bom produto: 69 milhões de caixas vendidas em seu primeiro ano. Um número respeitável para um refrigerante. (Para comparação: 1,9 bilhão de caixas de Coca tradicional foram vendidos em 1997.) Dois anos depois, o Surge perdeu seu frescor. As vendas caíram 25%, para 51,8 milhões de caixas. Um ano depois disso, as vendas de Surge não cresceram, e escorregaram outros 48%. Os engarrafadores do país reavaliaram seu investimento na marca. O editor de *Beverage Digest* suspeitou que a diminuição fora causada pela desatenção com o marketing, dizendo que a Coca não destinou recursos suficientes a ela, para escapar da sombra formidável da Mountain Dew, que é fabricada por sua arquiinimiga, a Pepsico. Como um "apagão", o Surge desapareceu das prateleiras. Em fevereiro de 2002, a maioria dos engarrafadores tinha parado de produzi-lo.

Antes de se tornar ativista de refrigerante, Karkovack tinha refrigerante como hobby. Ele passava um tempo em um site chamado BevNet. É uma publicação de comércio on-line para pessoas envolvidas no varejo de bebidas. A BevNet também tem um fórum on-line chamado BevBoard. Milhares de pessoas enchem a BevBoard com dezenas de milhares de posts sobre drinques energizantes e análises de novos produtos. Foi onde Karkovack viu um posting em abril de 2000 intitulado "SALVE O SURGE!!!!!!!!!". Foi um apelo de Avery Lund, que disse que seu refrigerante predileto estava deixando de ser distribuído.

O post gerou uma amizade entre os dois jovens (Lund tinha 16 e estava no colégio), e eles trabalharam juntos em uma nova causa: SaveSurge.org foi lançado em 1º de fevereiro de 2002. "A idéia de fazer a Coca trazer de volta o Surge era o foco principal", Karkovack nos disse, sentado em seu escritório, cercado de lembranças do Surge. "Também queremos mostrar que havia fãs por aí que se interessavam por ele. Queríamos celebrar a marca."

Por quê?

"Um dos slogans do *SaveSurge.org* era 'É mais que um refrigerante; é um estilo de vida'", diz Karkovack. "Temos lembranças associadas com o refrigerante. Não é apenas o gosto ou a cafeína ou coisas assim. Na realidade, ele nos traz muitas lembranças maravilhosas. Muito de minha juventude passei com meus amigos, dirigindo, parando em lojas de conveniência, sempre pegando uma garrafa de Surge de 450 ml".

Como um site que se propõe "ir à luta", o *SaveSurge.org* rivaliza, em complexidade e profundidade, com muitos sites políticos. Apresenta quinhentas páginas de testemunhos de Surge, fotos de parafernália de marketing de Surge, e receitas para gelatina e cookies de Surge. Seus membros debatiam estratégias ativistas e táticas em um fórum de discussão. Uma petição on-line para ressuscitar o Surge coletou 13.799 assinaturas. As imagens do Surge ficavam em um banco de dados que podia ser acessado; os fãs guardavam rótulos de Surge encontrados em balcões de restaurantes ou em lojas de conveniência. A demanda pelo Surge com prazo vencido era economicamente real e lucrativa. Caixas com doze unidades de refrigerante fabricados quatro anos após o vencimento de seu prazo de validade foram vendidos a 152 dólares na eBay. Assim como fazem grandes grupos de ação política, Karkovack e Lund ofereceram aos companheiros ativistas um modelo de carta a ser enviada a líderes seniores da Coca-Cola, a seu departamento de assuntos do consumidor e e-mails para essas autoridades além de encorajar membros da comunidade a fazer lobby. Eles ofereceram aos SaveSurgians a criação de cartões de visitas *SaveSurge.org* e panfletos que explicavam a missão do grupo.

"Todos que enviam alguma coisa sentem que estão realmente contribuindo... mesmo que não seja tão importante quanto curar câncer ou salvar o ambiente. As pessoas querem tomar parte em alguma coisa", disse Karkovack. Esse último aspecto, a necessidade de uma comunidade, não fazia parte de seu plano original, mas tem crescido organicamente e vem contribuindo para a vida do grupo. "O site de fato não começou como uma comunidade. Inicialmente, era mais como um site informativo. À medida que as pessoas começaram a enviar fotos e histórias, elas foram construindo a comunidade. Era surpreendente ver as coisas malucas que as pessoas faziam pelo Surge." A comunidade foi a oportunidade de lutarem por alguma coisa, uma forma de jovens vivenciarem e entenderem temas adultos como propósito e missão.

A missão deles era impulsionada por uma idéia inteligente: um corredor da fama. Os membros da comunidade admitidos para o Corredor da Fama SaveSurge são reconhecidos por seu "tempo e energia como voluntários (para) lutarem incansavelmente para trazer o SURGE de volta às prateleiras de lojas de todo lugar". (Ênfase deles, e não nossa.) Vinte e oito pessoas foram admitidas, inclusive Drew Bizell. O estudante aspirante a cineasta produziu "Save Surge — the Movie", um documentário de 28 minutos sobre sua procura pela bebida em Bryan, sua cidade do Texas. (Aliás, ele não encontrou.) O Corredor da Fama SaveSurge pode não ser o que a maioria das pessoas coloca em seus currículos profissionais, mas oferece o reconhecimento de uma comunidade.

Se alguém acha que Karkovac e seu bando de efervescentes ativistas de refrigerante não se encaixam nas expectativas principais de como as pessoas gastam seu tempo livre, está certo. Poderiam ser chamados de lunáticos. As tradições de consumo de massa e mídia de massa, em que as médias imperam e as margens não, rejetariam os SaveSurgians, considerando-os uma anomalia estatística. Karkovack sabe que muitos os rejeitam, mas não se deixa intimidar por eles. "Acho que estão errados. São pessoas apaixonadas por um produto. Por que ignorá-las ou se referir a elas de forma pejorativa? Dá para aprender muito com seus clientes. Acho que a Coca aprendeu muito com nosso grupo."

Talvez seja o máximo que os ativistas de Surge conseguiram. Em maio de 2005, a Coca-Cola começou a fazer o teste de marketing do Vault. Apelidado de "bebida energética híbrida" cítrico, o Vault também é originário da família de refrigerantes verde-limão que parecem atrair meninos adolescentes e jovens adultos do sexo masculino. Quando soube pela primeira vez de sua existência, Karkovac dirigiu quatro horas até a Virgínia, no Sul, para comprar uma caixa, e descobriu que a bebida ainda não tinha chegado aos estabelecimentos. Antes de sua expedição, Karkovack entrou em contato com o engarrafador local para ter certeza de que o Vault já estava disponível. A bebida apareceu nas lojas no dia seguinte. Ele viajou mais quatro horas para voltar para casa sem o Vault.

"Foi bom. Vim para casa e fiz uma reclamação no blog SaveSurge. Alguém da Coca leu e decidiu me mandar uma quantidade enorme de Vault e itens relacionados: três caixas de refrigerante, um pequeno grill com o logo Vault nele, camisetas pólo, chapéus e uma garrafa inflável. Foi melhor do que se eu a tivesse encontrado na Virgínia."

Os testes de paladar de bebidas, conduzidos pela comunidade, verificaram que poucos conseguiam dizer a diferença. Aquilo convenceu a maior parte da comunidade de que o Vault era o Surge reencarnado, e os SaveSurgians o adotaram como um substituto à altura. Foi inspirador. "Estávamos recebendo e-mails de pessoas sobre o Vault, enviando artigos e fotos. Isso não combinava com o *SaveSurge.org*, então decidimos começar de novo e ter um site dedicado ao Vault e somente a ele. Juntamos as comunidades, mantendo o mesmo informativo e newsletter por e-mail. Achamos que os fãs do Surge e do Vault são os mesmos." Isso significa que a Coca fracassou na administração do Surge e gastou uma grana para refazer essencialmente a marca do mesmo produto.

Em junho de 2005, não se detendo diante do claro descaso da Coca em ressuscitar o Surge, Karkovack construiu e lançou um novo site de fãs: o *VaultKicks.org*. Seu objetivo: "Fazer nossa parte para garantir o sucesso do Vault em seu mercado-teste e fazer lobby para a Coca-Cola lançar o Vault em todo o país". Quando o Vault começou a aparecer nos mercados de teste, a comunidade de Karkovack se animou. A Coca prestou atenção. "Depois do teste de marketing, começamos a perceber nos relatórios do site que havia muita gente da Coca visitando nosso site diariamente." Talvez isso tenha sido suficiente para ajudar a Coca a chegar à sua decisão. A empresa lançou o Vault em âmbito nacional em janeiro de 2006, assim como eles fizeram com o Surge: com comerciais no Super Bowl.

Enquanto Karkovack se ocupava do site VaultKicks, a Coca-Cola preparava o Vault para conquistar o mercado do Mountain Dew. Planejou "uma campanha de marketing integrado, que incluía televisão, rádio, propaganda em outdoor e impressa, bem como propaganda de ponto de venda". Uma abordagem interessante, dado que o público ideal do Vault estava abandonando os veículos tradicionais de mídia. Um estudo de 2003 feito pelo Yahoo e pelo Carat North América descobriu que em uma semana média, adolescentes e jovens adultos com idade entre 13 e 24 anos gastaram mais tempo on-line (16,7 horas para ser exato, sem incluir tempo gasto com e-mail) do que assistindo à televisão (13,6 horas). Se os que tomavam Vault fossem como Karkovack e sua comunidade de mil fãs de refrigerante, então seria mais provável que eles entendessem de Web e ficassem na frente da tela do computador, e não da televisão. Quase dez anos separaram os lançamentos do Surge e do Vault, e os padrões de consumo da mídia para os clientes ideais dos produtos tinham mudado substancialmente. A Coca estava totalmente armada para a batalha, mas voltada para o campo errado.

Doze meses depois de lançar o *VaultKicks.org* sem reconhecimento oficial da Coca, Karkovack registrou 969 fãs, que tinham postado 29.428 artigos. Uma busca por "Vault soda" no Google em 2006 dava o *VaultKicks.org* como o principal resultado de busca. O resultado número dois foi o *SaveSurge.org*. O site que a Coca-Cola criou para o Vault, *drinkvault.com*, não apareceu entre as 25 primeiras páginas dos resultados de busca do Google. Aquilo fez do *VaultKicks.org* o site oficial da bebida. "Na realidade o *drinkvault.com* não tem um bando formado", diz Karkovack. "As pessoas na verdade estão descobrindo nosso site no Google primeiro, quando elas buscam pelo Vault. É muito bacana pensar que estamos à frente da Coca nisto."

"Acho que eles [a Coca-cola] têm muito o que aprender sobre marketing interativo. Eles obviamente têm feito muito com a televisão, o rádio e a imprensa, mas seu marketing pela rede está aquém. Não fizeram grande coisa. Se olhar a maioria dos sites de produtos deles... eles nunca são atualizados. Só trazem informação estática, e não há, realmente, maneira de as pessoas que são fãs entrarem em contato com a empresa e dizer: 'Bom trabalho; gostamos de seu produto'." Com o Vault veio a realidade — era hora de reavaliar o propósito do SaveSurge. A comunidade já tinha sido transferida para o VaultKicks. Os fãs estavam fazendo de graça o que uma empresa normalmente faria.

As empresas que têm diante de seu radar um grupo de Karkovacks estão claramente falhando em uma habilidade fundamental: "Ouvir. Ouçam seus clientes. Vejam o que eles estão fazendo on-line. Levem isso a sério. Se alguém está dizendo algo negativo sobre vocês ou alguma coisa que eles querem que vocês façam, vocês realmente deveriam considerar isso porque estas são as pessoas que fazem sua empresa ser o que ela é. Se vocês não têm uma base de clientes apaixonada, em poucos anos, não vai sobrar muita coisa da marca".

"Acho que o futuro será difícil para as empresas porque elas vão ter que encontrar funcionários para ficar atentos a essas coisas. Elas vão ter que encontrar maneiras de interagir com seus fãs. Esta é uma coisa que a Coca tem feito um pouco desde que nos envolvemos com eles. Ela descobriu maneiras de ficar um pouco mais perto dos consumidores. Colocou mais informações em seu site. O pessoal do número 800 e do centro de atendimento por e-mail agora tem muito mais informações. Acho que a Coca delegou um pouco mais de poder a seus funcionários. A Coca tinha chamado a atenção ao enviar cartas pedindo a suspensão de sites de fã clubes na década de 1990", disse Karkovack. "Em vez de ameaçar com processos, o mais produtivo seria estender a mão e dizer: 'O que podemos fazer para melhorar as coisas?'. Se uma empresa dedica um tempo para falar com você sobre suas preocupações, isto significa muito mais para o consumidor que enviar uma ordem de quinhentas páginas para suspensão. Estamos em uma era totalmente nova."

O SaveSurge tornou-se um modelo para quem faz lobby para salvar outras marcas e propriedades comerciais. Um grupo de fãs que queria evitar o cancelamento do programa de televisão Angel perguntou a Karkovack se podia inspirar sua campanha de lobby na dele. "Quando começamos o site, não havia muitos sites dedicados a salvar coisa alguma. Agora parece que eles estão aparecendo a toda hora." O conselho de Karkovack para ativistas de produtos: "Não desistam. O pessoal da Coca veio me dizer no começo que nosso site era bom, mas não daria em nada." Ele diz com firmeza que é preciso ser educado. As ameaças e a rebeldia dos jovens são contraproducentes. Seja honesto. Procure ter uma boa apresentação sua e da comunidade. Escreva cartas inteligentes. Verifique a ortografia. "Se eles acharem que você é inteligente, fala bem, tem um pouco de dinheiro para gastar, eles o ouvirão."

Apesar dos esforços insuficientes da Coca, com a presença on-line do Vault, como ele classificaria os esforços da empresa agora? "Eu lhes daria um B. Quando começamos, teria sido um D ou um F. Eles se recuperaram. Eles permitiram que fôssemos o primeiro site no país a anunciar o lançamento nacional do Vault. Eles passaram de nos ignorar completamente a querer que espalhássemos a grande notícia deles a todos, foi um grande passo." Além disso, é trabalho gratuito. A natureza básica do trabalho de Karkovack pode não se igualar a uma campanha de marketing em 920 mil lojas de conveniência, mas este não é o propósito dos *citizen marketers*. O foco deles é, freqüentemente, uma tentativa de transcender a consciência de marca em ação, criando redes amadoras de afiliação. Um passo para a ação é conceder àqueles que querem agir a autoria pela qual anseiam. O trabalho de longos anos feito por Karkovack com o que é essencialmente um hobby significa que é improvável que o *VaultKicks.org* sofra de falta de atenção. "Sem dúvida, vou mantê-lo por um longo tempo", disse ele. "Uma das lições que aprendemos com o Surge foi que não se pode dar algo como certo enquanto está ali porque isso pode desaparecer de repente."

Os sociólogos e historiadores poderiam chamar o trabalho de Karkovack de "lazer produtivo". O lazer produtivo faz a ponte entre nossa vida profissional e pessoal enquanto valida nosso papel como trabalhadores em um mercado gratuito e capitalista. Ele confirma quem somos e o que fazemos. Esta é a tese de Steven M. Gelber, um historiador da Santa Clara University, no Vale do Silício. Ele pesquisou a história do hobby das pessoas em no livro *Hobbies: Leisure and the Culture of Work in America* [Hobbies: o lazer e a cultura do trabalho nos Estados Unidos].

"Hobbies são importantes porque combinam elementos críticos e afirmativos [e são] uma forma de confirmar a veracidade do trabalho e do mercado livre dentro de casa, contanto que o emprego remunerado permaneça em outro lugar", escreve ele. Eles exercitam nossa mente criativa e nossa imaginação capitalista. Os hobbies são divertidos, produtivos e significativos... contanto que um contracheque os apóie.

Entre os vários tipos de hobbies conhecidos, um *citizen maketer* tem um peculiar: colecionar Starbucks. O nome dele é Winter (ele alega ser este seu nome verdadeiro), e ele é um programador de computação freelancer, que vive em Houston, e passa seu tempo de lazer tentando visitar toda loja Starbucks que foi aberta no mundo. Começou sua busca quixotesca em 1998 e oito anos depois visitou 5.729 lojas em sete países, fazendo relatos em seu site. Ele pede um expresso "curto" em cada loja, de um gole só, e corre, literalmente, para a seguinte em sua lista. Por quê? "Faz parte de meu instinto de colecionador", diz ele. Quando começo a colecionar coisas, tenho que ter todas. Sou grande colecionador de gibis, cartões e moedas. Na verdade, estou colecionando esses Starbucks. E sou compelido por meu instinto a ter todos eles." As histórias inevitáveis sobre ele reafirmam o papel ubíquo e, é inquestionável, culturalmente reafirmador que a Starbucks realiza para parte da sociedade, para não mencionar sua constância geral. "O café é surpreendentemente igual, mesmo no exterior", diz ele.

Se exploramos a razão para colecionar, diz Gelber, a produção em massa "democratizou o ato de colecionar criando objetos que por serem muito comuns asseguravam que se tornariam escassos porque geralmente eram feitos para serem jogados fora. Os colecionadores resgataram objetos do lixo e criaram valor, inventando conjuntos onde podiam encaixá-los". Como colecionador, Winter cataloga sucintamente cada uma de suas experiências na Starbucks em seu laptop. Ele coleciona significados de uma forma que talvez poucas outras pessoas, se houver, colecionariam. Seu hobby também coleciona atenção. A publicidade nem sempre vem num formato que agradaria à Starbucks: "Depois de cerca de quatro lojas, o café perde o gosto", diz Winter, que não se preocupa com nenhum efeito a longo prazo por tomar tanto café. "Depois de um número muito grande de lojas, tenho de tomar água depois de cada gole para tirar o gosto, porque começo a ficar enjoado."

Apesar de não mostrar uma cara-sempre-alegre para a Starbucks, Winter é a mensagem. A Starbucks é importante o suficiente para que ele visite todas no mundo. Sua busca como colecionador é autêntica (e cara); portanto, ele é a mensagem. Esta é uma bebida amarga para empresas que insistem na transmissão de mensagens claras, consistentes e sempre positivas. Todos sabem que nada é perfeito, no entanto as empresas persistem em retratar sua perfeição. É por isso que a autenticidade é magnética — é a verdade que se torna real. Quando todo mundo pode publicar e transmitir, as histórias diárias de vida, em todas as suas várias formas contribuem para a experiência humana coletiva em toda a sua idiossincrasia. Assim como Justin Hall viveu sua vida com alarde e on-line, o mesmo fazem os Winters do mundo. Alguns são mais ligados aos produtos e marcas que outros. O jornalismo resultante disso, feito como hobby, tende a afetar a imagem dos gerentes do mundo de um jeito que eles não esperam nem desejam. A Starbucks é sempre educada em relação a Winter, mas também é seca, e até indiferente. "Ficamos lisonjeados com o entusiasmo de Winter pela experiência na Starbucks", disse um porta-voz, "e desejamos que ele se dê bem em sua empreitada". Quando o jornal *U.S. News & World Report* perguntou ao McDonald's sobre o trabalho do *citizen marketer* do blogger de McChronicles, um porta-voz da empresa não só disse que os blogs são "uma ferramenta valiosa de comunicação" e que "apreciamos que os clientes que se relacionam com nossa marca estejam trocando idéias sobre o McDonald's com outros". Estas duas respostas mecânicas continuam a retratar a empresa como um bloco sólido, e não como uma organização onde trabalham pessoas reais, com respeito autêntico por seus clientes às vezes excêntricos. Eles estão marginalizando os 1 Porcentos.

Foi somente por volta de 1880 que os hobbies passaram a ser considerados aceitáveis do ponto de vista cultural. À medida que o mundo passou de uma cultura agrária para a industrial, criou-se uma divisão natural entre o trabalho e o lazer. Na cultura agrária, o trabalho e a vida familiar eram um só. À medida que o setor de manufatura industrial cresceu e a industrialização tomou conta, o trabalho dificilmente era criativo ou intelectualmente estimulante para as massas. Isso estimulou o crescimento de hobbies. Como explica o professor Gelber: "Os hobbies ganharam ampla aceitação porque podiam condenar o trabalho despersonalizado na fábrica e no , compensando seus déficits enquanto replicavam ao mesmo tempo as habilidades e os valores do local de trabalho". Ele chama esse processo de "afirmação disfarçada", e concede aos participantes a permissão para considerarem uma atividade como recreação, enquanto ela funciona, no subconsciente, como recreação ideológica. À medida que modelamos nossas ferramentas, elas nos modelam, lembra-nos Marshall McLuhan, e então nos tornamos o que vemos. Com as ferramentas certas, uma pessoa que tem um hobby imagina o mundo como ele poderia ou deveria ser. Isso, certamente, poderia explicar o trabalho de nossos Fanáticos — o trabalho deles é, freqüentemente, encorajar o boca-a-boca e cumprir suas expectativas ousadas. Ou simplesmente ser "impressionante", como definiu McChronicles.

A busca para salvar o Surge e a Barq's, promover o Vault e a Disney, ajudar a TiVo e glorificar a Apple e todas as outras marcas que mencionamos até aqui é o que os acadêmicos do marketing têm chamado de "comportamento de ajudar ao mercado". Descreve o comportamento de pessoas comuns que ajudam umas às outras com decisões sobre o que comprar e de quem. Em pesquisas que remontam à década de 1960, os pesquisadores começaram a confirmar e a quantificar o que a maioria de nós considera normal hoje. Durante as décadas de 1960, 1970 e 1980, quando as empresas podiam freqüentemente garantir seu crescimento com extensas campanhas publicitárias, os pesquisadores de marketing descobriram que 40% da clientela de um varejista se baseava nas recomendações de outras pessoas. Um estudo da década de 1980 constatou que 9 a 10 pessoas contavam com a opinião de um amigo quando compravam um produto durável, como uma máquina de lavar ou aparelho de ar condicionado. Esse mesmo estudo descobriu que 21% das pessoas contavam com estranhos ou com um amigo de um amigo de um amigo para informações ou conselhos de produto.

Se ter um hobby é a forma, qual é a função? Por que as pessoas se envolvem em comportamentos de ajuda do mercado? Há quatro razões: altruísmo, relevância pessoal, bem comum e *status*.

O *altruísmo* e a empatia são irmãos. Um voluntário da TiVoCommunity ajuda a resolver o problema de um amigo usuário da TiVo porque ele se sente mal em relação a experiência ruim do outro. Devido a sua natureza, algumas pessoas não suportam ver outras cheias de problemas e sofrendo. Seu bom samaritanismo se manifesta em fóruns como a TiVoCommunity ou TreoCentral. Seja por natureza ou educação, os *citizen marketers* freqüentemente sentem a necessidade de oferecer alguma coisa aos outros. Certamente esta é uma virtude dos americanos documentada pelos observadores da história. Quando passou nove meses viajando pelos Estados Unidos, em 1831, o aristocrata francês Aléxis de Tocqueville descobriu um país rico de virtudes burguesas — um desejo de ajudar uns aos outros com comunidades para ensinar, governar e construir. Ele achou que os americanos demonstravam um desejo natural de se reunir e de criar "associações". Escreveu: "Os americanos de todas as idades, todas as fases de vida, e todos os tipos de disposição estão sempre formando associações... Em países democráticos o conhecimento de como combinar é a mãe de todas as outras formas de conhecimento; do seu progresso depende aquele de todos os outros". Eles formaram associações porque os Estados Unidos então eram um país vasto e não cultivado. Os primeiros cidadãos tinham de se juntar para sobreviver às suas aventuras pioneiras. Isso ajudou a se desconsiderar as distinções de classe prevalentes no Velho Mundo europeu. Foi a força de caráter, e não a linhagem familiar, que levou as pessoas a terem objetivos comuns. A dedicação ao trabalho era a ética predominante, e esta se estendia para a governança da vida. "Nas cidades é impossível impedir os homens de se reunir, se entusiasmar e tomar resoluções apaixonadas de repente", escreveu ele. "As cidades são como grandes salões de reunião, sendo todos os habitantes os seus membros. Nelas as pessoas têm imensa influência sobre seus magistrados e freqüentemente impulsionam a realização de seus desejos, sem intermediários."

A *finalidade pessoal* impulsiona os *citizen marketers* porque um produto, marca, empresa ou pessoa acendeu seu estopim criador. Quando eles lançam um blog ou site dedicado a discutir ou a promover uma marca ou empresa, este é um veículo para a sua conceitualização do self. Todos os *citizen marketers* com quem conversamos enfatizaram como seus ícones individuais de devoção têm sentido. É o começo da afinidade, um relacionamento que alimenta seu envolvimento duradouro. O subtexto por trás do trabalho dos *citizen marketers* é que "esta marca é relevante para mim". Essa relevância é atraente para os outros que sentem uma intuição parecida. "São pessoas que estão afirmando o sentido de produtos e empresas e integrando esses mundos", Gelber explicou durante uma conversa que tivemos sobre *citizen marketers*. "Para eles, a empresa é um totem vivo. Representa-os e ajuda a manter o espírito deles vivo."

O *bem comum* é o propulsor para colaboradores dedicados à Wikipedia. Por razões pessoais, eles acham que o mundo pode ser um lugar melhor e contribuem para esse objetivo. O uso da palavra mundo é um pouco relativo porque nem todos se beneficiam de um artigo sobre a banda de rock Blink 182, por exemplo. O bem comum significa contribuir, colaborar ou aprimorar a comunidade. As pessoas que não limpam a sujeira do cachorro prejudicam o bem comum de todos que usam o parque, mais do que as pessoas que simplesmente passeiam por ele. São os *freeloaders** (aqueles que usufruem livremente, como bem entendem) do parque, que ignoram ou desconsideram intencionalmente sua responsabilidade para com o bem comum. Os *freeloaders, porém,* podem ser detidos. Os cientistas na Inglaterra e na Alemanha descobriram em 2005 que sanções contra *freeloaders*, mesmo que aplicadas por algumas pessoas, melhoram o destino geral de um grupo. O experimento envolveu 84 pessoas cujo objetivo individual era ganhar o máximo de dinheiro possível. Os participantes dividiram-se em duas equipes — a primeira dependia da colaboração voluntária, e a segunda permitia que seus membros sancionassem aqueles que não colaboravam. Uma sanção não é gratuita — custa dinheiro. Rapidamente, as pessoas no grupo sancionador estavam ganhando mais dinheiro no experimento que o outro grupo porque um número maior deles contribuía para o sucesso do grupo, principalmente para juntar recursos. A colaboração custou a eles no curto prazo, mas produziu retornos melhores no longo prazo. Além disso, os *freeloaders* no primeiro grupo acabaram mudando para o grupo sancionador, e eles começaram a punir os outros que não colaboravam. "Apesar da aversão inicial, toda a população migra sucessivamente para a instituição sancionadora e colabora bastante, enquanto a sociedade livre de sanção se torna totalmente

---

* Trocadilho com *free* (gratuito, livre) e *load* (carregar, baixar arquivo). (N. E.)

vazia", escreveram os autores do estudo. Promover o bem comum é o objetivo da democracia devido à sua natureza de poder distribuído e garantia de liberdade. Aqueles que violam seus princípios, quebrando suas leis, são punidos pelo bem comum do público. Porém, na realidade o bem comum é relativo em uma sociedade democrática, na qual a riqueza e a propriedade são os domínios do indivíduo. Assim, os bens comuns tangíveis são distribuídos uniformemente.

Status é o propulsor natural do sucesso humano. A menos que estejamos deitados, doentes ou incapacitados, o *status* freqüentemente dirige nossas compras, empregos, aprimoramentos na vizinhança, e nossa noção de valor próprio. Os comportamentos que ajudam o mercado reafirmam ou aprimoram o valor que se tem de redes sociais. O *status* aprimora nossas chances de fazermos conexões e obtermos sucesso. Como pessoas extremamente sociáveis, os *citizen marketers* costumam ser conectados. Eles participam de redes muito ligadas. São, com freqüência, como Armand Frasco. De sua casa em Niles, Illinois, ele descreveu um chamado que recebera um dia, sem esperar.

"Alô, ah, Aramando", ele disse, procurando imitar o melhor possível o sotaque italiano. "Aqui é, ah, Francesco Franceschi!"

Franceschi estava ligando de Milão, Itália. Ele era sócio da Modo & Modo, fabricante do Moleskine, um caderno tradicional, decididamente não técnico, preferido pelos designers e artistas. Franceschi estava ligando porque Frasco tinha recrutado seguidores com o Moleskinerie, um blog que começou por impulso, em 2004. As várias horas diárias que Frasco tinha dedicado ao Moleskinerie agora estavam atraindo cerca de 5 mil visitantes por dia. Como um Fanático por Moleskine, Frasco encorajava os visitantes a contarem suas histórias sobre o pequeno caderno preto que décadas antes tinha sido o diário e caderno de esboços preferido de Vincent van Gogh, Henri Matisse e Ernest Hemingway. (No modelo dos 4 Fs, Frasco é um Fanático.)

Franceschi também estava ligando porque o Moleskinerie tinha sites de fãs mundo afora, nove ao todo, e a maioria deles em línguas que não o inglês. Como o Moleskinerie, todos eram mantidos por pessoas independentes da empresa. Segundo elas, são o único marketing global organizado do caderno.

"Pensei, bom, eu tenho uma conta Typepad e tenho um Moleskine. O que vai acontecer se eu combinar os dois?" — é assim que Frasco se lembra de sua decisão de lançar o Moleskinerie. Franceschi, junto com um sócio, deram vida nova ao que era na verdade uma marca morta. Uma empresa francesa fora dona da Moleskine anteriormente, mas a desatenção e a negligência pouco a pouco acabaram com ela. Então Franceschi fez parceria com Mario Baruzzi e comprou a Moleskine, em 1998.

Eles se puseram a recriar a mágica que inevitavelmente faz parte dos esboços da maioria dos artistas famosos. Determinados a se concentrar na qualidade excepcional de fabricação e em alguns aspectos óbvios mas fundamentais (um elástico preto mantém as páginas cor de baunilha do caderno bem juntas), os empreendedores italianos usaram a história do Moleskine como sua vantagem distintiva de vendas. Isso ajudou-o a se tornar um produto *cult* com números importantes de vendas: 4,5 milhões de Moleskines foram vendidos em 2005. A maior parte do marketing estava sendo feito por voluntários como Frasco, que trabalha de dia como fotógrafo. Em agosto de 2006, a Modo & Modo foi vendida: eles venderam a Moleskine para uma empresa francesa por 60 milhões de euros. A venda marcou ainda outro capítulo interessante da história do Moleskine: não só a empresa foi vendida para franceses, mas também ilustrou uma parábola sobre a redenção, de como uma marca que tinha sido considerada morta ganhou vida nova com uma empresa de 13 pessoas que se concentrou no passado mágico do caderno e no trabalho voluntário da maioria de seus fãs apaixonados, seus *citizen marketers*.

Esses *citizen marketers* estão espalhados pelo mundo. Durante vários anos, eles trabalharam em nome do Moleskine porque ele é um ponto comum de seu próprio trabalho. Eles facilitam discussões e lançam projetos que mostram o caderno. Uma comunidade Flickr muito ativa documenta a arte que eles criam em seus Moleskines. No centro desse mundo de fãs está Armand Frasco. Então, por que o blog de um fã dedicado a um caderno? Afinal, ele não vem em cores da moda nem exibe especificações técnicas como GPS, muito menos tem uma divisão para CD. É vendido basicamente em uma cor: preto. Henry Ford aprovaria seu foco de escola antiga.

"Sinto-me profundamente responsável pelo produto. Por quê? Eu não sei", disse Frasco, e então fez uma longa pausa. "Porque eu acho que, visto que tenho o produto, não quero prejudicá-lo, eu quero ajudar. Veja, eu sempre gostei de viajar. Ouvia estações de rádio de ondas curtas quando era garoto. Você fecha os olhos, e está lá. O mesmo acontece com este site, estou ajudando as pessoas a documentarem suas vidas. Isso pode parecer trivial para muita gente, mas não para mim." Além disso, há uma história do Moleskine, por associação com artistas. "Há uma magia associada a ele, e as pessoas querem acreditar nela", disse ele.

Quando os verdadeiros crentes ou os curiosos buscam por Moleskine no Google, o Moleskinerie é freqüentemente o terceiro ou quarto resultado. É por isso que Franceschi começou a ligar regularmente para Frasco: um site de fã bastante procurado pode ser uma fonte de influência. De acordo com Frasco, seu blog tem valor para a Modo & Modo: "Somos como um focus group informal, e esta é uma imensa vantagem para eles".

Embora Franceschi pudesse ter monitorado o blog anonimamente, Frasco disse a Franceschi que preferia uma conexão pessoal. Ambos obviamente viam algo de positivo na ligação, principalmente Frasco: "Temos muitos pontos em comum". Além disso, é mais eficiente determinar a saúde de uma marca diretamente da leitura de um barômetro no homem do tempo em campo, e não de um site sobre clima. "As corporações deveriam perceber o poder da comunidade", disse Frasco. A Modo & Modo fez isso, o que alimentou a concentração de Frasco no Moleskinerie.

"Sinto que há uma parceria entre nós, e isso é gratificante", relembra Frasco de suas conversas com Franceschi. "Não falamos sobre o lado comercial de Moleskine. Falamos sobre questões do mundo, e isso é muito profundo para mim." Agora que o Moleskine está nas mãos de um novo dono, a grande questão para Frasco e todos os outros *citizen marketers* voluntários é "como eles vão lidar conosco".

"Espero que o sr. Franceschi fale bem de nós, melhor ainda, conduza o mesmo suporte aos novos proprietários. Acho que ele é esse tipo de pessoa."

Há uma coisa nas pessoas que fazem tolices na frente da câmera de vídeo que capta o interesse cultural e a imaginação de muita gente. Mas o que é? Por que nossa cultura se sente atraída pelo que o crítico George Will chama de "entrega sofisticada de estupidez"? Nossa tentativa de responder a essa pergunta faz-nos voltar para o Japão.

Em meados da década de 1980, Ken Shimura e Cha Kato apresentavam um programa popular na televisão japonesa que satirizava a sociedade japonesa e seus ícones. Um segmento do programa capitalizou o número crescente de câmeras de vídeo portáteis em residências japonesas. Os apresentadores convidaram espectadores a enviarem seus vídeos feitos em casa para o programa, onde eles os passariam e, é claro, teriam a satisfação de ridicularizá-los. Vin Di Bona era um produtor americano de televisão na época e via o programa. Gostava dele, então comprou direitos de reformulá-lo para espectadores americanos. Ele eliminou os roteiros e o formato de dois apresentadores, preferindo fazer um programa inteiro sobre filmes caseiros criados pelos expectadores. *America's Funniest Home Videos* (mais conhecido carinhosamente como AFHV), estreou em 14 de janeiro, 1990, na ABC. Em três meses, era a série de televisão classificada em primeiro lugar nos Estados Unidos.

O AFHV não era material de George Will. Tratava de filhotes e bebês atuando e acidentes em calçadas e quintais. A maioria parecia com uma comédia burlesca, feita por amadores. Parte da atração era o potencial para participar. Não se exigia talento, apenas a sorte necessária para captar ou criar um momento engraçado em videoteipe e mandá-lo para a ABC, onde se juntaria a 2 mil fitas de vídeo que o programa estava recebendo por dia. Paródias de propaganda e vídeos dublados eram os preferidos, mas acontecimentos preparados para parecerem acidentais ou espontâneos eram eliminados. Os produtores do programa citavam o humor como um elemento essencial; pessoas que podiam rir de si mesmas e de sua cultura convidavam outros para rirem com elas e ao mesmo tempo tornavam essa diversão sem importância, inofensiva.

O AFHV ainda passava na ABC em 2006. Tornou-se o terceiro programa a se manter por mais tempo no horário nobre da rede depois de *20/20* e *Primetime*. Mas em 2006, o AFHV estava sofrendo com os sites em que qualquer cidadão no mundo podia fazer o upload de seu vídeo mais engraçado. Por exemplo, eis como descreveríamos o vídeo de um *citizen marketer* on-line, criado por dois homens de vinte e poucos anos, que é uma "propaganda" do Chicken McNuggets do McDonald's.

A cena se passa durante o dia. Ao ar livre. Primavera. O céu está claro. Dois jovens do sexo masculino estão no enquadramento. À esquerda está Fernando Sosa, 25. Seu cabelo escuro está bem penteado; ele está usando um suéter escuro com capuz, cujas mangas estendem-se vários centímetros além de suas mãos. À direita de Fernando está Thomas Middleditch, 24 anos. Ele é mais alto e bem loiro. Está usando grandes óculos escuros e um agasalho azul e branco. No fundo, podemos ver Wrigley Field, campo que abriga uma importante liga de beisebol, a Chicago Cubs, e um McDonald's. O vídeo começa. Fernando toca percussão eletrônica enquanto Thomas canta o rap:

"I'm into Nuggets, y'all, I'm into Nuggets, y'all.
I'm into Nuggets, y'all. I'm into Nuggets, y'all."

Por mais 30 segundos, Thomas canta o rap repetitivamente sobre "ketchup e maionese", e molhando McNuggets "naquele molho de churrasco!" É engraçado e inofensivo, e a "música" para essa propaganda de cidadão tem uma melodia insanamente infecciosa que tende a ficar na cabeça do ouvinte. Também é popular. Somando-se o número de vezes que foi visto em vários sites de vídeos, "I'm into Nuggets" foi visto quase 100 mil vezes.

Os amigos Sosa e Middleditch se conheceram quando estudavam na famosa Second City do Conservatory Program em Chicago. Uma noite de março de 2006, enquanto esperava para entrar no palco e apresentar seu trabalho de escola, Sosa estava mastigando um McNuggets antes da apresentação. Aquilo inspirou Middleditch a chamar seu hip-hop de "personagem urbano", e improvisar um rap. Sosa incrementou com percussão eletrônica. O diretor do programa estava perto e adorou a performance de improviso. Ele lhes pediu para apresentarem como abertura do programa. A multidão vibrou. O diretor e outros instrutores da Second City também e recomendaram que eles a gravassem como um vídeo curto para seus portfólios. Com um amigo que entendia de filmes por trás da câmera, eles filmaram em 20 minutos perto de Wrigley Fiels e o editaram como uma ode ao Chicken McNuggets. Os amigos postaram em sites de vídeo, YouTube e *StupidVideos.com.*

Nós os conhecemos no apartamento de Middleditch perto de Lakeview, no lado norte de Chicago e conversamos no quarto do fundo próximo à mesa de foosball enquanto dois buldogues franceses presos no quarto dele latiam, pedindo atenção. Sosa diz que as reações ao vídeo deles variavam de "Eu odeio isso, mas não consigo parar de assistir", até "Eu adoro isso, e não consigo parar de assistir". Uma amiga lhe disse que comprou McNuggets porque se viu cantando a música enquanto fazia o pedido.

Middleditch se refere ao vídeo como "a coisa mais retardada que eu já criei", e, por ironia, eles são críticos do McDonald's. "Eu tento não entrar lá; faz muito mal pra gente", diz Middleditch. "Eu me sinto mal quando ouço esse tipo de coisa". Middleditch diz que as pessoas estão comprando McNuggets por causa desse jingle infeccioso. "Acabei ajudando essa grande corporação do mal — gratuitamente. Ah, isso é muito ruim. Que coisa, hein, McDonald's." Sosa parece contrariado. "Nós os ajudamos a encher os bolsos."

O desprezo pela maior cadeia de lanchonetes do mundo reside em esforços para afetar a cultura, e não para refleti-la. Ambos são clientes potenciais, mas eles consideram os esforços da empresa de atrair clientes condescendentes e distantes. "Para mim, é como se o McDonald's estivesse tentando se ligar às pessoas, mas elas não entendessem", Middleditch diz. "O McDonald's quer ser bacana, mas é como um cara de 50 anos tentando ser moderninho." Ele imita rapidamente a expressão de um Homem de Negócios de Meia Idade, antiquado. "Isto é bacana, certo? É bacana ser assim. Estou certo, cara? OK, legal. É, eu disse: bacana!"

"É como eu acho que o McDonald's está tentando fazer com todas as suas propagandas e o 'ba da da da da da'", diz Middleditch, enquanto continua tocando o jingle da empresa 'I'm Loving It'. "Eles se acham legais, mas é muito artificial e muito desproposital. Muito pouco do que eu acho bom ou do que eu diria aos amigos se baseia na propaganda existente. Fui hoje comer no Subway e um garoto, devia ser o primeiro dia dele, ficava dizendo: 'Coma fresco!' pra todo mundo que entrava.

'Obrigado por virem ao Subway. 'Coma fresco!' Era engraçado. Ninguém diria uma coisa dessas! Eu não iria ao Subway pensando 'Ah, vou comer comida fresca'. Só penso: 'Não é um hambúrguer seboso, e é saboroso'."

Nenhum dos dois tem experiência em marketing ou formação em vendas (Middleditch leva cachorros para passear e Sosa trabalha em uma firma de contabilidade), e eles ficaram um pouco constrangidos com nosso interesse em conversar com eles sobre o McDonald's e marketing cidadão, mas sua inclinação natural como observadores agudos e espelhos da cultura popular leva-os a crer que as empresas deveriam fazer parceria com as pessoas que estão tentando alcançar.

"Gastam tanto dinheiro com os comerciais que estão fazendo agora", diz Sosa sobre as grandes marcas. "Gastamos um dólar no tal McNuggets. Em 20 minutos, praticamente sem custo nenhum, o vídeo estava pronto." Middleditch entra na conversa: "Se alguém quer se dirigir a um determinado público, pegue alguém daquele público e faça-o participar. Mesmo que seja apenas para aquele projeto. Se eu vejo um comercial que obviamente está *tentando* apelar para mim, me dá vontade de vomitar". Nossa conversa com eles acabou de um jeito apropriado: Middleditch tinha coisas a fazer, os buldogues urinaram na cama.

Sosa e Middleditch representam o futuro de cidadãos criadores de conteúdo e *citizen marketers*. Eles são "milenários", jovens homens e mulheres nascidos depois de 1982. São altamente adeptos de ferramentas digitais não só por causa de seus pais *baby boomers* (os nascidos após a Segunda Guerra) que lhes compraram computadores e celulares, mas porque eles estão sempre fazendo vídeo, editando trabalhos e mashups em laboratórios de mídia escolar. Eles são alunos exigentes de áudio e vídeo. Devido à sua familiaridade com as ferramentas, e porque tendem a rejeitar o individualismo "extremo" da geração X que os precedeu, os milenários são a geração que provavelmente terá o maior impacto na cultura participativa. Este é o argumento de William Strauss e Neil Howe em seu brilhante trabalho, *Millennials and the Pop Culture* [Milenários e a cultura pop]:

> Eles estão promovendo ativamente a democratização da cultura pop. Muitos adolescentes estão montando juntos softwares que os capacitam a produzir as próprias músicas, filmes ou programas. Adoram trocar suas criações ou descobertas uns com os outros, e preferem naturalmente fazer isso com poucos ou sem intermediários comerciais. Os milenários percebem muito bem como o domínio sobre como uma tecnologia pode ser aplicado à cultura pop... Para a maioria dos jovens, a cultura pop — comprá-la, criá-la, fazer o download dela, manipulá-la, trocá-la — é onde os pedaços se juntam em um estilo todo novo.

Strauss e Howe descreveram suficientemente nossos rappers do McDonald's bem como muitos *citizen marketers* de vinte e poucos anos e cidadãos criadores de conteúdo com quem falamos. Os milenários querem interagir com a cultura. É o que eles esperam ter desenvolvido com TiVo, celulares e vídeo games que os colocam no controle. A TV passiva ou assistir a filmes é muito menos interessante que interagir com a mídia. Ou criá-la. Dê-lhes controle ou eles provavelmente acharão outra coisa para fazer. Um bom ponto de partida é começar a dar o controle a eles com um voto, uma voz ou uma conexão.

CAPÍTULO SEIS

O Poder de Um

*O herói é o campeão de coisas que estão se tornando,
e não de coisas que já se tornaram.*
Joseph Campbell, *O heróis de mil faces*

Apesar do que fez, Casey Neistat é realmente fã da Apple Computer. Como artista multimídia, ele usa quase todo tipo de equipamento da Apple, do computador Macintosh ao Cinema Display da Apple, ao pequeno iPod. Quando seu iPod pifou, fez algo pouco amigável com a empresa. Atraiu atenção suficiente para que os fanáticos pela Apple "entrassem em pânico porque eles [achavam] que nós poderíamos levar alguém a não comprar Macintosh".

Neistat tinha 22 anos e morava na cidade de Nova York. Ele comprou um iPod de primeira geração no início de 2002, não muito depois de a Apple ter lançado o aparelho portátil. Depois de 18 meses de uso diário e de expirar a garantia, a bateria recarregável de lítio não carregava mais. Ele ligou para o número do suporte técnico. Consertariam o iPod, mas isso custaria 255 dólares mais uma taxa de envio, quase igual ao custo de um aparelho novo. Um funcionário de uma loja de varejo da Apple em Manhattan lhe disse a mesma coisa.

O que ele deveria fazer? Consertar seu iPod era caro, quase igual ao custo de comprar um novo. Neistat não tinha dinheiro para substituir um iPod pifado, jogado pelo seu apartamento. "Eu me senti explorado, enganado", disse mais tarde. Era como se a Apple estivesse vendendo iPods como brinquedos caros, mas descartáveis. O irmão mais velho de Neistat, Van, que também era um antigo fã da Apple, "achou que isso não era típico da empresa. Alguma coisa precisa ser feita. Alguém precisa abrir a boca".

Um dia, eles estavam diante de uma série de grandes pôsteres coloridos do iPod. Foi quando surgiu uma idéia: atacar os pôsteres. Criaram um estêncil que dizia: "as baterias insubstituíveis do iPod duram apenas 18 meses". Eles pintaram com spray o estêncil nas dezenas de cartazes que pontuavam a cidade. Van filmou Casey fazendo isso. Eles ligaram de novo para o suporte da Apple e gravaram a ligação. A mesma resposta de antes: 255 dólares, mais uma taxa de envio, para substituir a bateria. Também houve esta jogada: "A esse preço, você pode comprar um novo". Eles inseriram a fala em um vídeo que chamaram "iPod Dirty Secret" [O segredo safado do Ipod]. Postaram o vídeo em seu site e avisaram trinta amigos, que o enviaram a seus amigos. Em seis semanas, o vídeo havia sido baixado mais de um milhão de vezes.

Ele estava em toda parte na Internet e na mídia tradicional — mais de 130 publicações no mundo todo, inclusive o *Washington Post*, *Daily Yomiuri* no Japão, e *China Post*, e a BBC apresentaram a matéria. A revista *Rolling Stone* proclamou-o "Crítica à Apple". Então a Apple ligou.

"Boas notícias", disse o representante da empresa. A Apple tinha um novo programa de reposição de bateria. Para iPods fora da garantia, ela iria substituir a bateria por uma taxa de 99 dólares. (A Apple mais tarde reduziu-a para 59 dólares.) "Minha primeira pergunta foi: 'Você está me ligando em resposta ao filme que fizemos?'" disse Casey. "A resposta deles foi, 'Não podemos confirmar nem negar que vimos o filme'." (A Apple disse que a oferta de substituição de bateria estava sendo preparada havia meses.).

Os irmãos Neistat usaram as ferramentas poderosas e fáceis de aprender da Apple contra a empresa, provando que ninguém — nem mesmo a nave-mãe Apple, — está imune a uma crítica lançada por um único cliente, ou por dois irmãos. Considerando a grande atenção que os irmãos obtiveram da mídia com sua propaganda Foguete (eles a chamaram de "anúncio de utilidade pública"), a resposta estranha da Apple — "nós não podemos nem confirmar nem negar" — não foi um de seus melhores momentos. O trabalho de guerrilha dos irmãos Neistat preparou terreno para os futuros protestos de clientes que empregam ferramentas multimídia fáceis de usar e o boca-a-boca, inerente à mídia social.

O que fez com que "iPod's Dirty Secret", o "Dell Hell" e uma dezena de outras propagandas criadas por cidadãos Foguetes pegassem? Por que as coisas se espalham? Uma explicação é o *meme*, um transmissor cultural que distingue uma idéia dos bilhões de outras que flutuam no caldo primordial da existência humana diária. O teórico evolucionário Richard Dawkins cunhou o termo em seu livro *The Selfish Gene* [O gene egoísta].

"Assim como os genes se propagam no reservatório genético, pulando de um corpo para outro através dos espermas ou óvulos, os memes também se propagam no reservatório memético pulando de um cérebro para outro por um processo que, em um sentido amplo, pode ser chamado de imitação", afirma Dawkins. "Exemplos de memes são melodias, slogans, roupas da moda e formas de fazer potes ou construir arcos." Podemos incluir aí conceitos, idéias, teorias, opiniões, crenças, práticas, hábitos e danças (Macarena, alguém se lembra?) que se propagam em uma cultura. O que torna importante o trabalho de *citizen marketers* é que as ferramentas de banda larga e social aceleram a disseminação dos memes. Esta é uma boa notícia para alguém que tenha uma idéia atraente.

Uma razão para os memes criados por cidadãos se espalharem é que eles seguem freqüentemente os quatro estágios da replicação bem-sucedida do meme:

1. Assimilação. O meme é notado, entendido e aceito por alguém, que se torna seu servidor.

2. Retenção. Fica na memória. Quanto mais tempo ficar lá, melhor.

3. Expressão. A idéia pode assumir uma forma, como linguagem, texto, imagem, ou mesmo um comportamento inconsciente, como a forma de alguém andar.

4. Transmissão. O servidor passa o meme para uma ou mais pessoas.

Para entender melhor essa ciência, podemos examinar como o vídeo "iPod's Dirty Secret" dos irmãos Neistat se espalhou. Para ser assimilado, um meme deve ser notado, entendido e aceito pela comunidade de usuários fanáticos da Apple. Uma vez que havia cerca de 1,4 milhão de iPods em uso na época, os primeiros receptores do meme provavelmente tinham um iPod, e entenderam que a bateria não podia ser trocada com facilidade, se fosse possível trocá-la, por uma pessoa comum.

A retenção depende de quanto a idéia é importante para o servidor e da freqüência de sua repetição. A Apple é conhecida há muito tempo por ter seguidores cultivados por mais de trinta anos devido a seus equipamentos refinados. Muitos fãs da Apple consomem ansiosamente notícias ou rumores sobre a empresa e seus produtos. Com tantos fóruns da Apple on-line, o meme "Dirty Secret" pinguepongueou rapidamente pelos blogs e painéis de discussão. Os *citizen marketers* têm uma vantagem clara para se expressar: o vídeo dos irmãos Neistat é muito criativo. Por cima de uma trilha de hip-hop, ele mistura áudio de um técnico de call-center da Apple com filmagem de Casey fazendo as alterações nos cartazes de toda Nova York. O vídeo surpreende e é o tipo da coisa que donos de iPod provavelmente mostrariam a seus amigos que tivessem iPod. O sinal de transmissão para o vídeo "Dirty Secret" foi o site dos irmãos. O sinal foi espalhado primeiro pelos usuários de iPod e fãs da Apple on-line e então para outros interessados no mundo todo. A mídia tradicional, inclusive a imprensa e a televisão, pegou o roteiro e o ampliou.

Conheça outra história que seguiu as quatro etapas de replicação de meme e se espalhou. No verão de 2006, a conexão Comcast da Internet de Brian Finkelstein ficava caindo. Foram necessárias várias ligações para conseguir que alguém fosse checar, e um técnico afinal veio substituir o modem banda larga do estudante de direito de Washington. Quando o técnico discou para a linha de suporte da empresa a fim de ativar o modem substituído, ele ficou na linha durante *90 minutos!* Enquanto o técnico esperava, ele adormeceu no sofá de Finkelstein.

Não é uma ocorrência normal um técnico adormecer no sofá de alguém. Esse pobre técnico adormeceu porque sua empresa o fez esperar durante 90 minutos. Impotente diante da situação, o que mais poderia fazer? Finkelstein não tinha nada com isso, é claro. Ele fez o que um estudante de direito de inteligência média faria: pegou sua câmera de vídeo. Filmou o técnico, vestido com uma camisa vermelha de golf da Comcast e shorts cáqui, adormecido no sofá com um laptop equilibrado no joelho. Na era da mídia social e do YouTube, os vídeos mais populares são de música. Finkelstein combinou a filmagem do técnico dormindo a uma música de Eels chamada *I Need Some Sleep* [Eu preciso dormir um pouco]. O texto da tela diz: "Obrigado, Comcast, por routers quebrados, quatro horas de atendimento impedidas, Internet sem funcionar durante uma semana, longa espera, preços altos, três visitas não atendidas. Obrigado por tudo." Ele o postou no *YouTube.com* e o mencionou em seu blog. O boca a boca a jato, feito pelos bloggers, voou e enviou o vídeo pelo mundo. Duas semanas depois, o vídeo tinha sido visto por 200 mil agências de notícias internacionais. Um mês depois, o vídeo tinha sido visto 750 mil vezes.

Um dia depois de Finkelstein ter postado seu vídeo, o vice-presidente regional da Comcast ligou. Ele iria com uma equipe de técnicos e ele mesmo resolveria o problema. Preocupada com o controle de prejuízos, a Comcast anunciou que o técnico que adormeceu tinha sido despedido. Tarde demais. Os clientes frustrados da Comcast manifestaram sua fúria com histórias parecidas em blogs e comunidades on-line. Era a experiência de Jeff Jarvis de novo, dessa vez estrelando uma empresa diferente. Com o Poder de Um, o Google nunca se esquece. Noticiários se esquecem, como devem, mas o Google não. O Google tinha captado a história, a indignação, a reação, e a catalogaria indefinidamente para clientes existentes e potenciais, e para os historiadores de negócios. Você é seus resultados no Google.

Nem todos terão tempo, capacidade ou imaginação para gravar um problema que deu errado com o atendimento ao cliente. Os 1 Porcento têm. Por serem criativos e familiarizados com ferramentas multimídia, os marginais não ligam. Em um estudo conduzido pela Nielsen BuzzMetrics sobre pessoas que criam conteúdo on-line, descobriu-se que é mais provável que elas tenham conexões de Internet high-speed, celulares, MP3 players, câmeras digitais, laptops e TiVos ou outros DVRs que as pessoas que não criam conteúdo on-line. Quanto menos idade, mais tecnologicamente avançados eles parecem ser. Isso descreve Brian Finkelstein e os irmãos Neistat.

Das histórias do Dell Hell de Jeff Jarvis, da reivindicação de Vincent Ferrari à AOL, da experiência do iPod dos irmãos Neistat, e do técnico da Comcast que adormeceu, de Finkelstein, aprendemos que um meme bem concebido pode se espalhar com rapidez bem maior com a ajuda da mídia social. Um meme se espalha, tipicamente, porque ele corresponde às experiências dos outros e expõe a verdade. Os *citizen marketers* enganados farão críticas em seus blogs, em fóruns e, como vimos, em vídeos curtos feitos em casa que então se tornam comerciais dos erros das empresas. Com as bases de um meme estabelecidas, quais são os mecanismos de sua disseminação na mídia social?

1. Os bloggers espalham uma história que tem um desenvolvimento surpreendente. Um técnico que dorme no sofá é tão surpreendente quanto a vinda dele.

2. A história está cheia de inúmeros detalhes concretos. Se inclui áudio, vídeo ou evidência fotográfica, suas chances de se espalhar aumentam significativamente.

3. A história documenta uma forma tangível de injustiça. Várias visitas não atendidas, um representante agressivo de atendimento ao cliente, e assim por diante.

4. A história atinge um nível de reconhecimento entre inúmeros blogs conhecidos. Ela pode aparecer entre os primeiros termos de pesquisa na Technorati, ou na primeira página do Digg. Quando ela compõe sites de grandes Filtradores, isso desencadeia com freqüência o interesse da mídia tradicional. Dentro de vários dias a uma semana, os jornais escrevem uma matéria sobre o incidente. Até cinco dias depois disso, um ou vários canais da radiodifusão criam uma reportagem.

5. A história atinge o nível mundial. Em horas ou dias a história atinge a mídia principal, alguém divulga o vídeo da história no YouTube, alimentando sua disseminação. Muitos dos bloggers originais fazem atualizações regulares sobre o desenvolvimento da história.

Com as ferramentas de hoje e a motivação certa, uma pessoa comum tem muito mais chance de criar uma cena sobre uma experiência tida com uma empresa ou produto. Os clientes têm mais controle. Uma advertência ao vendedor: é melhor os vendedores se cuidarem!

O dia 27 de julho de 2005 foi memorável para uma certa mãe, casada, 28 anos, em Albany, Nova York. A revista *Forbes* tinha acabado de citar seu site que funcionava havia um mês, o Slave to Target, como "Best Shopping Blog", em seus prêmios anuais da rede. Também foi o dia em que ela achou que uma empresa de 52 bilhões de dólares estava ligando para processá-la. O número que identificava a ligação era da Target Corp., então, na cabeça dela só podia ser um representante irritado do varejo com a notícia de que um processo caro e constrangedor estaria iminente, seguido de multas e sanções, tudo por causa do blog dela. Eles provavelmente estariam irritados com as algemas que ela colocou em volta do ícone da Target, um olho de touro vermelho. Ela, porém, não sabia do reconhecimento da *Forbes*. Não sabia que a revista estava mandando seus bandos de visitantes da Web. Não sabia que o que faria a seguir seria um grande erro.

Sem ouvir a mensagem de voz, clicou o mouse em pânico, e apagou seu blog. O evangelismo da Target feito durante um mês desapareceu. Então ela ouviu a mensagem. John, um gerente de marketing da Target — ela não conseguia lembrar de seu sobrenome — tinha ligado.

"Nossa! Estou tão empolgado! Você viu a *Forbes*?" John gritou no voice-mail. Ele chegou nela através de seu link afiliado da Target, que recompensa operadores de site por fazerem link com produtos no *Target.com*. Aliviada e rindo de si mesma, ela começou tudo de novo.

Em seu blog, e em seu bate-papo conosco, ela manteve seu anonimato. Tem receio de revelar sua identidade porque, às vezes, escreve coisas maldosas e ousadas sobre a Target e seus produtos, muitos dos quais ela adora e descreve como se tivesse tomado um ou dois copos de vinho. Tem medo que sua ousadia possa "pegar" mal entre os clientes (ela diz que é proprietária de uma empresa de relações públicas para designers independentes). Receamos que ela possa ser uma *astroturfer*, alguém que simula entusiasmo por uma empresa ou produto porque está sendo pago para isso. Depois de cerca de 15 minutos de conversa com ela, nós nos asseguramos de que ela não era uma *astroturfer*.

Seu pseudônimo online é "Red Cart Romance". Todos nós a chamamos de RCR. Ela se descreve como uma "*nerd* da Internet e admiradora da Target, vadia disfarçada e viciada na seção de 1 dólar". RCR diz que dependentes como ela "escondem sacolas da Target de seus maridos, dão desculpas para irem à Target, e sentem orgasmo só de pensar no assunto". Escreve sobre produtos da loja ou da *Target.com* que captam sua imaginação, principalmente produtos da seção de 1 dólar.

"Adoro a seção de 1 dólar, mas ultimamente não tenho gostado muito dela", escreve em seu blog. "Neste exato momento, estou mais para algo, por ter ímãs de

Napoleon Dynamite!, e canetas, e pranchas e mais ímãs e pranchas e ah! é o melhor. Estou certa de que ele é minha alma gêmea." Um jogo comum chamado Coffee Smarts que a Target mostrou em seu site chamou a sua atenção. "EU ADORO café. Tomo café o dia inteiro. Café é meu crack. É por isso que eu acho que este pequeno produto é divertido. Adoro joguinhos como este para jogar com meus amigos em volta da mesa de café. Ah — mesa de café, estou ficando louca", ela escreveu. "Eu também adoro meu jogo de cartas de tarô *Desperate Housewives* [*Donas de Casa Desesperadas*], é divertido jogar com seus pais."

Como Fanática, ela é generosa nos elogios e dá conselhos não comprometedores. "Ok, Isaac Mizrahi [o designer de roupas da Target] é incrível. Eu o adoro, mas fala sério, ele precisa melhorar nas medidas das mulheres. Ele precisa sentir o seio de uma mulher e tirar umas medidas. Terrível, terrível. Às vezes, penso se há um "lixão" para jogar todas as idéias geniais de roupas de Isaac lá, por que ninguém poderia usá-las? Que judiação."

Em 2006, quando a Target anunciou que uma nova linha de roupas sofisticadas com o logotipo bordado do olho vermelho de touro seriam vendidas exclusivamente em uma boutique em Los Angeles, RCR escreveu: "A Target é uma Vendida — eles estão se vendendo para os modismos e para a loja mais badalada". O *Washington Post* usou essa citação em uma reportagem sobre a nova linha, e ela vem sendo citada freqüentemente pelos outros meios também.

Seu texto angariou um grupo considerável de fãs; cerca de 100 mil pessoas visitam o seu site por mês, e ela alega ter atendido "mais de 1,5 milhão de viciados desde junho de 2005". Ela acha que muitos leitores são como ela: jovens mães que vão atrás de valor. Como outros *citizen marketers* com quem falamos, ela domina o HTML e as ferramentas de blog. Gasta cerca de uma ou duas horas por semana colocando mensagens e lendo e-mails para o site. Com base no número de visitas, RCR está confiante de que o blog dela dirige vendas para a *Target.com* (ela mais tarde removeu o link afiliado; "é controvérsia demais".) Talvez não seja um movimento suficiente para mudar o mundo, mas é o bastante para fazer diferença. "Pessoas mandam e-mail para mim o tempo todo, dizendo que compraram coisas que mencionei. Eles saem do computador e correm para a loja. Ou compram on-line", ela nos diz.

Depois da primeira conversa com John ao telefone, o gerente de marketing corporativo, a Target pareceu aceitá-la. Eles trocaram e-mails durante vários meses. Ele ofereceu os serviços de sua agência para ajudá-la no design do blog, caso precisasse. Talvez, imaginava ele, ela pudesse aconselhar a empresa sobre como era essa coisa de fazer blog. Ela não começou o blog para se tornar consultora da empresa, por isso disse que a sua reação foi de surpresa. Os e-mails para John acabaram se tornando esporádicos e então terminaram. Outros funcionários ficam em contato extra-oficialmente; um deles escreveu que o CEO da Target, Robert Ulrich, é um leitor regular. Ela soube que Slave to Target foi descrito em uma conferência da empresa que teve a participação de 5 mil funcionários. Internamente, a empresa parece falar muito *sobre* ela. Ela não entende por que a empresa nem sempre conversa *com* ela. "Ainda me incomoda o fato de eles não conversarem comigo. Por que eles não querem ouvir o que sua maior fã tem a dizer?"

Seu tom jovial azedou. Os funcionários agora só mandam dicas por e-mail sobre novos produtos, e o RP da empresa a enche de material de divulgação sobre promoções de fim de estação. Eles a consideram uma ferramenta de vendas. Ser considerada uma ferramenta lhe causa ressentimento. "Eu adoro o que eles têm, mas no final das contas, eles continuam sendo uma corporação americana. Eu não acho que eles vão mudar. Não ligam realmente para o que eu tenho a dizer. Eles terão esses designs realmente legais, mas não descem até o meu nível. Têm medo de saber o que seus clientes querem. Não passam de um bando de executivos." A Target não falaria conosco. "A Target não participa de entrevistas para livros e não faria comentários no blog que você mencionou", disse-nos o porta-voz da empresa.

A blogger do Slave to Target ilustra o Poder de Um para acentuar a afinidade. O foco dela na Target e somente na Target é um ponto de validação para as milhares de pessoas que lêem o seu blog: elas também podem ser fãs da varejista e sentir desinteresse (ou indiferença) pela empresa e alguns de seus produtos. O tamanho de seu público indica um interesse substancial no trabalho dela e, por extensão, uma validação da relevância dele. Colocado no contexto de um meme, sua capacidade de se expressar tem o potencial para criar uma idéia que salta da página e fica na mente dos leitores. (Por exemplo, agora sabemos que se encontrássemos Isaac Mizrahi, lhe diríamos que ele precisa sentir o seio de uma mulher para desenhar melhor suas roupas.) Como Fanática, ela tem uma chance muito maior de ajudar a Target a vender alguns de seus produtos mais originais a um público de jovens mães, ligadas, que foram as primeiras a adotar a marca, navegando por suas conexões de banda larga e lendo blogs, do que aquelas que não estão on-line.

Vamos voltar por um momento à função imitativa de memes. "Toda a vida evolui pela sobrevivência diferencial de replicar entidades", escreve Dawkins em *The Selfish Gene* [O gene egoísta]. O gene replica-se em todos os seres viventes para transmitir as instruções de vida. A geração seguinte de genes sobrevive porque faz um excelente trabalho de imitar seu predecessor. Isso nos leva à Diet Coke e a Mentos.

No verão de 2006, milhares de vídeos on-line demonstraram como combinar Diet Coke e a bala Mentos e criar um gêiser de refrigerante. O vídeo mais famoso do verão mostrava dois homens de avental que empregaram 101 garrafas de dois litros de Diet Coke e 523 balas Mentos para criar uma fonte coreografada de gêiseres Diet Coke. Era um vídeo espetacular. O malabarista profissional Fritz Grobe e o advogado Stephen Voltz, ambos de uma companhia de teatro de Maine, criaram o vídeo, e em menos de duas semanas o vídeo deles tinha sido visto mais de 800 mil vezes no site de vídeos *Revver.com*. Seria fácil supor que Grobe e Voltz sonharam com a idéia da Diet Coke e da Mentos, e os milhares de outros vídeos foram imitações.

Mas o experimento da Diet Coke e da Mentos já tinha se espalhado pela comunidade de professores havia anos. Parece ter começado com Steve Spangler, um professor de Denver, Colorado, que lançou um negócio para criar ferramentas de ensino e brinquedos especiais. Uma lição preferida de ciências era ensinar às crianças a ciência da gasosa. Ele até escreveu um livro, chamado *Fizz Factor: 50 Amazing Experiments with Soda Pop* [O fator gasoso: 50 experimentos interessantes com refrigerante], que descrevia o truque da Diet Coke e da bala Mentos. Primeiro ele demonstrou isso ao vivo na televisão em março de 2002, durante a transmissão de uma emissora local. Foi uma performance que repetiria para a emissora no verão de 2005. O vídeo foi arquivado no site da emissora. Parece ser daquele site que o meme começou a gerar interesse.

Grobe e Voltz dizem que a inspiração para o seu vídeo surgiu ao verem um dos vídeos on-line da demonstração. "Queríamos torná-la maior e melhor e transformá-la em uma coisa teatral", disse Grobe. Como um meme, o experimento da Diet Coke e Mentos tinha todas as instruções necessárias para replicá-lo, e milhares de pessoas fizeram isso. Foi somente quando o meme teve um replicador mais eficiente — nesse caso, os sites on-line que mostravam vídeos — que ele saltou para as mentes criativas de Grobe e Voltz, que o elevaram a novos níveis de consciência cultural.

As reações da Coca e da Mentos ao surpreendente marketing gratuito que ambas receberam não podiam ter sido mais distintas.

> Mentos: "Estamos todos extremamente satisfeitos com ele", disse um porta-voz. A empresa gasta menos de 20 milhões de dólares em publicidade anualmente, e estima que o valor do "buxixo" on-line esteja "acima de 10 milhões de dólares".
>
> Coca: "Esperamos que as pessoas queiram tomar [Diet Coke] mais do que tentar fazer experiências com ela", disse uma porta-voz. Ela acrescenta que a "loucura por Mentos... não se encaixa com a personalidade da marca" da Diet Coke.

Quando qualquer um pode ser criador de conteúdo, editor, radiodifusor, ou *citizen marketer*, existe a tendência de haver mais informações, mais coisas para nos entreter. Milhares de vídeos da Diet Coke e Mentos já estão em sites de vídeo. De quantos mais nós precisamos? É possível fazer outro vídeo interessante da Diet Coke e da Mentos, e, nesse caso, como saberíamos dele? No quadro geral de memes, como separamos coisas interessantes de coisas meramente imitativas? A resposta do Digg é o *bookmarking* social, quando os membros de sua comunidade indicam coisas interessantes para o benefício da comunidade. Cabe a ela determinar o que é interessante. Mas, e se sua própria rede está cheia de centenas de milhares ou milhões de itens, e sua comunidade for menos inclinada a votar? Como você identificaria o que é interessante em sua rede? Ou o que é importante? Como você identifica uma tendência de um modo mais *eficiente*?

Crie um algoritmo "de interesse". Esta é a idéia do site Flickr, de fotos. Ele tem mais de 200 milhões de fotos em sua rede, e ajuda os visitantes a encontrarem aqueles que são interessantes, examinando o comportamento dos visitantes do Flickr. Este observa vários de seus membros acrescentarem uma foto à sua lista de favoritos, o número de visitantes para cada foto mais seus comentários, e menos dados sutis, como o relacionamento entre a pessoa que fez o upload da foto e as pessoas que a estão comentando. Ele faz tudo isso usando um processo de data-mining sério que produz um relatório diário de fotos "interessantes" entre centenas de milhões de servidores. As fotos reveladas pelo algoritmo de interesse geralmente são atraentes — lindamente compostas e com assuntos interessantes diante das lentes das câmeras.

"O ato de consumo está se tornando um ato de produção", disse Bradley Horowitz, do Yahoo, durante um papo que tivemos com ele no centro de pesquisas do Yahoo em Berkeley, Califórnia. (O Yahoo é a empresa-mãe do Flickr. "Quando navego pelo Flickr como consumidor, mesmo que eu nunca tenha feito upload de uma foto ou me torne autor em si, minha própria navegação está informando o que chamamos de 'captação de interesse'. O sistema está observando o que eu estou fazendo, o que eu estou salvando como favorito, o que eu estou comentando em blog". Votar é uma forma democrática de mostrar interesse e classificar enquanto "captar interesse é algo que lembra reconhecimento etnográfico, agregando automaticamente o comportamento normal de pessoas e aplicando uma fórmula matemática a ele". "A captação de interesse depende mais das medidas implícitas, coisas que as pessoas estão fazendo durante seu curso normal de comportamento pelo sistema", Horowitz nos disse. "Nós simplesmente as alavancamos para tornarem o valor visível novamente, a outros usuários."

CAPÍTULO SETE

Como Democratizar seu Negócio

*O futuro já está aqui.
Só que não é distribuído igualitariamente.*
William Gibson

Criar um novo produto é apostar que alguém irá comprá-lo. Isso também poderia ser dito a respeito da forma de uma empresa determinar seus preços, estoque, fabricação e requisitos de disposição na prateleira. Apostas, apostas e mais apostas. Para a maioria das empresas, é como estudar contagem de cartões, então ir a Vegas com 5 milhões de dólares e esperar pelo melhor no Mirage. Considerando o índice de fracasso de 85% de novos produtos, lançar um novo é como apostar até a própria casa.

Dois garotos rearranjaram esse cenário e cobriram a maior parte de suas apostas. A empresa deles pede a milhares de seus clientes para desenharem produtos, e então votar naqueles que comprariam. Uma vez feita a votação, sua empresa fabrica um número determinado dos produtos desenhados pelos clientes e nos quais votaram. Se eles são vendidos e os clientes querem mais, é hora de votar novamente. É oferta e demanda sob demanda. Sem o benefício de completar cursos superiores ou treinamento formal em administração, esses dois caras, realmente jovens, eliminaram muito do risco inerente, tradicional, de fabricar produtos, envolvendo profundamente clientes no processo de tomada de decisão. Eles ganham milhões de dólares fazendo isso. Nunca tiveram um fracasso. Isso é que é democratizar o negócio.

Esta é a essência da Threadless. Jake Nickell e Jacob DelHart criaram um modelo de participação democrática que levou seu negócio de fabricação de camisetas a se tornar uma empresa de 20 milhões de dólares em cinco anos. Os cidadãos clientes criam os modelos de camisetas. Alguns desenham por hobby; outros são profissionais — não há distinção porque todos jogam em condição de igualdade. Então no site da empresa, *Threadless.com*, os clientes discutem os modelos e votam em seus preferidos, indicando quais eles estão inclinados a comprar. Tudo é feito dentro da comunidade Threadless, onde todos os visitantes podem ter um blog e uma página. Com várias centenas de milhares de membros, é uma cidade de bom tamanho. É uma *politéia*: um modelo de negócio do futuro, determinado por seus cidadãos clientes. No entanto, não é isento de risco.

Nickell e DelHart trabalham com uma bomba-relógio ligada. Quando dirigem até seu escritório em Chicago na área Andersonville da cidade, apenas a algumas quadras de Rosehill Cemetery, eles ligam seus computadores para enfrentar a bomba.

"Nossa comunidade poderia nos destruir se quisesse", diz Nickell sem um pingo de ironia. Quando conhecemos Jake e Jacob — os dois Jakes — num dia ensolarado, Nickell ainda estava se recuperando da saia-justa que tivemos com a comunidade. Ele faz designs e códigos do site. Adora redesenhá-lo, também, e freqüentemente faz isso. "Quando começamos, acho que redesenhávamos o site toda semana", disse ele. Mas o último redesign foi ruim. Ele perdeu o rumo de onde estava e, em um instante, apagou todos os posts de blogs dos clientes. Isso mesmo. Ele e outros na empresa lutaram para recuperar os posts dos arquivos de backup. Colocaram programas de recuperação. Ligaram para a empresa provedora. Aquilo não era nada bom e Nickell ficou arrasado.

Quando chegou a hora de informar a comunidade, Nickell postou desculpas e explicou as circunstâncias. A bomba não desligou. Tentou resolver o problema de Nickell por ele. Os membros da comunidade tentaram resgatar seus posts do sistema cache do Google e os postaram novamente. Um sujeito escreveu um programa para ajudar a comunidade a transferir posts do cache do Google de volta ao Threadless. Um usuário disse que talvez tivesse sido melhor. "Às vezes, é bom começar de novo", disse ele. Desastre de Relações públicas evitado.

A comunidade da Threadless usa uma quantidade enorme de poder, talvez mais do que temos visto com qualquer empresa. Todo dia, milhares deles se engajam em animadas discussões on-line sobre camisetas, modelos, cores, o que é bacana, o que não é, e quem são os designers legais. Então eles votam em cerca de 150 designs que são submetidos à comunidade diariamente, no mundo todo. A Threadless então irá fabricar diversos deles várias semanas mais tarde. A comunidade faz isso em um site que é uma cabine de votação, cafeteria, galeria de arte e dormitório. Em outras palavras, uma rede social. Um de seus principais benefícios é a fidelidade: 40% dos clientes são compradores freqüentes.

Nickell e DeHart, ambos abandonaram a faculdade, conheceram-se quando eram membros de uma comunidade de arte on-line chamada *Dreamless.org*. "Vivemos e respiramos aquela comunidade", disse Nickell. (A "Threadless" tem sua gênese no encontro dos dois Jakes em uma linha de discussão no fórum Dreamless.) A paixão deles pela comunidade Dreamless e a criatividade que ela inspirou levaram os dois Jakes a uma idéia: "Queríamos retribuir à comunidade [Dreamless], então fizemos um concurso para fabricar produtos da arte das pessoas", explicou Nickell. Aquele concurso evoluiu para o site Threadless e lhes permitiu fazer um concurso toda semana.

Muitos anos mais tarde, a empresa ainda tem um concurso semanal de design para determinar quais camisetas deveria fabricar e vender; com 150 designs apresentados diariamente e cerca de 8% da comunidade fazendo parte do processo, as apostas são milhões de dólares mais altas. É aí que entra a democratização da previsão da demanda. Cada camisa tem centenas, às vezes milhares de votos em uma escala de 0-5. Logo acima de 5 está uma caixa de verificação para indicar a intenção de compra do votante: "Eu compraria". Todos os dados gerados nesse processo são exibidos no site: cada modelo que entra mostra o número de pessoas que o classificaram, o número de dias que restam para votar nele, e o número de comentários sobre ele. Cada semana, cerca de quatro a seis modelos vencedores são escolhidos e impressos como uma edição limitada de 1.200 camisetas. Os designers vencedores recebem 1.500 dólares em dinheiro, 300 dólares em crédito da loja e uma edição especial de camisetas todo mês, durante um ano.

Dados do estoque são exibidos em tempo real, também, democratizando o processo de seleção à medida que os clientes decidem comprar uma camiseta que praticamente acabou ou uma que ainda tem bastante no estoque. Dados de estoque indicam quais camisetas são mais procuradas entre homens que entre mulheres e quais aquelas que são mais procuradas pelos clientes maiores. Cada modelo vende tudo em seis meses; 90% de todos os modelos vendem em dois meses.

Assim como as municipalidades se preocupam com a participação do votante, o Threadless também faz isso, então oferece incentivos para aprimorar os índices de participação. Além do concurso de design e da chance de ganhar dinheiro e camisas gratuitamente, toda camisa estampada tem uma galeria de fotos própria. Os membros da comunidade são incentivados a fazerem upload de um auto-retrato digital que descreve uma camisa Threadless. Eles recebem um crédito de 1,50 dólares por foto e 15 dólares se esta for selecionada pela página de produto.

Com exceção de um newsletter semanal por e-mail, a empresa não faz muito marketing. Conta com o boca a boca e o trabalho de sua Street Team, um programa afiliado que dá uma recompensa em dinheiro pelas camisetas compradas através de um site afiliado. O Threadless até tem sites de fãs. Um deles, o Lover Threadless blog, participa do marketing gerando "buxixo" sobre novas camisas.

Pedimos aos dois Jakes para descreverem as qualidades que dirigiram o sucesso da empresa. Eles já pensaram nisso. "Permita que seu conteúdo seja criado pela comunidade. Coloque seu projeto na mão dela. Deixe sua comunidade crescer sozinha, então recompense-a por viabilizar o projeto". O sucesso gerou imitações. Negócios de camisetas similares democratizados surgiram na França, Itália, Brasil e Inglaterra.

Aplicado a outros setores e seus modelos de negócio, o modelo Threadless de cidadania participativa poderia ajudar uma empresa a criar um sistema de previsão mais confiável para clientes exigentes. Ela poderia criar uma fonte confiável de compradores freqüentes. Poderia ajudar a identificar um limão antes de se tornar um limão caro. A chave, como ilustram os dois Jakes, é construir uma comunidade com uma aposta nos resultados. Isso identifica um problema fundamental da maior parte das pesquisas de produto: baseia-se freqüentemente em uma amostra representativa do público-alvo imaginado que é compilada como um *focus group*. O grupo testa um produto cujo fabricante pode ou não ser revelado e poderia ter pouca ou nenhuma aceitação do resultado. Eles pegam seus 50 dólares, vão para casa e continuam a vida. Esta é uma realidade artificial. Os membros da comunidade Threadless investem na empresa agindo de acordo com os próprios interesses *em nome da empresa*. Uma comunidade elimina o efeito de uma decisão tomada por um grupo de privilegiados — um pequeno grupo secreto de tomadores de decisão com pouco ou nenhum senso de responsabilidade com uma comunidade, uma vez que cada um segue os próprios interesses. O modelo de negócio da Threadless pode acompanhar com facilidade e eficiência, além de quantificar os comportamentos de seus clientes que ajudam o mercado. É um conceito simples, mas uma realização inovadora.

Ao longo deste livro, conversamos sobre a "democratização" da tecnologia, engajamento e tomada de decisão. Democratizar alguma coisa é torná-la mais eqüitativa socialmente ou disponível para um arranjo mais amplo de pessoas interessadas. Os princípios da democracia destinam-se a proteger do poder que está sendo concentrado na mão de poucos privilegiados, monarquias, ditadores ou governos centralizados. A democracia distribui poder e responsabilidade às massas; no caso de repúblicas, o poder é distribuído entre os representantes eleitos livremente. Com a chegada da mídia social, banda larga acessível e tecnologias menos caras, o poder de distribuição a comunidades de interesse nunca foi mais fácil ou mais importante. Com o controle escapando, as comunidades de interesse estão assumindo poder e conduzindo conversas sobre marcas, produtos, empresas ou organizações. Ao trabalharem conosco, os *cidadãos*, as empresas tendem a reduzir seu risco de fracasso, adotando os princípios da democracia e participando de fóruns democratizados já estabelecidos ou criando o seu fórum. Elas reduzem o risco, distribuindo-o ainda mais eqüitativamente.

Se as raízes da cidadania cresceram das sementes da democracia, o que é democracia? E que princípios da democracia deveria seguir um fórum democratizado?

Definir *democracia* é difícil, mesmo para o Departamento Estadual dos Estados Unidos, cuja função é promover a democracia em países que não a têm. "Embora o termo esteja por toda parte no mundo atual, explicar 'democracia' pode ser desafiador", escreve a agência em seu site, em que panfletos sobre os "princípios da democracia" que podem ser transferidos por download são distribuídos. Mas seria possível afirmar com segurança que a autonomia e a liberdade são os princípios mais preciosos da democracia. Se a autonomia protege os cidadãos da aplicação arbitrária de autoridade, então a liberdade é a garantia de expressão pessoal, seja ficar na esquina protestando contra o governo ou praticar qualquer forma de religião. Para os americanos, essa garantia é definida pelas 45 palavras da Primeira Emenda:

> O Congresso não fará lei para se respeitar o estabelecimento de uma religião, ou para proibir o livre exercício daí por diante; ou restringindo a liberdade de expressão, ou da imprensa; ou o direito das pessoas se reunirem pacificamente, e de fazerem petição ao governo para reparar agravos.

Examinando fóruns existentes e populares democratizados focados em produtos, marcas, empresas ou pessoas, vemos um princípio fundamental subjacente: a liberdade de expressão. Restrições à expressão que proíbem ou limitam críticas a uma marca, empresa ou produto podem ser boas para a empresa, mas são onerosas e inúteis para uma comunidade. A anarquia não é a regra, pois há proteções legais existentes contra calúnia e difamação. Diretrizes sobre essas considerações civis importantes deveriam ser claras e cumpridas. Entretanto, um fórum democrático que restringe ou elimina críticas sacrifica sua credibilidade. Mesmo que essas críticas às vezes sejam destrutivas, grosseiras ou dolorosas. Outros princípios democráticos incluem a regra da maioria, o poder descentralizado, eleições livres e justas, e a regra da lei. A Threadless limitou seu risco contando com um sistema da regra da maioria, para determinar a maior parte de seus produtos (pode eleger não fabricar camisetas que provem ser difíceis ou caras demais para fabricar ou que violem as leis dos direitos autorais), e a regra da maioria determina quando repor o suprimento. A forma como as organizações adotam e interpretam princípios democráticos para suas comunidades tende a ser uma discussão permanente, que é realizada entre a própria comunidade.

O que inspira os *citizen marketers* a criarem conteúdo em nome de empresas, marcas, produtos ou pessoas? A inspiração é, como um raio, difícil de prever. Criar uma efervescência suficiente de relevância pessoal que inspire os *citizen marketers* ou os 1 Porcentos é tarefa de líderes que tenham um conhecimento profundo sobre motivações, desejos e hábitos de seus clientes. No entanto, a mídia social tem as comportas da cultura amadora abertas, para uma abertura mais ampla e infinita. Com os *citizen marketers* e os 1 Porcentos colidindo violentamente contra os portões para criar conteúdo sobre empresas, marcas, produtos ou pessoas com ou sem aprovação oficial, isso deixa várias opções às empresas quanto à sua forma de reagir:

1. Não dizer nada em público ou em particular às pessoas envolvidas. (A reação da Apple a George Masters e aos irmãos Neistat.)

2. Fazer aberturas por trás das cenas, mas não dizer nada publicamente. (Várias interações da Target com a blogger Slave to Target, mas "nenhum comentário" público sobre ela. Pedimos à Modo & Modo para comentar sobre o Moleskinerie; no início a empresa disse que faria, depois decidiu não fazer.)

3. Fornecer reconhecimento imediato. (Comentários da Coca sobre pessoas que estão criando gêiseres de Diet Coke com Mentos, o reconhecimento da Starbucks de Winter, o colecionador, a aceitação de Bowiechick, e o reconhecimento do McChronicles pelo McDonald's.)

4. Encorajar funcionários da empresa a participarem. (Os 44 funcionários da TiVo que se inscreveram na TiVoCommunity.)

5. Ameaçar ou tomar medidas legais. (A indústria do filme é notória por implorar às pessoas para construir blogs e sites de fãs de filmes.)

6. Construir programas ou comunidades especificamente para eles.

7. Incorporar as idéias deles ou introduzi-las em seu sistema de produção.

Os itens 6 e 7 levam a uma pergunta: e se uma empresa descobre que tem *citizen marketers* ou quer construir uma comunidade deles? Como começar? Além da Threadless, várias empresas têm apontado o caminho para o engajamento democratizante. Os programas que vimos enquadram-se tipicamente no que chamamos de "3 Cs" do trabalho com *citizen marketers*: Concursos, Criação conjunta e Comunidades.

Concursos

Os concursos são a forma mais rápida de experimentar conteúdo criado por cidadãos. Sabemos pela Regra do 1% que a percentagem total de inscrições a um concurso medida contra o número total de participantes provavelmente será baixa. Quando todos são editores e radiodifusores, competir pela atenção se torna um desafio considerável. Com os princípios democráticos certos estabelecidos, a execução sólida, e uma consciência respeitosa sobre o potencial da mídia social para espalhar o boca-a-boca, um concurso pode aumentar a riqueza e fortalecer a fidelidade. Os concursos mais bem-sucedidos, que solicitam a mídia criada por cidadãos, tendem a envolver marcas ou produtos com histórias conhecidas e comunidades de fãs ativas. Vamos examinar vários exemplos de concursos patrocinados por empresas, destinados a transformar pessoas comuns em *citizen marketers*.

1. Converse Gallery

A fabricante de tênis Converse convidou seus clientes a apresentar filmes de 24 segundos inspirados pela marca Chuck Taylor, existente há décadas. Todos que entraram no concurso Converse Gallery receberiam um par de tênis e os vencedores do grande prêmio ganhariam 10 mil dólares e teriam seu trabalho apresentado na MTV e em outras redes de TV a cabo. A única regra era que os trabalhos tinham de ser positivos, originais e inspiradores. Diferentemente disso, e fornecendo arquivos de som sem direitos autorais se os cineastas precisassem de trilha sonora, o nível de interpretação era bem aberto. "Nossos clientes tendem a ser criativos, e lhes demos as maiores telas que temos para expressarem — nossa propaganda", disse o gerente global de marketing da Converse, Drick Soderstrom.

A empresa lançou o concurso em agosto de 2004. Quase três meses depois, foram apresentados 1.800 curta-metragens de 15 países. Uma variedade de trabalhos divertidos e intrigantes chegou, incluindo "The Amazing Russell", que mostrava um homem saltando uma linha de tênis antigos Chuck Taylor em uma bicicleta Schwinn clássica, para meninas. (Mais tarde esse filme foi selecionado como vencedor e foi exibido em várias redes de televisão a cabo.) Um mês após o lançamento da galeria, o tráfego para o site da Converse aumentou 66%. As vendas de calçados no site da Converse dobraram, e as vendas gerais da empresa aumentaram 12% no trimestre, comparadas ao trimestre anterior.

A Converse Gallery exemplificou os inúmeros benefícios de solicitar conteúdo criado por cidadãos. Foi um concurso bem-elaborado e bem executado com um grande prêmio. O tema do concurso era amplo e talvez não funcionasse em qualquer empresa. Deu certo com a Converse porque ela tem uma história rica. A Converse começou a fabricar seu tênis All Star em 1917. Eles foram batizados oficialmente como Chuck Taylor All Stars em 1923 quando a Converse reconheceu formalmente o trabalho de evangelismo do jogador de basquete amador, Chuck Taylor. Ele não foi o jogador mais notável de basquetebol em quadra, mas o grande jogo dele foi fora da quadra. Foi um defensor incansável do basquetebol, e da Converse, por isso a empresa o contratou como seu porta-voz em tempo integral. Taylor trabalhou 35 anos para a Converse em uma "Turnê Evangelista" sem parada (o nome real da turnê), espalhando a palavra sobre o basquetebol e a Converse pelo mundo. Chuck Taylor, a pessoa, era a mensagem. Isso desenvolveu a plataforma cultural para a Converse, e os Chuck Taylor All Stars foram denominados "o calçado oficial da contracultura". Os rebeldes na década de 1950 usavam Chucks pretos com camiseta branca e jaqueta de couro preta. Os hippies usavam Chucks coloridos na década de 1980. Isso se traduziu em mais de 750 milhões de pares de Chuck Taylor All Stars vendidos em 144 países. Os criadores da Converse Gallery tinham uma história cultural variada e rica sobre a qual trabalhar.

2. Eu Quero *Ban*ir Isto!

Um certo dia, enquanto conversavam com um grupo de adolescentes, em 2005, os fabricantes do desodorante Ban perceberam que seu marketing não era muito interessante. "Perfume marcante e proteção contra a umidade" não pegava bem entre as adolescentes. Além disso, a empresa estava fazendo marketing *para* elas, disseram as meninas. "Por que não nos deixam falar sobre o que pode e deveria ser dito?"

O Ban começou a imaginar o que as meninas e mulheres com idade entre 12 e 20 anos desejariam "banir" ou proibir em suas vidas. Um concurso "Eu Quero *Ban*_____" convidava visitantes do site a selecionar uma fotografia, ou a fazerem upload por conta própria e a preencher o espaço em branco. Das frases apresentadas, a empresa selecionaria nove semifinalistas, e os visitantes votariam em um favorito. Os semifinalistas receberiam 1.500 dólares, e o vencedor do grande prêmio ganharia um dia com a atriz Hilarie Burton. A empresa lançou o concurso em setembro de 2005; três meses depois, tinha 4 mil concorrentes. Quando as "propagandas" de nove semifinalistas apareceram no site do Ban, o movimento aumentou 150%, mais do que qualquer outra iniciativa publicitária que a empresa havia tomado anteriormente. Depois de cair durante três anos, as vendas do desodorante Ban subiram 13,6% nas 52 semanas que terminaram em 27 de novembro de 2005.

Ao perguntar às adolescentes o que elas "baniriam", a empresa expõe uma veia natural de frustrações relacionadas à puberdade, escola, pais, meninos e pressões sociais. Era um tema ideal para o concurso. Mas o Ban não tem uma comunidade estabelecida de jovens fãs, basicamente porque era considerado um desodorante "da sua mãe". Depois de atualizar o design da embalagem do produto, eles lançaram o concurso, anunciado através de propagandas em revistas de adolescentes, mas inevitavelmente, a notícia se espalhou por mensagem instantânea, e-mail e blogs.

Se os organizadores do concurso permitissem que a comunidade estabelecesse os semifinalistas, nós supomos que todos os números relacionados ao programa teriam crescido. Os participantes do concurso teriam encorajado os amigos em suas redes a votarem em seu slogan. Não havia oportunidade para comentar qualquer slogan e não se podia fazer links a slogans individuais. Embora o concurso ainda exista no site, tem um formato diferente e não exibe a história dos slogans, os semifinalistas, ou o vencedor. Ele se transformou em um novo concurso.

3. Espalhe Firefox

Firefox é o browser gratuito que foi desenvolvido e é mantido por um grupo de programadores voluntários de todo o mundo. A organização sem fins lucrativos por trás do browser, a Mozilla Foundation, lançou uma campanha em dezembro de 2005 para promover a última versão do browser. Encorajava os fãs com webcams a gravar um breve testemunho do browser ou, se eles quisessem, criar uma propaganda mais elaborada de 30 segundos para o browser. Os funcionários do Mozilla escolheram os vencedores do testemunho feito com webcam. Um júri de representantes de agências de propaganda de Hollywood e da televisão determinaria os vencedores da propaganda de 30 segundos. O vencedor do testemunho receberia um vale-presente da *Amazon.com* no valor de 500 dólares. Os vencedores do concurso de propaganda de 30 segundos receberiam os melhores prêmios, como um vale-presente no valor de 5 mil dólares e alguns eletrônicos.

A Mozilla recebeu seiscentos testemunhos de webcam de 41 países diferentes. Para o concurso de propaganda, recebeu 280 inscrições. Downloads do browser foram de 100 em outubro de 2005 para 200 milhões em julho de 2006. As inscrições de testemunhos de webcam incluíam uma letra de música, cantada pelo compositor: "Firefox, I like to use you on my box. Oh, Firefox, you really rock". As inscrições para o concurso de 30 segundos incluíam um número influenciado por rap: "Made by Mozzila, it's the pop-up killa. All the other browsers are just plain vanilla". A entidade sem fins lucrativos por trás do Firefox tinha construído uma comunidade democrática de fãs desde a introdução do browser em novembro de 2004. Denominaram a comunidade de "Spread Firefox", e no final de 2005, ela tinha chegado a 100 mil membros registrados. Abrangia em grande parte homens jovens que entendiam de tecnologia e trabalhavam em colaboração para comercializar o browser no mundo. A comunidade SpreadFirefox era tão animada que levantou 250 mil dólares para apresentar o Firefox em um anúncio de duas páginas no jornal *New York Times*. O Firefox tinha uma comunidade permanente para a qual podia comunicar concursos facilmente e solicitar a participação neles. O que não ajudava o concurso era a tecnologia que ela usava para as inscrições. Os colaboradores precisavam usar a tecnologia para criar e apresentar o trabalho, e dos seiscentos apresentados, apenas 320 eram utilizáveis. Asa Dotzler, que trabalhou na campanha para o Mozilla, disse que o aplicativo customizado da Web criado por eles era complicado demais e causava problemas de gravação de som aos colaboradores. No entanto, a Mozilla diz que está feliz com os resultados.

4. "The Rock"

Em abril de 2006, a estação de rádio da cidade de Kansas, 98,9 FM, "The Rock", pediu que os ouvintes criassem e apresentassem um comercial de TV em nome da estação de rádio. Os ouvintes apresentaram 360 trabalhos que mostravam todos os tipos de bebês, avós e cabeludos. Os comerciais não eram bonitos, mas era isso mesmo que importava. Embora a estação encorajasse os ouvintes a votar em seus favoritos, ela mesma decidiu quem seria o vencedor: uma propaganda que mostrava dois concorrentes que competiam em uma variedade de eventos esportivos com sacos sobre a cabeça. O primeiro saco dizia: "98,9 The Rock". O segundo: "Outras Estações de Rádio". Como você pode adivinhar, o cara das Outras Estações de Rádio perde todas as competições. A estação deu o grande prêmio de 20 mil aos três adolescentes produtores do filme. O concurso gerou muito interesse e atenção da imprensa na cidade de Kansas.

Depois de dar o grande prêmio, a estação retirou todos os vídeos que competiram do seu site. As centenas de links e vídeos do concurso desapareceram. Isso é ruim, porque o concurso criado por cidadãos pode gerar "buxixo" indefinidamente. O trabalho de ouvintes poderia ser considerado um totem de sua fidelidade e criatividade, mas a estação removeu inexplicavelmente os totens. Se a experiência da estação The Rock nos ensina alguma coisa, é que se deve manter o conteúdo criado por cidadãos on-line. Armazenar é barato, e o Google tem uma memória enorme.

5. Wal-Mart

A época da volta às aulas é importante para os varejistas, principalmente o maior de todos: Wal-Mart. Para promover suas roupas aos adolescentes na volta às aulas, a empresa lançou o concurso "School Your Way" em julho de 2006. Era um site de rede pseudossocial como MySpace, mas se restringia a adolescentes de 13 a 18 anos. Eles foram encorajados a criar um vídeo ou página personalizada "para discutir, ilustrar, expressar sua individualidade [e] como ela se reflete em seu estilo pessoal, gosto por moda/acessórios, interesses, atividades etc., e a considerar como o Wal-Mart ajuda a apoiar seu estilo e expressão pessoal através da profundidade e da amplitude de produtos que o Wal-Mart oferece". O grande prêmio seria mostrado em um comercial da TV Wal-Mart ou receberia eletrônicos Sony ou uma viagem para duas pessoas, para Los Angeles. O Wal-Mart pré-carregou o site com três páginas pessoais e três vídeos que tiveram script e produção profissionais.

O concurso foi lançado em julho de 2006 e as inscrições fecharam menos de um mês depois. As regras do concurso eram 6 mil palavras, ou cerca de 12 páginas impressas. Durante o período do concurso, 677 áreas pessoais foram criadas e aproximadamente cinco vídeos foram criados. (O site não forneceu meio de ver todos os vídeos produzidos, então o número é uma aproximação baseada em ver 130 páginas aleatoriamente.) Verificamos que esse vídeo criado por um usuário não seria apresentado. "School Your Way" foi a primeira tentativa do Wal-Mart de criar comunidade, mas a empresa tornou a participação pequena e restrita. O Wal-Mart é uma empresa controversa, e sua postura de "preços baixos" sempre foi sua marca registrada; a pouca inspiração que cerca o Wal-Mart é um desafio para os profissionais de marketing da empresa.

Como uma imitação barata do MySpace, "School Your Way" fracassou porque o período de concurso foi curto demais e as limitações do design do site impediam qualquer sociabilidade. Não era possível fazer links. Era praticamente impossível encontrar os membros. A linguagem escrita e a natureza geral dos garotos que apareciam no site antes do concurso eram inautênticas. *Advertising Age* disse que o site "prova como é chatíssimo tentar ser bacana". Dois garotos entrevistados pela revista não classificaram bem o site. "Alguns dos garotos pareciam estar tentando ser superbacanas, mas eles não eram, eram esquisitos", disse Amy Kandel, 14, de Columbus, Ohio. Pete Hughes, 18, também não se impressionou: "São garotos de verdade? Me pareceu meio clichê".

Grupos de pesquisa relataram terem recebido feedback cada vez pior de meninas adolescentes sobre o Wal-Mart, em contraste com a Target, principalmente sobre a clara falta de limpeza da loja, o layout confuso e a falta de roupas de estilo. Com essas informações, é surpresa a falta de interesse pelo concurso?

Criação conjunta

Quando uma empresa "cria conjuntamente", ela envolve clientes em uma parceria para produzir um produto ou serviço. Quanto mais ela envolve clientes no processo de produção, mais eles sentirão sua participação no sucesso do produto e da empresa. A criação conjunta pode ser simples — como personalizar um rótulo de produto, como faz a Jones Soda, pequena, mas popular em Seattle, e a Blowfly Beer na Austrália — até complexa — como fazer os clientes desenharem o produto, a exemplo da Threadless. Vamos ver alguns exemplos de empresas que têm produtos criados em colaboração com *citizen marketers*.

1. "Hips Don't Lie"

Se alguém passar 30 minutos entre vários vídeos amadores do YouTube, notará as pessoas adoram criar vídeos de música, de preferência na frente de uma webcam, dublando um sucesso musical favorito ou dançando. O YouTube está repleto de imitações como homenagem. De que outra forma explicar a idéia bastante óbvia, apesar de brilhante, da Epic Records de pedir a fãs da cantora Shakira, nascida na Colômbia, para apresentarem videoclips curtos, em que ficam rebolando, para incluí-los em um vídeo musical só de fãs da canção: "Hips Don't Lie"? Foi o que a Epic fez em 2006, e cerca de 10 mil fãs aceitaram a oferta. Depois de selecionar os trabalhos, a gravadora criou um vídeo mashup que dava um zoom no primeiro lugar, no Yahoo Music. O vídeo das fãs foi visto mais de 1 milhão de vezes nas primeiras semanas de seu lançamento.

Esta é uma parte da história. A outra parte é que quando o álbum de Shakira, *Oral Fixation Vol.2* foi lançado em novembro de 2005, ele emperrou. "Hips Don't Lie" não fazia parte do lançamento original, por isso a Epic lançou-o de novo em março de 2006, com "Hips Don't Lie". Os ouvintes adoraram a música. O vídeo com fãs certamente acendeu o interesse pelo álbum. Depois de seu relançamento, *Oral Fixation Vol. 2* vendeu 1 milhão de cópias nos Estados Unidos e ganhou o disco de ouro em 14 países (o número de vendas para alcançar o disco de ouro varia de um país para outro). "Hips Don't Lie" foi a música número um em downloads no iTunes durante várias semanas em 2006 e o sucesso número um no *Billboard* Hot 100 [Parada de Sucesso]. Acabou se tornando a música pop mais tocada na história da rádio americana: 9,637 vezes por semana. É uma das poucas músicas da história a alcançar o primeiro lugar em quase todos os países do mundo.

Há uma correlação entre o mashup de vídeo das fãs e o sucesso do álbum? Um sucesso é um sucesso, mas criar um vídeo só de fãs (havia outro que só tinha a Shakira) foi um reflexo natural do que já estava acontecendo na cultura do conteúdo cidadão. A Epic forneceu aos fãs outro fórum para o que muitos deles já estavam fazendo, e ele acabou se tornando um favorito.

2. "De Espantar!"

The Beastie Boys têm uma história de combinar coisas desde que começaram a fazer rap para seu funk punk-rock original, em 1979, incluindo postar uma trilha à capela das músicas da banda em seu site e encorajar os fãs a fazerem uma gravação deles para os próprios mashups. Quando a banda quis comemorar seu show de outubro de 2004 em Madison Square Garden, eles o misturaram novamente. The Beasties pediram aos fãs para filmar o show a fim de que eles pudessem usar a filmagem e criar um filme do show.

A banda deu cinqüenta câmeras de vídeo aos fãs e instruiu-os para filmarem o que quisessem, contanto que o fizessem com paixão. Os editores levaram um ano inteiro para combinarem 100 horas de material, inclusive fãs dublando, rodadas de cerveja e idas ao banheiro. Eles chamaram o filme de *Awesome: I Fuckin'Shot That* (sim, este é o verdadeiro nome), e estreou no Sundance Film Festival de 2006, recebendo críticas, na maioria, positivas. A BBC disse ser "direto, intoxicante e quase tão bom quanto estar lá". "O que eu gostei realmente no filme é que as pessoas o filmaram", disse Adam Yauch, membro da banda e diretor do filme. "Esta é a essência do hiphop ou do punk. Não é uma coisa como 'essas pessoas o fizeram'. Todos nós o fizemos juntos."

3. The Vespa Way

O Piaggio Group é a fabricante italiana das motos Vespa. De sua pesquisa, sabia que 65% dos compradores potenciais de scooters visitam o site da Vespa, Estados Unidos. Mas eles também descobriram que 56% de seus clientes potenciais visitavam outros sites para verem o que as pessoas estavam dizendo sobre as scooters. Entendendo claramente a influência que os donos da Vespa poderiam exercer, Piaggio pediu a dois de seus clientes evangelistas para fazerem um blog de suas experiências como donos de Vespa. Lançou e patrocinou o blog Vespaway, uma alternativa a um blog corporativo, mas os bloggers fazem o trabalho de graça. Eles estão livres para postar o que quiserem, e sua remuneração são mercadorias da Vespa e convites para eventos da empresa. Os posts no blog de clientes discutem milhagem da Vespa, um relato sobre uma feira nacional de Vespa, e como transformar os painéis de plástico vermelho na traseira da Vespa em refletores que funcionam.

Piaggio vê o blog Vespaway como uma extensão dos tradicionais clubes de scooter, em que entusiastas dos veículos se reúnem para discutir e trocar idéias, diz Paolo Timoni, diretor executivo do Piaggio, Estados Unidos. "Este novo blog é a maneira de se fazer isso hoje em dia", disse ele.

4. Mindstorm da Lego

A Lego, com sede na Dinamarca, é uma gigante em pequenos brinquedos de blocos de plástico para crianças, mas seu produto Mindstorms tem fãs de todas as idades. A Lego Mindstorms combina blocos programáveis com motores eletrônicos, sensores, tijolos de plástico e outras peças Lego para construir robôs. A empresa buscou grupos de usuários Lego on-line e sites e entrou em contato com quatro clientes "experts" para ajudá-la a desenhar a próxima geração de produtos do zero. Durante 11 meses, esses quatro clientes praticamente trabalharam junto com os engenheiros da empresa, trocando muitos e-mails cheios de idéias de novos sensores, redesenhando portas de entrada e estabilizadores. O pagamento dos clientes por todo esse trabalho? Alguns conjuntos com guindaste da Lego e protótipos do Mindstorms. Os clientes até pagaram suas passagens até a sede da Lego na Dinamarca. "O que nós quatro comentávamos era: 'Eles vão conversar com a gente sobre Legos, e vão nos pagar com Legos?'", disse Steve Hassenplug, um dos clientes de Lafayette, Indiana. "'Eles querem realmente nossa opinião?' Não pode existir nada melhor que isto."

Comunidade

As empresas que criam as próprias comunidades estão democratizando os seus call-centers. Distribuem conhecimento a um número maior de pessoas. Pegam o que tem sido um sistema de resolução altamente estruturado e sistematizado e o abrem para as massas. Se uma empresa tem sorte, a comunidade fará uma invasão com entusiasmo e a inserirá em uma Wikipedia vertical de conhecimento. Se isso acontece, então uma empresa criou dois ativos reais tangíveis: uma maior base de conhecimento e um banco de dados identificável de cidadãos-proprietários.

Os acadêmicos que estudam comunidades on-line dizem que sua dinâmica não é diferente da de comunidades do mundo real. Os sociólogos dizem que há três componentes essenciais para se entender a dinâmica da comunidade:

1. Consciência de classe. É essa noção intrínseca de ser "um nova-iorquino" e não como as pessoas em Los Angeles ou Lisboa. Quando os dois Jakes se encontraram em Dreamless, foi uma parceria natural porque a consciência de classe da comunidade estava bem-desenvolvida.

2. Rituais e tradições partilhados. Nova York é rica em tradições, como a Parada do Dia de Ação de Graças feita pela Macy's e a Maratona de Nova York. Esses são dois eventos espetaculares, mas os arredores de Nova York também são ricos em tradições, paradas e festas. Na Threadless, os dois Jakes lançam um novo lote de camisetas criadas pela comunidade toda semana.

3. Uma noção de responsabilidade moral para com a comunidade. Ao ler centenas de comentários sobre designs de camisetas na Threadless, descobrimos uma comunidade que apóia o trabalho de seus designers. As críticas dos modelos são diretas, mas geralmente não têm a intenção de magoar. Em contraste, a comunidade anticonvencional do Digg pode provocar, ridicularizar e insultar. Um pouco parecido com uma luta de boxe profissional. Não é para todos, mas a comunidade Threadless também não é para todos.

Veja como outras empresas têm democratizado suas comunidades, o que fomentou o desenvolvimento, e os primeiros resultados a que chegaram.

1. Discovery Education

Durante cerca de dez anos, videocassetes e VCRs imperaram. Os VCRs estavam em cerca de 90% de todos os lares americanos, e as lojas Blockbuster fizeram um negócio de arrasar com aluguéis de fitas de vídeo. O surgimento do videocassete teve um grande efeito nas escolas, também, na medida em que VCRs substituíram filmes e películas inconfiáveis.

Os anos de glória dos VCRs foram freqüentemente burocráticos para os professores. Se um professor quisesse comemorar o Dia dos Veteranos mostrando um vídeo do ataque de surpresa a Pearl Harbor, em 1941, ele teria que preencher um formulário requisitando uma fita e encaminhá-lo ao "centro de mídia" (ou ao distrito escolar) da escola com dias ou semanas de antecedência. Um funcionário do centro de mídia procurava a fita entre milhares de títulos e a despachava, junto com dezenas de outras fitas em uma van para um motorista atravessar a cidade e levá-las até a escola. É muito trabalho para uma fita.

No início de 2001, mais de 90% de todas as escolas americanas, da pré-escola ao ensino fundamental completo, tinham acesso à Internet. Agora, centenas de milhares de professores americanos podem fazer download de vídeoclips digitais de empresas como a Discovery Education em minutos e arrastá-los para um arquivo PowerPoint.

A Discovery Education tem uma boa parte deste mercado. (É uma divisão da Discovery Communications, que tem as ofertas do Discovery Channel, a cabo, Animal Planet e Travel Channel, entre outros.) Atende a 70 mil escolas nos Estados Unidos com um produto de vídeo sob demanda chamado contínuo. Se uma professora de história da sexta série quer dar uma aula sobre Pearl Harbor, ela pode escolher entre 178 video clips, 25 fotos, 45 artigos, e dois questionários do banco de dados da unitedstreaming e usar tantos deles quantos quiser, sempre que quiser.

Enquanto a Discovery tinha a liderança do mercado, lutou com um problema persistente: níveis de uso de unitedstreaming em alguns distritos escolares eram mais baixos do que o esperado. O uso é uma medida-chave. Os distritos têm pouco interesse em pagar por uma coisa que não é amplamente usada. Embora alguns professores ainda estivessem se acostumando a usar PCs, a pesquisa do Discovery constatou que muitos deles não sabiam que o unitedstreaming já estava disponível em sua escola. Coni Rechner estava na empresa desde a concepção do produto e notou como alguns professores apresentavam seus próprios unitedstreaming workshops em conferências, ou explicavam os benefícios do produto aos administradores distritais, ou o demonstravam aos pais. Eles eram os evangelistas e *citizen marketers* do produto.

Aquilo fez Rechner pensar: construir um programa em torno do evangelismo dos professores. Ela chamou-o de Discovery Education Network, e ele une educadores que acreditam na mídia digital como uma ferramenta de ensino. A DEN dá aos *citizen marketers* do unitedstreaming as ferramentas para ajudá-los a treinar outros educadores sobre tecnologias instrucionais, e não apenas o produto. "Meu objetivo era construir uma lista desses evangelistas", Rechner relembra. "Eu queria imaginar como poderíamos apoiá-los com ferramentas e também receber a colaboração deles para desenvolver o produto."

Para construir o programa, Rechner contratou trinta educadores dos Estados Unidos que eram evangelistas do unitedstreaming. Os trinta educadores abandonaram o ensino para se tornar funcionários do Discovery em tempo integral. A missão deles era espalhar a notícia sobre a DEN e recrutar professores para se unirem à rede.

Como Chuck Taylor, eles não foram contratados como representantes para atingir as metas de vendas, mas como formadores da comunidade. A comunidade seria reunida sob um site guarda-chuva com um arranjo de mídia social. Os professores que aderem à rede são estimulados a contribuir com conteúdo para ela, como os próprios arquivos de PowerPoint que eles usam em sala de aula. Os educadores parecem estar inspirados com as trocas na comunidade. "Fiz amizade com outros educadores que partilham, sem strings* anexados, porque acreditam [em] atingir todos os alunos e que todos esses alunos devem experimentar o melhor que a educação tem a oferecer", disse Susan Little, professora de terceira série em Palmetto Elementary, Fontana, Califórnia. Outras ferramentas como um fórum de discussão e calendário de eventos, fornecem uma estrutura para os treinamentos não estruturados de unitedstreaming observados anteriormente por Rechner. Os membros da DEN trocavam idéias e experiências nos blogs fornecidos pela DEN. Quase todo o conteúdo é criado e sintetizado pela comunidade.

Um ano depois do lançamento da DEN, o uso de unitestreaming aumentou 114%, e os professores que eram membros da DEN usaram o produto duas vezes tanto quanto os professores que não pertenciam à DEN. Os índices de uso em escolas com um membro DEN eram 2,5 vezes mais altos que nas escolas que não tinham a rede. Mais de 130 mil educadores participaram de eventos de treinamento face-a-face oferecidos por professores. Os professores fizeram upload de quase 2 mil de seus recursos de ensino para partilhar com outros professores. Finalmente, as renovações de unitedstreaming saltaram de 82% para 99%.

A DEN representava um número dos primeiros usuários da Discovery Communications. A primeira divisão a ter um blog. A primeira divisão a ter um fórum democratizado on-line. O presidente da Discovery Education, Steve Sidel, imagina o modelo comunitário se inserindo em outras partes da corporação. Ele imagina que as lojas Discovery poderiam ser locais para os membros da DEN se reunirem para uma leitura e um café. Os professores poderiam fornecer conteúdo para programas da rede, principalmente o Discovery Channel e o Learning Channel. "Para o Discovery Education, eu vejo a DEN como uma parte crítica de nossa estratégia em tudo o que fazemos, desde o maternal até o ensino fundamental, ao ensino médio, à educação continuada, aprendizagem recreacional, nos Estados Unidos e em todo o mundo. E isto é bastante."

Como o executivo responsável pela DEN, Sidel responde pelo mapeamento das águas inexploradas da comunidade construída para o Discovery. Como sua divisão vende conteúdo de dezenas de países além dos Estados Unidos, ele começou a pensar, por exemplo, sobre o futuro de professores em Indiana colaborando com profes-

---

* String são seqüências de camadas que programam o moldem para determinadas funções (N.E.).

sores na Índia. "Para a DEN, *não* se tornar um empreendimento internacional, isso seria estranho", ele nos disse. "Ela será um empreendimento internacional. Para a DEN, limitar-se artificialmente a um conjunto de professores seria estranho. Tampouco será limitada artificialmente. Na medida em que se pode criar comunidades engajadas e o resultado dessa comunidade é poder oferecer coisas ao mundo que o torne um lugar melhor, eu voto em mais, e não menos, membros da comunidade."

2. Quickbooks Community

Um dia, enquanto ouvia às chamadas telefônicas para o centro de atendimento ao cliente da Intuit, Scott K. Wilder percebeu que os funcionários do call-center de sua empresa nunca davam conta da variedade e dos tipos de perguntas que eram feitas pelos clientes, de tantos setores especializados. Para que o QuickBooks, o produto de software contábil da empresa, desenvolvesse um profundo conhecimento dos negócios variados de seus clientes, então a Intuit precisaria de um fórum para clientes, para que eles partilhassem seus conhecimentos on-line. Um conhecimento mais aprofundado permitiria um suporte melhor.

Com a ajuda de um contratado, Wilder lançou a QuickBooks Community em 2005, como um projeto de baixo perfil. Era um fórum para os 3,4 milhões de usuários de QuickBooks — desde o novato ao contador experiente — para trocarem idéias, fazerem perguntas e fornecerem apoio a colegas.

Wilder dividiu a comunidade em 61 fóruns diferentes, classificados por setor (como escritórios de advocacia, restaurantes), tarefas (como estoque, folha de pagamento), produtos (como soluções de empreendimento, edição on-line), país e questões de negócio. As pessoas que costumavam trabalhar no call-center agora moderavam os fóruns. Os funcionários do QuickBooks mantêm uma série de blogs, inclusive um que coleta e organiza feedback da comunidade para o grupo de desenvolvimento de produto. Depois de um ano, a QuickBooks Community tinha 70 mil membros registrados e estava recebendo 100 mil visitas por mês. Centenas de mudanças significativas aos produtos QuickBooks foram feitas com base diretamente no feedback da comunidade. As mudanças são detalhadas no site, em uma seção chamada "Better Because of You".

3. Channel 9

Quando uma empresa costuma ser chamada de "The Evil Empire", e o seu fundador, de "Gates from Hell", como amenizar tal percepção?

A idéia da Microsoft era criar uma comunidade na Web. Em 2004 é lançado o Channel 9, no *channel9.msdn.com*. Com o nome tirado do canal interno de vôo nos Estados Unidos, que permite aos passageiros ouvir o que os pilotos estão dizendo no cockpit, o Channel 9 existe fora dos grupos de marketing e produto, e de relações públicas da empresa. É dirigido pelo que a empresa chama de seu grupo "de evangelismo de plataforma", e o Channel 9 é o esforço da Microsoft para deixar muitos milhares de desenvolvedores independentes que contam com tecnologias da Microsoft criarem os próprios produtos de software no cockpit da empresa. É a abordagem antiimperialista.

O acesso inclui centenas de entrevistas em vídeo que os membros da equipe do Channel 9 têm conduzido com desenvolvedores da Microsoft, gerentes de produto e executivos sobre a empresa e seus produtos. As entrevistas em vídeo mostram claramente e até contam com um amadorismo intencional. A câmera treme, a iluminação não é uniforme, e as entrevistas parecem, freqüentemente, mais uma discussão. Os vídeos mais populares demonstram futuras versões de produtos como FoxPro e componentes do Office. Um dos vídeos mais vistos mostra por que o CEO Steve Ballmer adora "desenvolvedores, desenvolvedores, desenvolvedores". Outros segmentos do Channel 9 viraram um fórum no qual os desenvolvedores conversam sobre notícias e idéias sobre software. Um wiki anexado, um site que permite facilmente que as pessoas o modifiquem, agrega feedback e facilita a colaboração.

Depois de dois anos on-line, o Channel 9 atraiu 36 mil desenvolvedores que se tornaram membros oficiais. Esses desenvolvedores criaram mais de 200 mil peças de conteúdo enquanto os funcionários da Microsoft criaram 1.325 itens de conteúdo, consistindo de vídeos, podcasts e screencasts. O Channel 9 atrai muitos espectadores; em julho de 2006, estava recebendo 4,5 visitas por mês.

Jeff Sandquist é um dos fundadores do Channel 9. Ele diz que chamar o site de "comunidade" não explica muito bem sua missão. "Gosto de pensar que o objetivo final para sites como o Channel 9 é ter alguma coisa que lembre um festival de música. Se alguém vai a um festival de música como Bumbershoot ou Farm Aid, o que nota de imediato é que com freqüência os aspectos mais importantes do evento nem sempre estão acontecendo no palco principal. As pessoas que estão presentes e as coisas que elas fazem freqüentemente são mais interessantes que os artistas no palco. É issso o que desejamos criar com o Channel 9. Sonhamos com um dia em que a participação de nossos membros irá rivalizar ou superar o conteúdo do palco principal."

O que a Threadless estabeleceu logo no primeiro dia como empresa, e o que a Microsoft, a Intuit e a Discovery desejam atingir é estabelecer uma *comunidade como core competency*. Um artigo de 1990 na revista *Harvard Business Review* foi o primeiro a propor a idéia de uma core competency como "uma área de experiência especializada que resulta dos fluxos complexos harmonizadores de tecnologia e atividade de trabalho". Os autores Gary Hamel e C. K. Prahalad o chamaram de as três ou quatro coisas fundamentais que uma empresa faz excepcionalmente melhor que seus concorrentes. Harmonizar fluxos complexos de tecnologia e atividade descreve facilmente os sustentáculos de uma comunidade que tanto está criando quanto está consumindo conteúdo. A comunidade é uma core competency para a Harley-Davidson. Cerca de 600 mil de seus clientes são membros de Harley Owners Groups (ou HOGS, como eles gostam de dizer). Os membros estão espalhados por 1.200 clubes em cem países e eles se reúnem regularmente para passeios coletivos. A Harley apóia o grupo com informações e facilitação de comunidades.

Desenvolver uma comunidade como core competency não significa que uma empresa tenha que começar com programas como aqueles da Harley-Davidson, Microsoft, Intuit ou Discovery. Criar um fórum democratizado pode começar simplesmente com um blog, como a Dell fez depois que os clientes exigiram que a empresa estabelecesse um diálogo com eles. Um blog fornece feedback qualitativo imediato e direto. É um meme que "pega".

O crescimento, a popularidade e a influência cultural das redes sociais do YouTube e MySpace têm sublinhado o potencial estratégico para a comunidade ser uma core competency. Uma rede é tão forte quanto seus membros, e os membros relutam em ajudar um organizador da rede desorientado. Os CEOs devem definir as core competencies e responsabilizar suas organizações (e a si mesmos) por seu sucesso. Como vimos com a Discovery, a Intuit e a Microsoft, desenvolver comunidade como core competency dentro de empresas estabelecidas pode ser e talvez deva ser a intenção de um projeto de pesquisa sigiloso, mas feito com a aprovação e o apoio do CEO.

Que os filmes sejam feitos é um milagre.

Samuel L. Jackson, um ator que seguramente gerava lucro, concordou em estrelar em um filme chamado *Snakes on a Plane* [Serpentes em um avião]. Ele adorou o título, mas, ironicamente, o estúdio não encontrou muitos outros atores interessados no script por causa do título. David R. Ellis acabou dirigindo o filme, mas ele também rejeitava o filme por causa do título. "Uma parte de mim dizia: 'Este é um título genial', e a outra dizia: 'Você deve estar brincando'." Até o crítico de cinema Roger Ebert satirizou publicamente o título: "Que tal este outro título: *Hand Down the Garbage Disposal*" [Passe o triturador de lixo].

Então o estúdio mudou-o para *Pacific Air Flight 121* [Vôo 121 no Pacífico]. Jackson se animou. "Eu sabia que ia fazer o filme quando vi o título", disse Jackson, que faz o papel de agente do FBI protegendo uma testemunha contra o crime organizado durante um vôo transcontinental. É claro que as coisas dão errado quando o crime organizado tenta eliminar a testemunha com serpentes venenosas. "Acho que tenho a sensibilidade do público e o título já diz tudo. Ou se aceita ou não. [A New Line] queria chamá-lo de *Pacific Air 121*. Eu lhes disse que era a coisa mais estúpida que eu já tinha ouvido." Mudaram de novo para *Snakes on a Plane*.

Filmando para 18 de agosto de 2006, o lançamento estava programado para o verão de 2005. Mas quando chegou o fim do ano, um "buxixo" sobre *Snakes on a Plane* começou a se espalhar. Com a imaginação alimentada por um roteiro com um meme perfeito — serpentes em um avião — os fãs de cinema se tornaram *citizen marketers*. Eles começaram a criar trailers de filme, cartazes, blogs, camisetas, poemas e músicas. A letra de uma música indagava o que grande parte de Hollywood queria saber: "É preciso haver muito mais do que isso/ Este não pode ser um filme; não, é estúpido demais/ Snakes on a Plane!" Ficou tão conhecido que os fãs deram a ele uma abreviatura: SoaP.

No Flickr, os fãs postaram centenas de fotos de cenas imaginárias e refrões do título. Lá, "Snakes on a BBQ" e "Snakes on a pug" foram alguns dos preferidos. Alguns meses mais tarde, a Technorati tinha mais de 21 mil posts de blog sobre o filme, enquanto o Google encontrou cerca de 6 bilhões de citações. Logo se tornou uma expressão do tipo "É a vida" ou "Acontece". Em *CafePress.com*, onde qualquer um pode criar e vender roupas e outras mercadorias, os fãs criaram várias centenas de camisetas do SoaP; com as várias combinações possíveis do CafePress, eles criaram mais de 6 mil produtos ao todo. Os fãs criaram trailers de filme e o postaram no YouTube. Muitos parecem ser trailers reais, inclusive o "O trailer a seguir foi aprovado para TODAS AS IDADES" e o logotipo do New Line Cinema. Eles emprestaram trechos de filmes de aviões e cenas de Jackson em outros filmes para criarem um roteiro do SoaP.

Brian Finkelstein estava no meio de fãs exaltados. Brian, de 26 anos, estudava em Georgetown University Law School durante o dia e passava algumas horas por noite classificando e documentando todas as criações de conteúdo amador. (Finkelstein foi quem documentou o técnico da Comcast dormindo, mencionado no capítulo 6.) Num impulso, ele lançou Snakes on a Blog. Seu primeiro post:

> Alguns de vocês se conhecem, outros podem não se conhecer, mas eu estou apelando para todos os seus poderes juntos porque tenho um objetivo que não

posso atingir sozinho. É um objetivo de proporções tão ousadas que só de pensar em atingi-lo me faz tremer em meu apartamento escuro. Está me deixando acordado à noite. Meu objetivo, minha busca, é ser convidado para a estréia do filme destinado a mudar o mundo. Um filme de tal escopo e admiração que basta ler o título para entender tudo o que você precisa saber sobre o filme. O fato de Samuel L. Jackson estar estrelando é secundário ao título mágico. Eu quero ir à estréia badalada de Hollywood de *Snakes on a Plane*.

Quase imediatamente, os fãs começaram a mandar e-mails para Finkelstein com seus trabalhos de criação, que ele publicava metodicamente. As pessoas enviavam animações de desenhos do SoaP, poemas, canções originais, trailers de filmes, e até um quebra-cabeças inspirado em Sudoku. A atenção dele a detalhes, inclusive a relatórios ricos em dados sobre quantas pessoas estavam envolvidas com seu site, despertou seu interesse. Logo ele estava recebendo 10 mil visitas por dia, e este se tornou o site de fato, do filme. O pequeno apartamento de Finkelstein em Washington, D. C., encheu-se rapidamente de arte criada pelos fãs. A New Line mandou-lhe uma caixa gigante de cartazes do SoaP, a maioria dos quais ele distribuiu para os leitores do blog.

Conhecemos Finkelstein em seu apartamento perto da seção de Georgetown do D. C. Ele cresceu em Westchester County, Nova York, e formou-se em Tufts University, antes de se matricular em Georgetown University. Sua única experiência em cinema, além de assistir a filmes, era fazendo design de sites para algumas salas em Boston. Não fomos as primeiras pessoas a perguntar sobre o trabalho dele; três equipes de TV tinham ido lá nas últimas semanas.

"Todos que tiveram a experiência de ouvir o título e que se tornaram apaixonados por ele querem encontrar uma forma de se envolver", disse ele. "Algumas pessoas fazem camisetas, outras fazem músicas, e algumas desenham cartazes". Sete meses depois de seu lançamento, o blog tinha atraído um total de 915 mil visitas, que respondiam por 3 milhões de visitas à página. O site dele tinha 1,29 terabytes de dados realizando 47 milhões de solicitações de fotos, ícones, músicas e arquivos de filme que ele tinha feito por upload. Ele postou 365 histórias (cerca de duas por dia). Mais de 4.288 comentários foram postados, e 8.360 outros blogs e sites linkados ao dele.

Por que Finkelstein se ofereceu voluntariamente para catalogar o "buxixo" sobre o filme? "Achei que seria divertido. Eu diria, sem dúvida, que é um hobby." Ele está surpreso com toda a atenção que o blog recebeu? "Todo evento ou fenômeno cultural que acontece on-line tem um ponto central. Não precisa necessariamente ser alguma coisa que teve a intenção de ser o ponto central. Precisa ser alguma coisa que une as pessoas. Então, nesse sentido não é surpreendente. Mas por ter acontecido comigo é um pouco surpreendente. Não há motivo para eu ser o ponto central. Mas, que seja."

Perguntamos como a New Line reagiu ao trabalho dele: "Eles ligaram bastante no começo, para dizer que sabiam o que estava acontecendo on-line. Endossaram e ficaram entusiasmados com isso. Mas queriam ficar afastados porque sabiam que assim que se envolvessem, ou mostrassem uma mão pesada controlando o que estava acontecendo, as pessoas perderiam o interesse pelo filme. Disseram algo como: 'Oi, como vai? Não vamos processá-lo. Continue. Mas você está fazendo isso por sua conta'."

Trabalhar no blog SoaP tem sido instrutivo para o estudante de direito Finkelstein. "Aprendemos que há uma quantidade surpreendente de talento e energia sobre as coisas em que as pessoas não estão envolvidas, se você lhes dá chance para isso. Eu fiz uma página na rede; não é grande coisa. Mas as pessoas estão fazendo músicas e vídeos e dedicando muito mais tempo a isso do que provavelmente eu faria. Acho isso surpreendente." Ele brinca que também aprendeu que "às vezes estúdios de filme não processam as pessoas quando elas estão se apropriando de suas imagens. Infringir direitos autorais nem sempre precisa ser uma coisa ruim".

Não precisa ser, mas alguns comerciantes de mídia não estão convencidos disso. Finkelstein cita ameaças legais contra fãs de Harry Potter, Guerra nas Estrelas e todo tipo de grupo musical. "Eu alegaria que é um erro ir atrás de seus fãs", diz ele. "A base de fãs são as pessoas que estão lhe dando dinheiro. Queria ver essa atitude de ver os fãs como o inimigo mudar."

Fanáticos por Guerra nas Estrelas e franquias Star Trek criaram os próprios produtos derivados daqueles programas durante anos, aumentando sua mitologia e afiliação. O fenômeno SoaP ilustra o potencial de conteúdo criado por fãs *antes* do lançamento de um filme ou produto. A New Line ainda tinha de começar o marketing do filme quando os fãs se envolveram. A New Line negou-se a falar com a imprensa sobre o trabalho dos fãs. O estúdio percebeu que, caso se envolvesse na publicidade, "o tom orgânico, espontâneo desapareceria", disse Finkelstein. Foi o trabalho de fãs e o blog de Finkelstein que impulsionaram a história para os braços dos tradicionais veículos de mídia de via única. Sem qualquer pessoa da New Line para conversar sobre o filme, os veículos de mídia da maioria dos importantes jornais, redes e da Associated Press voltaram-se para Finkelstein. "Aprendi a dar entrevistas para a televisão", diz ele.

O que distinguia o SoaP de outros filmes era o feedback precoce de fãs do filme altamente interessados, selecionados por si mesmos. Ellis e o New Line Cinema souberam disso e ficaram atentos. Os fãs esperavam violência, mordidas de cobra em detalhes, e muita profanidade de Jackson. Uma frase criada por um fã era repetida sem parar por outros fãs: "Eu já estou cheio dessas cobras filhas da p--- neste avião filho da p---!" A frase acabou aparecendo em camisetas criadas por um fã e em criações dos fãs. Jon Stewart, em *The Daily Show*, da Comedy Central, usou-a repetidamente depois de vê-la na Internet.

O filme, porém, já tinha terminado a fotografia principal. Ele foi classificado como livre, mas recomendado para maiores de 13 anos. "Eles restringiram meu xingamento e restringiram o sangue", disse Jackson. "Foi uma perda de tempo". Então, no início de 2006, os cineastas refilmaram partes do filme para incorporar as idéias dos fãs. "Tivemos sorte", diz Ellis. "Tivemos a capacidade de ouvir o público antes de terminar, então pudemos oferecer exatamente o que eles sonharam." Aumentaram o número de cobras e de mortes. Acrescentaram mais nudez e, para a gratificação dos fãs de Jackson, mais xingamentos, inclusive a frase exata de exclamações que os fãs adoravam. Como Jackson disse à revista *Time*, "É difícil me ver em um filme e não me ouvir dizer 'filho da p---' nem uma vez".

Ver que os fãs assumiramm a autoria do filme um ano antes de seu lançamento convenceu Ellis de que a contribuição deles era válida. Quando ele regravou as partes do filme para incorporar o trabalho deles, aquilo atraiu os fãs, mas iniciou um debate sobre o papel da arte e da colaboração do cidadão. Em uma coluna para a revista *Esquire*, o compositor Chuck Klosterman, da cultura pop, disse que a colaboração dos fãs tornou o SoaP "a versão wikipedia de um filme".

"Se *Snakes on a plane* é um sucesso comercial... essa marca de filmagem participativa, escolha sua própria aventura vai se tornar um modelo. E esse modelo será terrível." Terrível, ele consente, porque tentaria os cineastas a tratarem os bloggers como um focus group, resultando em filmes idiotas e impessoais. Ele alega que as decisões artísticas por consenso não funcionam melhor que dar autonomia total a uma pessoa. Então por que fazer isso?

Para reduzir o risco. Os filmes, e em um grau maior, projetos de vários milhões de dólares, contam com vários níveis de colaboração para ter sucesso. Os diretores de um filme colaboram porque não há uma fórmula para se criar um bom filme. Se existisse todo filme seria bom, se não fosse excelente. "Não tenho ego", disse Ellis, em um momento de confissão, identificando o que pode realmente ser a ameaça às pessoas que alegam que uma comunidade não pode ser artística. "É preciso ser inteligente o suficiente para colaborar com todos quando está fazendo um filme, então por que não trabalhar com as pessoas para quem você está fazendo o filme?"

John Heffernan é o roteirista do filme, e ele diz que colaborar com os fãs aprimora o processo de Hollywood. "Não existe uma única pessoa que já tenha feito um filme todo sozinha", disse ele. "A gente colabora com quem executa o desenvolvimento, colabora com os executivos do estúdio, com atores, os técnicos, seus montadores. Todo mundo tem algo a dizer. Então, se a gente vai ouvir essas pessoas, é melhor ouvir às pessoas que vão desembolsar 10 dólares e assistir ao filme." Como roteirista e, por extensão, artista, Heffernan disse que não está ameaçado por alterar um script baseado em feedback de um fã. "Seríamos tolos se não déssemos ao público o que ele quer", disse ele. "Ninguém está fazendo o filme sozinho para assistir em uma sala privada. Fazemos para pessoas as quais esperamos que gostem do filme e adorem nosso ponto de vista."

O que o SoaP pode ter demonstrado é que os grandes projetos com vários níveis de colaboração podem ter vários níveis de participação dentro e fora da entidade corporativa. "Pessoalmente, acho isso excelente", diz Jackson. "[Os fãs] salvaram o filme".

Quanto a Finkelstein, a New Line finalmente convidou-o para a estréia do filme em Hollywood. Seus meses de trabalho como *citizen marketer* o encheram de sonhos. *Snakes on a plane* foi o filme número um no fim de semana de estréia, faturando 15,3 milhões de dólares. No que só pode ser descrito como um "buxixo" crítico, algumas mídias tradicionais disseram que o fim de semana de abertura foi uma decepção. O jornal *New York Times* disse que 15,3 milhões foi "decepcionante". "A abertura morna anulou as esperanças de Hollywood", escreveu o jornal *Times*. Certamente, o que é medido como o sucesso no setor cinematográfico (mas dificilmente em qualquer outro lugar) é a bilheteria no fim de semana de estréia. Não importa que o filme número um do fim de semana de 8 a 10 de setembro de 2006 fosse *The Covenant*, que faturou 8,8 milhões de dólares, seguido por *Hollywoodland*, de Ben Affleck, com grande promoção, que rendeu 5,9 milhões. (O SoaP faturou 33 milhões de dólares depois de quatro semanas, dizem que custou 30 milhões para ser feito.) Se alguém em Hollywood ou do *Times* estava esperando que o boca-a-boca fosse a mágica para o marketing e estabelecesse recordes para o fim de semana de sua abertura, as expectativas foram altas demais. A disposição das pessoas comuns de se envolver e participar não substituirá o marketing tradicional, nem resolverá todos os problemas de marketing. É um suplemento, um estimulante. Pode mostrar a diferença entre lucro e perda, reconhecimento e obscuridade.

Por ter sido o primeiro em muitos sentidos, *Snakes on a plane* tornou-se um alvo conveniente para os céticos ameaçados por sua abertura não convencional. Os tradicionais cineastas de Hollywood aprenderam que dar participação aos fãs no resultado dos filmes eleva o boca-a-boca entre fãs criativos e bem-conectados que dirigirão os resultados da bilheteria. *Snakes* teve, justificadamente, mais sucesso que provavelmente teria; vimos o filme durante seu fim de semana de estréia e era bem aflitivo, mas de uma maneira engraçada, como *Rocky Horror*, mas sem a cantoria. O que mais nos chamou a atenção, no entanto, foi que o público adorou, principalmente quando diziam, em uníssono, a frase infame de Sam Jackson sobre as cobras filhas da p--- no avião filho da p---, e então todos riam juntos. Foi um momento especial, e todos sabiam disso.

CONCLUSÃO

Em 2006, uma adolescente que se diz "Lonelygirl15" postou um vídeo feito por ela mesma para o YouTube. Falando diretamente para a câmera, ela disse que estudava em casa, seus pais eram rigorosos e muito religiosos, e aquele amigo dela "Daniel" ajudou-a com o vídeo. Cada um de seus vídeos subseqüentes contava uma história, freqüentemente sobre ela e Daniel, que teve uma atração pela bela e inteligente "Bree", como ela se chamava. Mas Bree não estava interessada em Daniel de um modo romântico, e aquilo se tornou a base de muitos de seus vídeos esquisitos. Rapidamente, devido à sua bela aparência de estrela de cinema e à capacidade de contar histórias e falar sobre assuntos atípicos de adolescentes como o físico Richard Feynman, Lonelygirl15 tornou-se uma das estrelas amadoras do YouTube. Cada um de seus posts de vídeo foi visto centenas de milhares de vezes. Muitos posts tiveram mais de mil comentários, o que é um número notável para qualquer um que faça blog.

Ainda no início, no entanto, os céticos postaram comentários a cada vídeo, afirmando que algumas coisas não se encaixavam. Todos os vídeos dela tinham uma iluminação maravilhosa. Ela estudou em casa, mas seus pais muito rigorosos não sabiam de seu videoblogging. "Daniel" parecia passar muito tempo no quarto de Bree com a porta fechada. Alguém tinha feito a marca "Lonelygirl 15". As pessoas que enviavam e-mails para Bree diziam que nem sempre eles vinham do mesmo endereço. Ela só falava de generalidades sobre sua religião, que assumiu os tons escuros de uma seita. Além disso, tudo parecia ser profissional demais. Bree era boa demais para ser verdade.

Acontece que os céticos estavam certos. A charada foi desvendada em setembro de 2006 quando o jornal *Los Angeles Times* e, depois, o *New York Times* relataram intensamente que Lonelygirl15 na verdade era Jessica Rose, uma jovem atriz que se formou na escola de artes dramáticas e fazia parte de uma ficção inventada por roteiristas. A agência de talentos Creative Artists Agency planejou com os cineastas, que se empenharam em seguir aquela linha de ação. É difícil forjar a autenticidade, como qualquer ator lhe dirá, e o caráter natural, intuitivo da condição humana tem um nariz para farejar o que é falso, quando não nos rendemos voluntariamente à nossa descrença. Se os comentários no website do *New York Times* sobre o desmascaramento de Lonely15 indicam alguma coisa, a crítica ao engodo foi forte.

Ao longo deste livro, descrevemos os vários resultados nascidos do poder de uma única pessoa. A mídia social permite que uma pessoa lance em efeito dominó o boca-a-boca, que desperta rapidamente o interesse ou o alarme. O trabalho de maior sucesso neste novo mundo da mídia vem de um lugar de autenticidade, e não do engodo premeditado ou do marketing desonesto. Em nossa estimativa, aqueles que se dispõem a criar "vídeos virais" enfrentam maiores riscos de fracasso porque sua intenção é tramada na concepção. O artifício é o que a mídia social combate. Em meio às massas estão muitos detetives amadores, prontos para arrancar o verniz do que não é real ou autêntico. A mídia social é o antídoto ao pensamento baseado em publicidade e propagandas.

Quem pensa e planeja em termos de campanhas freqüentemente pouco se preocupa com o que mais importa para o crescimento verdadeiro, não adulterado: a fidelidade. A fidelidade é o verdadeiro objetivo na era da cultura amadora e dos *citizen marketers*. Os *citizen marketers* estão demonstrando sua fidelidade ao dedicarem tempo e recursos ao seu hobby. Os bloggers e podcasters independentes que formaram públicos impressionantes têm muitos seguidores fiéis. Lonelygirl15 tinha fãs fiéis e criou "buxixo", sem dúvida, mas agora não passa da versão de uma personagem de gibi. Os criadores dela são os sucessores das mentes por trás de *Blair Witch Project* (Projeto da Bruxa de Blair), que empregaram truques semelhantes para desaparecerem novamente na obscuridade. Bree teve muitos fãs, mas agora eles precisam deixar de se enganar e refazer as expectativas sobre ela, pois não era realidade. Como meio, o YouTube tornou todo mundo real. Agora os YouTubers devem lutar contra as inevitáveis imitações que tendem a seguir a trilha do relato ficcional de uma menina como Bree. Se estivesse vivo, McLuhan provavelmente riria de todos os histriônicos.

O passatempo dos *citizen marketers* é ser real. Consciente ou inconsciente, eles acreditam no altruísmo social, têm certeza de que quanto mais um *citizen marketers* contribui para o bem maior, mais valiosa se torna a contribuição deles. Eles fazem parte da trama de um enorme tecido. Uma rede de segurança tem uma textura aberta, e nenhuma parte da malha é mais importante que outra. Esse tipo de trama assegura que o tecido tenha espaços iguais. Nesse sentido, é a natureza aberta e transparente da produção partilhada que reforça e esclarece o que as empresas desejam muito alcançar, mas em geral se atrapalham: fidelidade.

A fidelidade é um meio para o crescimento. Entre empresas, a fidelidade pode ser uma palavra e um conceito mal empregados. Muitas vezes, é um cartão que dá direito ao "décimo sanduíche de graça" ou um sistema de recompensas para o comprador freqüente. Esses são esforços comuns, mas são chamados de programas de incentivo. A cadeia de cassinos Harrah's emprega um programa de incentivo de muito sucesso. Usando cartões magnéticos, a empresa acompanha como os clientes gastam dinheiro em cassinos e oferece incentivos para estimulá-los a manter seu dinheiro nas propriedades da empresa. A cada dia, a empresa reúne uma quantidade tremenda de dados que indicam o que seus clientes estão fazendo e como ela deveria reagir. Sua expansão "da participação da carteira" está funcionando: os clientes gastaram 43% de seu orçamento anual para jogar nas propriedades do Harrah's em 2002, em comparação a 36% quando o programa começou. A empresa chama o programa de "Total Rewards" [Recompensa Total]. Não de Fidelidade Total. O Harrah's emparelha com inteligência seu programa de recompensas a um forte foco no atendimento ao cliente. Um não substitui nem suplanta o outro. Incentivos e recompensas nem sempre estão dentro do alcance das empresas e organizações. A recompensa é a própria experiência.

Então, como consideramos a fidelidade na era do *citizen marketer*? O dicionário *Merriam-Webster* define *fiel* como "que tem fé em uma determinada pessoa a quem deve fidelidade. Aquele que tem fé em uma causa, ideal, costume, instituição ou produto". Para organizações que esperam inspirar a fidelidade, uma dependência ou ação está faltando a essa definição. O autor e consultor Fred Reichheld propõe um padrão para negócios: "A disposição para fazer um investimento ou sacrifício pessoal a fim de fortalecer um relacionamento". Essa definição ajuda a medir a disposição de clientes, defensores e evangelistas para fazerem alguma coisa, com o objetivo de se tornarem engajados em uma organização. Contar o número de pessoas que se envolvem com suas organizações — não apenas pertencem a elas ou compram delas — é uma medida poderosa de ação além da venda. Além de ser membro. Além da doação.

A mídia social torna os relacionamentos mais fáceis de criar e manter por causa da participação, e a participação é o tecido. As pessoas estão unidas, mas há muito espaço para respirar. A participação é o futuro do marketing. De fato, Peter Kim, da empresa de pesquisa Forrester, defende que a participação seja adicionada aos quatro Ps já estabelecidos do marketing (produto, preço, praça e promoção). É uma boa idéia e vale discuti-la nas salas de aula das escolas de administração do mundo todo, pois a mídia social facilita e barateia a criação dos George Masters, Jeff Jarvis, Bowiechick e todos os outros 48 milhões de americanos que quiserem se tornar editores, espalhar mensagens e formar comunidades. Isso já está acontecendo. As forças da democratização trazidas pela Internet fazem isso. As forças da democratização tornaram algumas ferramentas on-line gratuitas, ou quase, porque muitas são construídas e mantidas por voluntários. Cruze o número de pessoas on-line com os princípios da democracia, principalmente liberdade de expressão e o que é produzido são novos modelos de negócio, alguns dos quais se baseiam em uma cultura participativa, direcionada para votos. Os votos correspondem à demanda, e os cidadãos determinam o futuro. Sua governança é real, e não apenas balela. O envolvimento é a fidelidade deles. Como um meme com todas as suas instruções embutidas, a fidelidade acaba sendo contagiosa.

NOTAS

Introdução

Página xi

A música que George Masters usou para sua "propaganda" foi "Tiny Machine" pela Darling Buds.

A base para dizermos que a paleta de cores e imagem na "propaganda" de George Masters poderia ter se encaixado no branding da Apple baseia-se no logotipo original da empresa, com cores do arco-íris. Evidentemente, Masters trabalhou livremente com a imagem da Apple porque ele não estava trabalhando em nome da empresa. E o trabalho dele não ironiza a campanha atualmente vista em toda parte do iPod da Apple que mostra a silhueta de um usuário de iPod, com o fone de ouvido e os fios brancos do produto contra um fundo colorido. Acidentalmente, essa campanha de branding inspirou pelo menos um negócio: o iPodMyPhoto.com, que se oferecia a pegar qualquer foto e convertê-la em uma "propaganda" parecida ao iPod. A Apple é uma força tão poderosa na cultura que até seu trabalho publicitário inspira um *aftermarket* de negócios.

Página xii

Leander Kahney, da *Wired,* acompanha a Apple meticulosa e religiosamente. Seu artigo, "One Home-Brew iPod Ad Opens Eyes", na *Wired News,* 13 de dezembro de 2004, ajudou a entender o conteúdo criado por usuário.

Masters e sua propaganda do iPod foram descritos na CNBC, revista *Wired*, e em *New York Times*.

Quinhentas mil visitas à propaganda do iPod é uma estimativa conservadora. George Masters disse que o site dele registrou mais de 250 mil downloads, e Leander Kahney, editor de *Wired.co*m, relatou um número similar de visitas. Uma vez que Masters tornou seu vídeo totalmente transferível por download, o número total de visitas não redunda em quantas pessoas fizeram posts em seus próprios sites, inclusive vários outros sites relacionados à notícia.

Página xiv

Jeff Jarvis colecionou todos os seus posts sobre sua experiência com a Dell em seu blog Buzzmachine.com *buzzmachine.com/archives/cat_dell.html*.

Página xv

A *BusinessWeek* acompanhou os problemas da Dell durante todo o ano de 2005 e 2006. O primeiro artigo escrito foi "Dell: Facing Up to Past Mistakes", de Louise Lee, *BusinessWeek*, 19 de junho de 2006.

Usando a ferramenta calculadora do mercado de ações no Yahoo (*finance.yahoo.com*), encontra-se que as ações da Dell fecharam em 41,25 em 21 de julho de 2005. As ações da Dell em 12 de julho de 2006, fecharam em 22,38.

A mudança no atendimento ao cliente que a Dell oferecia foi descrita muito bem, novamente, pela *BusinessWeek*: "From Servers to Service: Dell's Makeover", por Louise Lee, *BusinessWeek*, 19 de maio de 2006.

A citação sobre esperar "aprender e aprimorar ouvindo aos clientes" vem do blog da Dell, uma coisa que a empresa empregou no início, como ferramenta promocional do produto. Os bloggers logo difamaram a empresa, não tratando de questões de atendimento, que foi melhorado no ano passado. Os escritores do blog da Dell lidaram bem com a crítica (sem revidar a raiva) e começaram a resolver as questões. O blog da Dell acabou seu URL para *Direct2Dell.com* porque o URL antigo, *one2one.com*, era digitado com erros freqüentemente, e levava os espectadores a um site pornô.

A blogger B. L. Ochman descreveu a chamada telefônica da Dell para ela: *www.whatsnextblog.com/archives/2006/07/del_called_me_well_knock_me_over_with_a_feather.asp*

Capítulo 1:
Filtradores, Fanáticos, Facilitadores e Foguetes

Página 1

A citação de A. N. Whitehead é do livro de Erich Jantsch, *The Self-Organizing Universe* (Oxford, Inglaterra: Pergamon Press, 1980), p. 73.

Página 2

As citações de Fiona Apple foram extraídas de uma reportagem de capa da *Entertainment Weekly* que examinou o drama por trás das cenas da disputa Apple-Epic: "The Extraordinary' Truth: After six years of silence, Fiona Apple finally reveals the real reason her mystery-shrouded 'Extraordinary Machine' took so long", por Karen Valby, *Entertainment Weekly*, 23 de setembro de 2005.

Página 3

Provavelmente esta foi a cobertura no *New York Times* que finalmente convenceu Epic a pagar pelas sessões de nova gravação: "Re-emerging after a Strange Silence", de Lola Ogunnaike, *New York Times*, setembro de 2005.

A história de *FreeFiona.com* e o trabalho de Dave Muscato se baseiam em material no site FreeFiona bem como nas entrevistas de Muscato com os autores por e-mail.

Páginas 4 e 5

As citações de Dave Muscato são de entrevistas que fizemos com ele.

As citações e alguns dados sobre Mike Kaltschnee, blogger de HackingNetflix, são cortesia da blogger Christina Kerley: "Yo Marketers: Hack This! (Blogger Q&A com HackingNetflix.com)", de Christina Kerley, CK's Blog, 23 de junho, 2006, *www.ck-blog.com/cks_blog/2006/06/yo_marketers_ha_1.hmtl*.

As citações e os fatos sobre o trabalho de Kaltschnee's como blogger escrevendo sobre Netflix são de seu blog, *HackingNetflix.com. hackingnetflix.com/netflix/2005/03/hacking_netflix.html*.

Página 6

Todas as citações de Jim Romenesko são de uma entrevista por e-mail que fizemos com ele, em julho de 2006.

Página 7

Todas as citações de comentários sobre a Starbucks são do blog StarbucksGossip *starbucksgossip.com*.

O livro de John Moore é *Tribal Knowledge: Business Wisdom Brewed from the Grounds of Starbucks Corporate Culture*, publicado pela Kaplan (2006). A citação dele é de seu blog, Brand Autopsy. *brandautopsy.typepad.com/brandautopsy/2006/08/gossip_gossip_g.html*.

As revistas de negócio em tecnologia têm sido generosas com os Filtradores porque eles são freqüentemente fontes confiáveis de informação, uso de cliente e idéias para reportagens. O artigo de Harry McCracken pode ser encontrado em *blogs.pcworld.com/treolog/archives/000657.html*.

Entrevistamos Asif Alibhai de *WatchMacTV.com* por e-mail, em julho de 2006.

Página 8
As citações do blogger de McChronicles sobre a loja McDonald's no distrito de Haight-Aschbury são do blog McChronicles. *mcchonicles.blogspot.com/2006/07/haight-ashbury-mcdonalds.html*.

As citações do blogger de McChronicles sobre por que ele faz o que faz e por que prefere permanecer anônimo são de uma série de entrevistas por e-mail que fizemos com ele, em novembro de 2005. Ele disse que teve a inspiração de começar seu blog em uma oficina de blog realizada pela American Marketing Association na qual o co-autor McConnell foi um dos palestrantes. McConnell lembra de ter visto o blogger de McChronicles no público por causa de uma foto que ele colocou em seu site. Então, embora o blogger do McChronicles seja anônimo, ele não é totalmente anônimo.

Página 9
Michael Marx, o blogger do Barq, diz por que faz blog sobre sua bebida preferida em "I'm With the Brand", de Amy Corr, *MediaPost*, março de 2006.

Página 10
John Frost fala sobre ser de uma "terceira geração de Fãs da Disney" em sua biografia no blog, *thedisneyblog.tupepad.com/about.html*.

Frost diz que começou o Disney Blog porque já em 2004, quando ouviu falar pela primeira vez do blog, não existiam blogs relacionados à Disney. *thedisneyblog.tupepad.com/tdb/2006/06/welcome_typepad.html*.

Para ver o vídeo feito pelos funcionários de Walt Disney World, vá para *www.youtube.com/watch?v=0NpHKsf8VKs&search=disney*.

A reportagem sobre o que os fãs de *Angel* fizeram para tentar salvar o programa veio de "*Angel* fans try like the devil to revive show", de Bill Keveney, *USA Today*, 12 de abril de 2004.

Os fatos divertidos sobre os fãs malucos de *Arrest Development* que enviaram material para executivos da Fox vieram de "The awful Bluths", de Mike Milliard, *Boston Phoenix*, 18-24 de fevereiro, 2005.

Os três doadores anônimos do setor de vôo espacial comercial responderam pela maior parte dos 3 milhões de dólares. A reportagem documentada aqui: "Star Trek campaign raises $3m", *BBC News*, 2 de março 2005.

O crítico de tv Mark Dawidziak escreveu uma coluna lamentando que a hbo tenha cancelado um dos melhores programas na história da tv: "Al wound have choicer words for what hbo's doin' here", de Mark Dawidziak, *Cleveland Plain Dealer*, 11 de junho de 2006.

Página 11

HboNoMo.com é o site onde, em duas semanas, 654 assinantes da HBO ameaçaram cancelar suas assinaturas se o canal pago não trouxesse *Deadwood* de volta para uma quarta temporada. Nossa citação é da assinante 404 da petição, Suzanne Siegel.

A reportagem de *SaveDeadwood.net* de Chip Collins é detalhada em "*Deadwood Dead?*" de Rebecca Dana, *Rolling Stone*, 2 de junho de 2006.

Veja a propaganda dos fãs de Deadwood em *Variety* aqui: *savedeadwood.net/pledge.htm*.

Os executivos da HBO dizem que receberam milhares de e-mails irritados de fãs de *Deadwood*: "*Deadwood* Gets a New Lease on Life", de Jesse McKinley, *New York Times*, 11 de junho, 2006. Não sabemos, entretanto, quantos deles tinham insultos.

Página 12

Full Contact Poker é uma comunidade de pôquer on-line. Um dos "fóruns fora do assunto" no site discute programas de televisão: *www.fullcontactpoker.com/pokerforum/index.php?showtopic=62968*.

Página 13

Os comentários de W. Earl Brown podem ser encontrados em *boards.hbo.com/thread.jspa?threadID=300001145&messageID=700086589#700086589*.

Chip Collins, fundador de *SaveDeadwood.net*, diz que os fãs de *Deadwood* não iriam desistir sem lutar em "*Deadwood* appears to be dead in the water for fourth season", de David Kronke, *LA Daily News*, 28 de maio de 2006.

Página 14

A informação e os dados sobre a comunidade Mini2 são do site *www.mini2.com*.

Página 15

Entrevistamos Matt Feidler por e-mail sobre seu vídeo "Milk and Cereal" em junho de 2006.

O vídeo "Milk and Cereal" recebeu uma menção breve mas favorável no jornal *New York Times*: "Snap, Crackle, Sing", de Lisa Napoli, *New York Times*, 26 de agosto de 2004.

Página 16

Um escritor da Wikipedia chama o vídeo "Milk and Cereal" de "meme da Internet", uma *buzzword* para descrever a expressão "vídeo viral". Uma entrada pode ser encontrada em *en.wikipedia.org/wiki/Milk_and_Cereal*.

Grandes marcas estavam pagando uma boa soma para patrocinar *O Aprendiz*, da NBC, inclusive a Kraft Food. Leia mais aqui: "The Donald excels at marketing Trump card", de Jonathan Bing, *Variety*, 20 de março de 2006.

Os detalhes do patrocínio de Post Grape-Nuts Trail Mix Crunch, do episódio *Aprendiz* são de "Post, TV Guide and the Donald", de Neal Leavitt, *iMedia Connection*, 7 de junho de 2006.

Os dados de vendas sobre o Post Grape-Nuts Trail Mix Crunch foram fornecidos pela Information Resources, Inc. (Os dados se baseiam em códigos de produto originais escaneados nos caixas de supermercados, drogarias e lojas de mercadorias de massa, excluindo-se o Wal-Mart.)

Página 17

Um e-mail do porta-voz da Logitech, Patrick Seybold, para os autores descreve os aumentos de vendas devidos ao vídeo da Bowiechick.

Página 18

O *Nightline* fez uma análise completa e consistente da reportagem de Vincent Ferrari, colocando-o no contexto das coisas que viriam: "How the Web Flips 'Caveat Emptor': If the Marketplace Is a Shark Tank, Guess Who's Getting Eaten?" ABC News/*Nightline*, 14 de julho de 2006. abcnews.go.com/Nightline/story?id=2194970&page=1.

Página 19

A história por trás do jingle de Oscar Mayer é extraída de um artigo maravilhoso escrito por Doug Ode para o jornal diário de Maddison, Wisconsin: "Hot Dog! Oscar Ode Still Lives", de Doug Ode, *Capital Times*, 14 de janeiro de 2005.

Página 20

A BIGresearch conduz pesquisas regulares com seu grupo de pesquisas, que consiste de pessoas de várias idades. Mais informações sobre seu estudo sobre o boca a boca como um meio influente podem ser encontradas em *www.marketwire.com/mw/release_html_b1?release_id=104538*.

Um "Study on Marketing Receptivity" de Yanbkelovich, de 2005, verifica que a maioria das pessoas está realmente enjoada de propaganda. *www.crm2day.com/news/crm/114029.php*.

Página 21

Veja o Lincoln Fry Blog (*http://lincolnfry.typepad.com*). Embora houvesse exatamente três posts no blog (dois de 5 de fevereiro de 2005, e um de 6 de fevereiro), o blogger, "Mike", escreve: "Obrigado a todos, por todo o apoio. Liz e eu estamos surpresos com o movimento que este blog tem obtido. Mas estou ficando sobrecarregado com o volume de comentários que chegam. Receio não ter tempo para vigiar este blog todos os dias e noites. Minha caixa de e-mail está constantemente cheia. Então, tive que fechar este blog a qualquer comentário adicional".

Páginas 22 e 23

A história de como Kalstchnee chegou até a Netflix é detalhada no blog HackingNetflix, *www.hackingnetflix.com/netflix/2004/06/bloggers_corpor.html*.

Para mais comentários sobre o blog Hacking Netflix, veja *BusinessBlogConsulting.com, www. businessblogconsulting.com/2004/06/hackingnetflixc.html*.

Para ainda mais comentários no blog Hacking Netflix, veja *Micropersuasion.com. steverubel. typepad.com/micropersuasion/2004/06/blogger_gives_n.html*.

A citação de Kaltschnee pode ser encontrada em *www.hackingnetflix.com/netflix/2004/06/bloggers_corpor.html*.

Veja "E-mail Response Times Lag Still", de Coreen Bailor, Destination CRM, 1º de setembro de 2005, *www.destinationcrm.com/articles/default.asp?ArticleID=5361*. Um estudo de BenchmarkPortal, uma empresa que analisa call centers, descobriu que empresas de pequeno e médio porte (SMBs) ofereciam serviço on-line mais fraco que as empresas maiores. Entre as SMBs norte-americanas com receitas de 10 milhões e 250 milhões de dólares, 51% não responderam aos e-mails, e 70% não responderam dentro de 24 horas, comparados a 41% de empreendimentos que não responderam e a 61% que não responderam dentro de 24 horas. Quando eles respondem, as coisas pioram: 79% dos SMBs responderam com uma resposta imprecisa e/ou incompleta, comparados a 83% de empreendimentos. Veja o segundo estudo de "State of eService Benchmarking Series", lançado pelo BenchmarkPortal em junho de 2005.

O livro *The Cluetrain Manifesto*, de Christopher Locke, Rick Levine, e Doc Searls, trata bastante disso. O slogan conhecido do livro, "Markets are conversations", se tornou um princípio norteador para aquelas organizações dependentes do boca a boca. Leia todo o "manifesto" on-line em *www.cluetrain.com*.

Capítulo 2:
Os 1 Porcentos

Página 25

A citação de abertura é de *Hell's Angels*, de Hunter S. Thompson, Ballantine Books, 1996, p. 13.

Página 26

A história do dia fatídico em Hollister, Califórnia, que deu origem à lenda dos 1 Porcentos e seu distintivo de "status social" é de um artigo maravilhoso e respeitável: "A Brief History of 'Outlaw' Motorcycle Clubs", de William L. Dulaney, *International Journal of Motorcycle Studies*, novembro de 2005.

Bryan Noonan examina a cultura de um clube de motociclistas "marginais" na cidade de Kansas com seu artigo "Live Free & Die: After Kansas City's first generation of outlaw bikers rides of finto the sunset, who will replace them?" *Pitch*, 30 de junho de 2005.

Os dados estatísticos de visitas da Wikipedia em 2005 vêm de comScore Media Metrix, uma empresa de medida on-line, em um press release intitulado "Star-Struck Observers Drawn to Space Shuttle Launch Online, Reports comScore Media Metrix", 26 de agosto, 2005.

Página 27

O número de criadores de conteúdo da Wikipedia é documentado em *The Wealth of Networks* de Joachi Benkler, Yale University Press, 2006.

O número de pessoas que criaram um artigo nos cinco primeiros anos de existência da Wikipedia veio do fundador Jimmy Wales, em uma fala em *outubro de 2005: www.hypeorg.com/blogger/matarchive/wilipedias_long_tail.html*.

As estatísticas de visitas do Wikipedia de 2006 vêm de comScore Media Metrix em um press release intitulado: "Spring Fever Drives Web Traffic as Americans Explore Travel, Educational Testing and Classifieds Sites", 17 de abril de 2006.

O dado sobre a criação de 864 mil artigos na Wikipedia é de "Growing Wikipedia Revises Its 'Anyone can edit' Policy", de Katie Hafner, *New York Times*, 17 de junho de 2006.

O número de artigos na Encyclopedia Britannica veio de seu site: *store.britannica.com/shopping/product/detailmain.jsp?itemID=665&itemType=PRODUCTT&iProductID=665*.

Página 28

Os números de visitas do Yahoo Groups vêm de Nielsen/NetRatings, maio de 2006.

Bradley Horowitz discute suas observações de "Creators, Synthetizers, and Consumers", de Yahoo Groups on his blog: *www.elatable.com/blog/:p=5*.

Os dados da QuickBooks Community são de entrevistas por e-mail e feitas pessoalmente com Scott Wilder, Group Manager, QuickBooks Software and Small Business Services, na Intuit, junho-agosto, 2006.

Discussão por e-mail com David Bott, administrador da *TiVoCommunity.com*, em julho de 2006. Bott diz que o número médio de visitas únicas ao site é 1,1 milhão, e o número médio de novas linhas de dicussão por mês é 4 mil. Ele não foi capaz de determinar quantas pessoas criam as 4 mil linhas. Mas se pudermos supor que a maioria das pessoas que criariam 4 mil linhas é 4 mil, então 4 mil dividido por 1,1 milhão é 0,36%. Ou seja, menos de 1%

dos visitantes estão criando as 4.mil linhas. A baixa percentagem pode ser causada por uma área "Chit Chat" no site (em que os membros do site conversam sobre qualquer coisa que não seja TiVo), que tem facilmente a maioria das linhas sobre qualquer uma das seções do fórum, e essas linhas são iniciadas por um número muito pequeno de pessoas.

Página 29

Os dados sobre Product Wiki são cortesia de Erik Kalviainen da ProductWiki. Ele também verificou que o número de ações por visitante colaborador é cerca de 1,4. Isto significa que um colaborador escreveu ou editou um verbete, escreveu um comentário, ou colaborou com um acesso. O outro ponto interessante sobre dados do ProductWiki é seu forte crescimento: em abril de 2006, o site recebeu 36.242 visitas; em julho de 2006, recebeu 75.901 visitas. Os índices de colaboração e porcentagens para todos os quatro meses, no entanto, permaneceram, em grande parte, os mesmos.

Com base em dados fornecidos a nós por Jeff Sandquist, um dos fundadores do Channel 9 e um evangelista técnico do Plataform Strategy Group, da Microsoft.

Os dados sobre a Discovery Educator Network foram fornecidos a nós pela Discovery Education. As citações de Steve Dembo são de entrevistas que conduzimos com ele pessoalmente, ao telefone, e via e-mail, em junho-agosto de 2006.

Página 30

O site do Juran Institute tem uma história concisa de Joseph Juran e suas várias colaborações ao mundo da administração de empresas e à sua teoria. *www.juran.com/lower_2.cfrm?article_id=21.*

Os exemplos de distribuições da lei do poder vêm do trabalho acadêmico "Power Laws, Pareto Distributions and Zipf's Law", de M. E. J. Newman, *Contemporary Physics*, Taylor & Francis, setembro de 2005.

O trabalho de Clay Shirky tem sido muito influente em conduzir muitos pensamentos em torno da mídia social. Seu ensaio descreveu "o longo rastro" do poder das leis e foi a inspiração para o desenvolvimento da idéia, a qual Chris Anderson mais tarde transformou em um livro com o mesmo nome. O Tema citado pode ser encontrado aqui: *www.shirky.com/writings/powerlaw_weblog.html.*

Página 31

As descrições de colaboradores da Wikipedia vieram de "Many Contributors, Common Cause: Wikipedia Volunteers Share Conviction of Doing Good for Society", de David Mehegan, *Boston Globe*, 13 de fevereiro, 2006.

Os comentários do colaborador da Wikipedia, Brandford Stafford são de "The Idealists, the Optimists, and the World They Share", de David Mehegan, *Boston Globe*, 13 de fevereiro, 2006.

Página 32

Leia a crítica violenta de Seigenthaler da Wikipedia aqui: "A False Wikipedia 'Biography'", de John Seigenthaler, *USA TODAY*, 20 de novembro, 2005.

Nicholas Garr escreve sobre a "morte" da Wikipedia em seu blog: *www.roughtype.com/archives/2006/05/the_death_of_wi.php*.

"Wikipedia's accuracy judged to be as good as that of *Britannica*", de Dan Goodin, the Associated Press, 15 de dezembro de 2005. *seattletimes.nwsource.com/html/nationworld/2002684602_wikipedia15.html*.

Página 33

Os dados sobre uso da Internet nos Estados Unidos são de "Broadband Adoption 2006", Pew Internet & American Life Project, março de 2006. Os resultados da pesquisa são baseados nos resultados compilados de duas pesquisas separadas. O primeiro se baseou em uma amostra aleatória de 3.011 adultos, com idade igual ou superior a 18 anos, e tinha um erro de amostragem de 1,9 pontos percentuais. O segundo se baseou em uma amostra aleatória de 4.001 adultos, com idade igual ou superior a 18 anos, e tinha um erro de amostragem de 1,7 pontos percentuais. Pew é um comitê de especialistas apartidário que produz 15-20 relatórios por ano. Tem apoio da Pew Charitable Trusts, que foi estabelecida pelos filhos do fundador da Sun Oil, Joseph N. Pew e sua esposa, Mary Anderson Pew. Os relatórios e descrições de Pew de suas metodologias ficam disponíveis gratuitamente em seu site: *pewinternet.org*.

Página 34

Um blogger detalha o que acontece quando um post de seu blog apareceu na primeira página do Digg: "The Digg Effect", *hrmpf.com/wordpress/44/the-digg-effect*.

Leia sobre o status do Digg (e os outros 24 sites mais populares) em "Balley Boys: Digg. com's Kevin Rose leads a new brat pack of Young entrepreneurs", de Sarah Lacy e Jessi Hempel, *BusinessWeek*, 14 de agosto de 2006.

Os números por trás do crescimento do Digg são de "Digg 3.0 to Launch Monday: Exclusive Screenshots and Stats", de Michael Arrington, proprietário do blog de notícias sobre tecnologia *TechCrunch.com*. Arrington disse que seus dados são de uma entrevista com os fundadores do Digg, Jay Adelson e Kevin Rose.

O montante que a AOL pagou pela Weblogs, Inc, foi relatado em "AOL to buy Weblogs Inc., courts bloggers", de Kenneth Li and Eric Auchard, Reuters, 6 de outubro de 2005.

Página 35

As citações de Jason Calacanis da Netscape sobre sua oferta de pagar aos maiores bookmarkers sociais são de seu blog: *www.calacanis.com/2006/07/18/everyones-gotta-eat-or-1-000-a-month-for-doing-what-youre*.

Calacanis mais tarde posta em seu blog os detalhes sobre sua iniciativa de contratar os maiores bookmarkers sociais: *www.calacanis.com/2006/08/02/the-first-10-navigators-were-hired-three-of-the-top-12-digg-us/*.

A citação de Adam Smith é de seu trabalho seminal, citado freqüentemente *The Wealth of Nations*, escrito em 1776 (Modern Library Edition, 1994), p. 15. (A obra foi editada no Brasil sob o título *A riqueza das nações*.)

A citação de Samuel Johnson é de *The Life of Samuel Johnson*, de James Boswell, Everyman's Library, 1993, p. 641.

Lessig é fundador e chair de Creative Commons, além de membro do conselho da Electronic Frontier Foundation. Ele escreve extensamente sobre "cultura não comercial" em seu livro *Free Culture: How Big Media Uses Technology and the Law to Lock Down Culture and Control Creativity* (Penguin, 2004).

A linha de pobreza para uma família de duas pessoas foi de 12.490 dólares em 2004, de acordo com o U. S. Department of Health and Human Services (*aspe.hhs.gov/poverty/04poverty.shtml*).

Os salários para trabalhadores de fast-food podem ser encontrados em *Salary.com*: *swz.salary.com/salary-wizard/layoutscript/swzl_compresult.asp?NarrowCode=HSO2&Narrow-Desc=Restaurant+and+Food+Services&JobTitle=Counter+Attendant&JobCode=HS08000003&geo=U.S.%20National%20Averages*.

Página 36

A idéia da "cultura ler-escrever" e as citações de Lessig vêm da cobertura da conferência Wikimedia em 2006 do *News.com*: "Lessig seeks legal ground for content exchange" (Lessig busca fundamentos legais para troca de conteúdo) de Martin LaMonica, *News.com*, 4 de agosto de 2006. (*news.com.com/Lessig+seeks+legal+ground+for+content+Exchange/2100-1038_3-6102451.html?tag=nefd.top*).

Página 37

A idéia da "desimportância da distribuição de renda" é de *The Economic Approach to Human Behavior*, Gary S. Becker, University of Chicago Press, 1978.

Michael Marx fala sobre por que ele escreve o blog Barqsman em "I'm With the Brand", de Amy Corr., *MediaPost*, março de 2006.

Kevin Rose, um dos fundadores do Digg, discutiu as forças democratizadoras do site em um e-mail com os autores, em agosto de 2006.

Tyson Hy fala por que ele não aceitou a oferta de Jason Calacanis de ser um bookmarker pago da Netscape em seu blog (*tysonhy.com/2006/07/another-persons-thoughts-on-this-so.html*).

Tente aplicar a regra dos 1 Porcentos ao número total de funcionários da empresa e compará-lo ao número de pessoas que contribuem para o sistema de gestão de conhecimento. Ou conte o número total de membros de uma igreja ou organização sem fins lucrativos e descubra quantos deles se voluntariam a conduzir comitês ou a executar tarefas operacionais.

Página 39
O apelo dos cultivadores de terra na Grécia é discutido em *Constitution of Athens*, de Aristóteles, Londres, 1891.
Sólon é citado sobre suas razões para resistir aos apelos para se tornar ditador da Grécia em *The Life of Greece*, de Will Durant, Simon and Schuster, 1939, p. 117.
"*Efcharisto*", significa "obrigado", em grego antigo.

A citação sobre o significado de "politéia" é de *A Company of Citizens* de Brook Manville e Josiah Ober, Harvard Business School Press, 2003, p. 10.

Capítulo 3:
A Democratização de Tudo

Página 41
Os "Shakespeare Navigators" em ClickNotes são divertidos: *www.clicknotes.com/hamlet/Three4.html*.
As citações de Kara Swisher sobre o Pathfinder, bem como da Time Warner, chamando-o com confiança de "o melhor site do mundo" são do livro de Swicher: *There Must Be a Pony in Here Somewhere: The AOL Time Warner Debacle and the Wuest for the Digital Future*, de Kara Swisher, Three Rivers Press, 2004, p. 82.

Página 42
As citações do porta-voz da Time Warner são de "Time Warner to shutter Pathfinder", de Jim Hu, *News.com* (parte da CNET Networks), 26 de abril, 1999. *news.com.com/2100-1023-224939.html*.
O número de visitas do Yahoo é de "MySpace overtakes Yahoo Mail", *CNNMoney.com*, 12 de julho de 2006.

O presidente do Cubs, Andy McPhail é citado de "Wrigley faces checkup as more concrete falls", de Gary Mashburn, *Chicago Tribune*, 23 de julho de 2004.
Os preços dos ingressos do Cub's 2006 são mencionados em "Cubs a Winner for Tribune", de Michael A. Hiltzik, *Los Angeles Times*, 21 de junho de 2006.

Página 43
O site Quotations Page tem uma citação de Sun Tse: *www.quotationspage. com/quote/24269.html*.

Página 44
Mais sobre Mena Trott pode ser encontrado no blog da revista *Fast Company*: blog. *fastcompany.com/archives/2004/07/23/business_transparency.html*.
No the *9/11 Commission Report*, a citação sobre informação não revelada está na página 353. A citação sobre implementar um sistema de troca de informações baseado em rede está na página 400. O relatório completo está disponível em forma de livro ou on-line como um PDF: *www.9-11commission.gov/report/911Report.pdf*.

Página 45
O dado de setenta países terem leis que asseguram o direito a solicitar e a analisar documentos públicos é de "We Need Fewer Secrets", de Jimmy Carter, *Washington Post*, 3 de julho de 2006.

Página 46
Tim Berners-Lee postou um resumo de seu "WorldWideWeb Project" a um newsgroup on-line em 6 de agosto de 1991. É possível ver seu "resumo executivo" do projeto em: *groups. google.com/group/alt.hypertext/msg/395f282a67a1916c*.

O Institute for Interactive Journalism at the University of Maryland premiou Adrian Holovaty com seu Batten Award: *www.j-lab.org/batten05winnersrelease.shtml*.

Página 47
Veja o mashup "Brokeback to the Future" no YouTube: *www.youtube.com/watch?v= 8uwuLxrv8jY*.
Veja o neat mashup de "Shining" no YouTube: *www.youtube.com/watch?v=Z11B9LawVA*.

A citação de Doug Adams sobre a questão de confiar no que está na Internet é de "How to Stop Worrying and Learn to Love the Internet", de Douglas Adams, *Sunday Times*, 29 de agosto de 1999.
As duas citações Kuhn são de *The Structure of Scientific Revolutions*, de Thomas S. Kuhn, University of Chicago Press, 1962 (terceira edição).

Página 48
As citações de Kuzweil são de *The Singularity is Near*: When Humans Transcend Biology, de Ray Kurzweil, Viking, 2005, p. 50.

Página 49

Todos os dados estatísticos que citamos da Pew Internet sobre o número de usuários de banda larga e criadores de conteúdo vêm de seu relatório abrangente: "Home Broadband Adoption 2006", 26 de maio de 2006 (*pewinternet.org*).

Página 50

Os dados sobre índices de adoção do DSL em países do mundo todo são do relatório do DSL Fórum, março de 2006.

"Broadband and Unbundling Regulations in OECD Countries", de Scott Wallsten, American Enterprise, Institute/Brookings Institute Joint Center for Regulatory Studies, junho de 2006. Em números arredondados, os 10 principais eram (6) Finlândia, (7) Noruega, (8) Canadá, (9) Suécia e (10) Bélgica. Os Estados Unidos atrás do Japão, (11).

Página 51

Todos os dados de preço sobre câmeras digitais e seus acessórios são da Mintel, "Digital Cameras": March 2006 Report".

"The coming Web vídeo shakeout: The number of YouTube-like services now stands at a staggering 173 — and in April alone 3 outfits got $30 million in funding. Who will survive?" de Om Malik, *Business 2.0*, june 20, 2006.

Os dados estatísticos da participação de mercado do setor de webcam são cortesia da TechWeb: *www.techweb.com/wire/hardware/174403304*.

As vendas de webcam da Logitech citadas se baseiam em um ano fiscal que termina em 31 de março. Mais informações: *ir.logitech.com/secfiling.cfm?filingID=1193125-06116374*.

Página 52

Os dados estatísticos sobre crianças usando eletrônicos e equipamentos de computador são de "NPD Study: More and More Children Using Consumer Electronics", de Beth Snyder Bulik, *Advertising Age*, 31 de março de 2006.

Os índices de adoção de POTS e de celular são de *The Singularity Is Near: When Humans Transcend Biology*, de Ray Kurzweil, Viking, 2005, p. 50.

Os dados de crescimento do setor de celulares são da Minterl, Consumer Communications, Relatório de julho de 2005.

Os dados sobre assinantes da rede 3G são da Mintel, 3GToday, relatório de julho de 2005.

Os dados estatísticos sobre quantas pessoas usam seus celulares para votar em concursos de televisão são de "How Americans use their cell phones", Pew/Internet & American Life Project, 3 de abril de 2006.

O número de crianças americanas e européias que têm celulares é da Forrester Research: "Social Computing", de Chris Charron, Jaap Favier, e Charlene Li, 13 de fevereiro de 2006.

Página 53
Mais informações sobre o trabalho de Nicholas Negroponte para criar o que é chamado de computador "sub-$100 (embora não seja muito menos que 100 dólares) podem ser encontradas em *News.com*. Citamos dados de "$100 laptop gets working prototype", de Jonathan Skilling, *News.com*, 24 de maio de 2006. *news.com.com/100+laptop+gets+working +prototype/2100-1005_3-6076351.html?tag=nl*.

Página 54
Os dados sobre crianças e tecnologia são, novamente, do relatório "Social Computing", da Forrester.

Capítulo 4:
Todo Mundo é editor; Todo Mundo é Radiodifusor

Página 55
As teorias de Marshall McLuhan são a força orientadora para entender o papel da mídia como influência na cultura. Ver *Understanding Media: The Extensions of Man*, de Marshall Mcluhan, Mentor/New American Library, 1964.

Para saber mais sobre se os *Acta Diurna* foram escritos sob a autoridade do governo romano, veja *Penelope.uchicago.edu/Thayer/E/Roman/Texts/secondary/SMIGRA"/Acta.html*.

Para saber ainda mais sobre os *Acta Diurna*, veja *The Press and America*, de Michael Emery e Edwin Emery, Prentice Hall, 1988. Aproximadamente no mesmo período, os boletins apareceram em partes da China. Mas os noticiários chineses eram reservados apenas aos oficiais do governo, e não a todos os cidadãos.

Página 56
Mais sobre Gutenberg em *Gutenberg: How One Man Remade the World with Words*, de John Man, Willey, 2002.

Página 57

A citação de Elizabeth L. Eisenstein sobre a Reforma Protestante de Martinho Lutero é de *The Printing Press as an Agent of Change* de Elizabeth L. Eisenstein, Cambridge University Press, 1979, p. 303.

Página 58

Nossas citações sobre McLuhan vêm de seu livro essencial *The Medium Is the Message*, de Marshall McLuhan e Quentin Fiore, Touchstone, 1967. "A televisão é uma cabine de votação", p. 22; "Nossa cultura oficial está lutando para forçar a nova mídia a fazer o trabalho da antiga", p. 94.

Mais sobre o isolamento de Justin Hall pode ser encontrado em *San Francisco Chronicle*: *www.sfgate.com/cgi-bin/article.cgi?file=/c/a/2005/02/20/MNGBKBEJO01.DTL*.

Veja a entrevista completa com Hall no blog Neomarxisme: *www.pliink.com/mt/marxy/archives/000517.html*.

LiveJournal mostra uma grande quantidade de dados sobre ele mesmo e seu site em *livejournal.com/stats.bml*.

Página 59

Mena Trott fala sobre a história de sua ferramenta para montar blogs, Movable Type, no blog de sua empresa: *www.siapart.com/about/history*.

Falamos sobre o mercado de ferramentas para blog em uma entrevista com a analista da Forrester, Charlene Li, em 14 de julho de 2006.

Página 60

Os dados mais recentes sobre o número de blogs no mundo podem ser encontrados com freqüência no blog pessoal do CEO da Technorati, David Sifry: *www.sifry.com/alerts/*.

O estudo "Who's Online" da Pew Internet & American Life Project mostra a atual demografia dos usuários da Internet. Os dados que analisamos para este capítulo foram de seu levantamento de fevereiro-abril de 2006.

O estudo da Nielsen Buzzmetrics 2005-2006, Consumer-Generated Media Engagement Monitor, discute o aparecimento desses "influenciais" (um termo cunhado por RopertASW que significa aqueles 10% da população que influenciam outras pessoas) a uma taxa maior na população on-line que a população geral.

O LiveJournal tinha como prática apresentar uma grande parte de seus dados publicamente antes de a Six Appart comprá-la em 2006.

Para mais informações sobre Windows Live Spaces, veja um press release da Microsoft: *www.microsoft.com/presspass/press/2006/may06/05-24SpacesLargestPRmspx.*

Os dados e hipóteses que Hurst formulou são encontrados em "24 Hours in the Blogosphere", de Matthew Hurst, American Association for Artificial Intelligence, 2006, *www.aaai.org.*

Páginas 61 e 62

As notícias da aquisição de MySpace são discutidas aqui em "News Corp in $850m Internet buy", *BBC News*, 19 de julho de 2005, *news.bbc.co.uk/2/hi/business/4695495.stm.*
A notícia da aquisição da Weblog Inc. é discutida em "AOL to buy Weblogs Inc., courts bloggers", de Kenneth Li e Eric Auchard, *Reuters*, 6 de outubro, 2005.

As citações de Dave Sifry da Technorati e dados sobre a Technorati são de *Sifry.com* e "State of the Blogosphere, August 2006". *www.sifry.com*
A citação de Dave Sifry sobre os limites humanos de fazer blog são do Sifry.com: *www.sifry.co/alerts/archives/000436.html.*
"Internet Usage Statistics — The Big Picture", Miniwatts Marketing Group, 2006. Os números vêm de dados agregados pelo World-Gazetteer, Nielsen/NetRatings, the International Telecommunications Union, e local NICs. *www.internetworldstats.com/stats.htm.*
"A Manifesto for Networked Objects — Cohabiting with Pigeons, Aphids and Aibos in the Internet of Things", de Julian Bleecker, *research.techkwondo.com/files/WhyThingsMaster.pdf.*
New Scientist, "Pigeons to Set Up a Smog Blog", 2 de fevereiro de 2006: *www.new.scientisttech.com/article/mg18925373.000.html.*

Veja as fotos de pombos e mais em: *www;pigeonblog.mapyourcity.net.*

Página 63

É possível encontrar o "Real Deadwood Podcast" em iTunes ou em: *www.realdeadwoodpodcast.com.*
O podcast de fãs da Disney "Meadering Mouse" pode ser encontrado no iTunes e em: *meanderingmouse.com.*
Os dados e citação sobre o programa de podcast da NPR e seu futuro plano foram fornecidos por Eric Nuzum, diretor de programação e aquisições da NPR, durante uma entrevista por telefone com os autores, em maio de 2006.

Página 64

As percentagens da Nielsen Analytics são do press release para seu relatório "The Economics of Podcasting."

Os números de audiência de rádio são de "Digital Listening Growing, Radio Slipping", *CNET*, 13 de maio de 2005.

Paul Farhi retrata Rocketboom na edição de junho/julho de 2006 de *American Journal Review*.

Para receber os press releases da Microsoft em seu site: *www.microsoft.com/presspass/rss/ PressReleases.xml*.

Página 67

A porcentagem de e-mail que era spam foi discutida em "In the Fight against Spam E-mail, Goliath Wins Again", de Brian Krebs, *Washington Post*, 17 de maio, 2006.

A reportagem da ITV ser cancelada é de "Time Warner to Shutter ITV effort", de Jeff Peline, 15 de janeiro de 1005: *news.com.com/2102-1017_3-279393.html?tag=st.util.print*.

Uma crônica do primeiro DVR está em "A Bit of TiVo History", de Jim Barton, ACM Quee: *www.acmqueue.org/modules.php?name=Content&pa=showpage&pid=53&page=4*.

A TiVo disse que 96% de seus assinantes dizem que nunca desistirão de seus serviços TiVo, como citado em "Talking About a TiVolution", de Ryan Underwood, *Fast Company*, junho de 2002: *www.cnn.com/2006/TECH/internet/07/12/myspace.reut/index.html*.

Página 70

O número de bandas em MySpace é mencionado nesta entrevista: "Q&A: MySpace Founders Chris deWolfe e Tom Anderson", de Natalie Pace, *Forbes*, 4 de janeiro de 2006. Provavelmente são mais bandas novas em MySpace toda semana do que pode ser contado com exatidão.

Para mais sobre Friendster, veja "His Space", de Spencer Reiss, *Wired*, julho de 2006.

MySpace se tornou o site mais visitado dos Estados Unidos em julho de 2006, superando o Yahoo Mail, conforme descrito por "Report: MySpace top single U.S. Web site", de *Reuters*, 12 de julho de 2006. O Yahoo participou dessa disputa pelo serviço de monitoração do movimento Hitwise. "A rede Yahoo é formada de muitos domínios e não é exato comparar *MySpace.com* com o site de e-mail do Yahoo", dizia uma declaração da empresa. Como músicas na parada *Billboard* 100, os sites número um vêm e vão.

O acordo Google-MySpace é descrito em "Google signs $900m News Corp deal", *BBC News*, 7 de agosto de 2006: *news.bbc.co.uk/1/hi/business/5254642.stm*.

Página 71

As informações de que o YouTube alcança mais pessoas que outros sites são da Alexa Internet, uma subsidiária da *Amazon.com*. A Alexa Internet opera a *Alexa.com*, que torna o tráfego da

Internet de dados enviados por usuários da Alexa Toolbar disponíveis gratuitamente de seu site. Alexa coleta anonimamente o uso do Web site/ dos "milhões de usuários" (a empresa não fornece um número exato) e soma os dados em uma amostra estabelecida. A Alexa tem suas críticas; funciona somente com computadores Windows e apenas com o browser Internet Explorer da Microsoft, e pode ser mais adequada para usuários que tenham conhecimentos técnicos em vez do usuário médio da Internet. Provavelmente o melhor seja ver dados da Alexa não como uma amostra científica mas como uma medida da trajetória. A Alexa parece funcionar bem quando se compara o alcance relativo de dois sites similares.

Os dados estatísticos do YouTube são detalhados em "YouTube apresenta 100 milhões de vídeos por dia on-line", *Reuters*, 16 de julho de 2006.

Hitwise classificou o YouTube como o 39º site mais popular em julho de 2006. Ao ler este livro, a classificação poderá ser bem diferente. A classificação da Hitwise é mencionada em "Hollywood casts eager eye on YouTube", de Thomas K. Arnold, *USA TODAY*, 5 de julho de 2006.

Página 73
Leia mais sobre Cyworld em "E-Society: My World Is Cyworld", de Moon Ihlwan, *Businessweek*, 26 de setembro de 2005.

Capítulo 5:
Hobbies e Altruísmo

Página 75
Saiba mais sobre o status da Carlisle como importante hub de transportes em *www.centralpa.org/archives/02may3miracle.html*.

Página 75
Saiba mais sobre os eventos de Carros da Carlisle em *www.carsatcarlisle.com/aboutus/index.asp*.
O número de caixas da Coca Classic vendidas em 1997 é de *Beverage Digest*, 12 de fevereiro de 1998.

Página 76
O editor de *Beverage Digest* explica por que a Surge não vendeu em "Fan Club Seeks to Revive Surge Soda", *Associated Press*, 18 de abril de 2005.
Todas as citações de Karkovack são de discussões que tivemos com ele pessoalmente ou via e-mail, em maio-agosto de 2006.

Página 78
A descrição do SaveSurge Haal of Fame é listada no site. Veja *www.savesurge.org/surge/halloffame/hofs.html*.

Página 79
A missão para *VaulKicks.org* é mencionada em seu site: *www.vaultkicks.org/about_site.php*.

Página 80
As táticas de marketing usadas pela Coca-Cola para lançar o Vault estão disponíveis no site da Coca-Cola: *www2.coca-cola.com/presscenter/nr_20060217_americas_vault.html*.
O número de horas que os adolescentes gastam na Internet versus televisão é do estudo do Yahoo em 2003 "Born to Be Wired": *http://docs.yahoo.com/docs/pr/release1107.html*.

Página 81
As citações de Steven M. Gelber em *Hobbies: Leisure and the Culture of Work in America* (Columbia University Press, 1999) estão nas p. 2-4. Ele também falou conosco por telefone de sua casa em Santa Clara, Califórnia.
O site de Winters é *www.starbuckseverywhere.net*.
As citações de Winter sobre colecionar Starbucks são de: "Flights of Fancy" de Michelle Griffin, *Age*, 5 de janeiro de 2006.

Página 82
A citação de Winter sobre o café da Starbucks ser consistente é de "Better latte than never to achieve goal", de Matt Viser, *Boston Globe*, 28 de novembro de 2005.
A citação de Winter sobre café demais é de "Seeing the World on Ten Coffes a Day", de Daniel Roth, *Fortune*, 12 de julho de 2004. A citação do porta-voz da Starbucks também é desse artigo.

Página 83
A resposta de McDonald's aos bloggers do McChronicles é descrita em "Spreading the Word: Corporate evangelists recruit customers who love to create buzz about a product", de James Pethokoukis, *U.S. News & World Report*, 5 de dezembro de 2005.
A referência a McLuhan dizendo que "as ferramentas nos modelam" é de sua citação "Nós nos tornamos o que queremos ser. Nós modelamos nossas ferramentas e então elas nos modelam". A citação é de *Understanding Media: The Extensions of Man*, de Marshall McLuhan, Mentor/New American Library, 1964.

A frase "comportamento de ajuda diária do mercado" foi cunhada no ensaio "Everyday Market Helping Behavior", de Linda L. Price, Lawrence F. Feick, e Audrey Guskey, *Journal of Public Policy and Marketing*, outono de 1995. O ensaio delas refere-se à história de pesquisa conduzida sobre pessoas que contam com amigos, conhecidos e mesmo pessoas totalmente estranhas para recomendações. Nossas categorias de altruísmo, relevância pessoal, bem comum e evangelismo são uma adaptação de categorias que elas identificaram para atores que ajudam o mercado.

Página 84
As citações de Tocqueville são de *Democracy in America*, de Alexis de Tocqueville. A citação "formando associações" está na p. 513. As "cidades são como grandes casas de encontro", está na p. 279.

Página 85
Leia mais sobre o estudo envolvendo freeloaders e sanção em "The Competitive Advantage of Sanctioning Institutions", de Ozgur Gurek, Bernd Irlenbusch e Bettina Rockenbach, *Science*, 7 de abril de 2006.

Página 86
Todas as citações de Armand Frasco são o resultado de entrevistas que conduzimos com ele, no verão de 2006.

Página 88
A citação de George Will é de "TV for Voyerus" de George F. Will, *Washington Post*, 21 de junho de 2001.
Leia sobre o nascimento de *America's Funniest Home Vídeos* no site do Museum of Broadcast Communications: *www.museum.tv/archives/etv/A/htmLA/americasfun/americasfun.htm*.

Página 89
Veja a propaganda do McNuggets feita em casa em: *www.youtube.com/watch?v=XSZgk3QIsAk*.

Entrevistamos Middletich e Sosa em junho de 2006.

Página 91
As citações sobre milenares vêm de *Millennials and the Pop Culture: Strategies for a New Generation of Consumers*, de William Strauss e Neil Howe, LifeCourse Associates, 2006.

Capítulo 6:
O Poder de Um

Página 93

A citação de abertura do capítulo é de *The Hero with a Thousand Faces*, de Joseph Campbell, Princeton University Press, 1968, p.243.

Casey Neistat fala sobre uma pequena crítica de e-mails dos fãs da Apple depois de ter postado o vídeo "iPod's Dirty Secret" em "Battery and Assault", de Hank Stuever, *Washington Post*, 20 de dezembro de 2003.

Casey Neistat fala de sentir se explorado pela Apple em "Brothers Make Apple See iPod Light", *CBS Evening News*, 3 de janeiro de 2004.

Casey Neistat e seu irmão Van falaram sobre a origem de seu vídeo em *Your World with Neil Cavuto*, Fox News, 9 de janeiro de 2004.

Veja o vídeo de Neistat e o comentário dos irmãos sobre ele: *http://neistat.com/pages/projects.htm*.

Casey fala sobre a Apple tê-lo chamado na *CBS Evening News*, 3 de janeiro de 2004.

Página 94

A resposta da Apple é citada de "Battery and Assault", *Washington Post*. Leia sobre memes no livro de Richard Dawkin, The Selfish Gene, Oxford University Press, 1976, p. 192.

Página 95

O processo de replicação de meme, consistindo de assimilação, retenção, expressão, e transmissão, é descrito no trabalho: "What Makes a Meme Successful? Selection Criteria for Cultural Evolution", de Francis Heylighten, in the *Proceedings of the 15th International Congresso n Cybernetics*, 1998.

Finkelstein fala da resposta da Comcast para seu vídeo em "Your Call Is Important to Us. Please Stay Awake", de Ken Belson, *New York Times*, 26 de junho, de 2006.

O relatório "2005-2006 Consumer Generated (CGM) Engagement Monitor" da Nielsen BuzzMetrics" descreve os criadores de conteúdo on-line e seus hábitos e atitudes.

Página 98

O prêmio *The Forbes* para o blog Slave to Target está aqui: *http://www.forbes.com/bowlb2c/review.jhtml?id=7741*.

A Wikipedia tem uma boa história sobre termo *astroturfer*: ver *http://en.wikipedia.org/wiki/Astroturfer*.

A blogger fã da Target trata de coisas nas lojas de 1 dólare aqui no blog: *http://slavetotarget. blogspot.com/2006_06_04_slavetotarget_archive.html*.

Ela escreve sobre jogos triviais Coffee Smarts aqui: *http://slavetotarget.blogspot.com/ 2006_04_30_slavetotarget_archive.html*.

Página 99

Ela escreve sobre o design de Isaac Mizrahi que cai mal no corpo feminino: *http://slavetotarget. blogspot.com/2006/04/isaac-youre/killing-me.html*.

Ela escreve sobre a Target "se vendendo" com a nova linha de design sofisticado aqui: *http:// slavetotarget.blogspot.com/2006/05/sellin.out.html*.

Sua citação de "venda" do blog é descrita em "Where Target Is Always 'Tar-zhay", de Ylan Q. Mui, *Washington Post*, 21 de junho de 2006.

Ela falou dos números do movimento em seu blog, como ela sabe que está dirigindo vendas, e por que ela acha que a empresa não fala com ela em entrevista por telefone com os autores, em 29 de junho de 2006.

Página 100

A resposta da Target a nossa indagação sobre o blog Slave to Target foi de Carolyn Brookter, diretora de comunicações corporativas da Target Corporation, via e-mail, em 20 de julho de 2006.

Página 132

O vídeo de gêiser da Diet Coke e Mentos estilo Bellagio é mencionado em "Diet Coke 'experiment' gives Mentos a surge in publicity", de Suzanne Vranica e Chad Terhune, *Wall Street Journal*, 12 de junho de 2006.

Veja o próprio vídeo de Grobe-Voltz da Diet Coke e da Mentos, parecido ao de Vegas aqui: *www.revver.com/video/27335*.

O livro de Steve Spangler, *Fizz Factor: 50 Amazing Experiments with Soda Pop* foi publicado em 2003, mas está esgotado. Talvez seja possível comprar uma cópia usada pela Amazon ou diretamente de Spangler em *www.stevespanglerscience.com/product/1419*.

Página 101

As reações aos vídeos da Diet Coke e Mentos por suas respectivas empresas são de "Mixing Diet Coke and Mentos Makes a Gusher of Publicity", de Suzanne Vranica e Chad Terhune, *The Wall Street Journal*, 12 de junho de 2006.

Página 102

A descrição do algoritmo de Flickr é da entrada de Stewart Butterfield, "The New Things", no blog do Flickr, 1º de agosto de 2005; *blog.flickr.com/flickrblog/2005/08/the_new_new_thi.html*.

Conversamos com Bradley Horowitz em seu escritório no laboratório Yahoo Research em Berkeley, Califórnia, em 23 de junho de 2006.

O sistema de "atração do interesse" do Flickr nos levou a Trey Ratcliff. Entre os milhões de fotos no Flickr, as dele são apresentadas freqüentemente como as mais interessantes. Adoramos o trabalho dele, por isso pedimos a ele para tirar uma foto de nós para a orelha deste livro. Mas ele não é fotógrafo profissional em tempo integral. Ele passa a maior parte do tempo como o CEO de uma empresa de jogo em Austin, Texas.

Capítulo 7:
Como Democratizar seu Negócio

Página 103

A citação de William Gibson é de uma entrevista que demos ao programa *Talk of the Nation* da NPR, em 30 de novembro de 1999. *discover.npr.org/features/feature.jhtml?wfld=10677220*.

O índice de fracasso de novos produtos é mencionado por um analista da Forrester em "Consumers Driving New Product Innovation", de John P. Mello Jr., *Ecommercetimes.com*, 6 de junho de 2006.

Página 104

Esperava-se que a receita de 2006 totalizasse 20 milhões de dólares, conforme nos foi relatado pelos fundadores da Threadless durante uma entrevista, em junho de 2006.

Página 105

Visite o blog Loves Threadless de fãs em *www.lovesthreadless.com*.

Todas as citações e comentários de Jake Nickell são de nossa conversa com ele, em junho de 2006.

Susumu Ogawa e Fank T. Piller exploram o âmbito de possibilidades que o modelo Threadless poderia ter em outros setores em seu artigo: "Reducing the Risks of New Product Development" na edição de Inverno de *MITSloan Management Review*, 2006.

Página 106

É possível encontrar os 21 textos de uma página sobre os fundamentos da democracia produzidos pelo governo dos Estados Unidos aqui: *usinfo.state.gov/products/pubs/principles*.

Página 109

É possível ver filmes amadores inspirados pelos tênis Chuck Taylor da Converse em *www.conversegallery.com*.

A citação do diretor de marketing Erick Soderstrom e o relatório de vendas da Converse mostrando estarem 12% acima no segundo trimestre de 2005 foram relatados em "Advertising Of, By, and For the People", de David Kiley, *BusinessWeek*, 25 de julho de 2005. A descrição do filme da Converse de Steve Daniels também foi notada aqui.

David Maddocks, vice-presidente de marketing global da Converse, refere-se à campanha da Converse Gallery como um "tremendo sucesso" em seu artigo: "Marketer's New Idea: Get the Consumer to Design the Ads', de Suzanne Vranica, *Wall Street Journal*, 14 de dezembro de 2005. A campanha do desodorante Ban e os resultados também estão documentados nesse artigo.

"Consumer-created Video Ads Boost Converse Sales", de Marc Graser, *AdAge,* 7 de fevereiro de 2005. Também do artigo: "Comparado a dados de agosto de 2003, o movimento para *www.converse.com* aumentou 66% logo depois que a Converse Gallery foi lançada em agosto último, com mais de 1 milhão de pessoas visitando o site e 400 mil pessoas visitando diretamente a *ConverseGallery.com*. O movimento em dezembro aumentou quase 200% em relação ao mesmo mês no ano anterior. E os visitantes se tornaram clientes. As vendas de calçados on-line da Converse dobraram um mês depois que a Converse Gallery foi introduzida, com muito dessas compras ocorrendo depois que as pessoas viram os anúncios. A empresa conseguiu acompanhar quantas pessoas clicaram em um link no final de um atalho que os levava à loja Converse no site".

Página 110

Alex Sandell fala sobre a natureza da contracultura dos All-Stars Chuck Taylor em "The Day Nike Took over the World: Counter-Culture for Sale!" para o zine on-line *Juicy Cerebellum*, 2003: *www.juicycerebellum.com/converse.htm*.

A história do All-Stars Chuck Taylor é do site da Converse: *www.insidehoops.com/converse-history.shtml*.

Os resultados do movimento na web da campanha do desodorante Ban são de "Thinking Outside the (Mail)Box", de Alexandra DeFelice, *CRM Magazine*, março de 2006.

Página 111

Os resultados da campanha do desodorante Ban são de "Marketers' New Idea: Get the Consumer to Design the Ads", de Suzanne Vranica, *Wall Street Journal*, 14 de dezembro de 2005.

O site do concurso do Ban está em *banit.feelbanfresh.com*.

Página 112
Blake Ross, um dos co-fundadores da Firefox, fala sobre o número de membros registrados da "SpeadFirefox" no blog Naked Conversations: *redcouch.typepad.com/weblog/2005/03/interview_with_1.html*.
Asa Dotzler do Mozilla discutiu o concurso de vídeos gerados por usuários da Firefox conosco por e-mail, em agosto de 2006.

Página 113
Os vencedores do concurso de comerciais criados por ouvintes da estação de rádio Kansas City são entrevistados sobre seu vídeo em "20 grand was in the bags", de James A. Fussell, *Kansas City Star*, 7 de maio de 2006.

A descrição do vídeo ou da página é do site "School Your Way" do Wal-Mart: *schoolyourway.walmart.com*.

Página 114
O concurso "School Your Way" do Wal-Mart foi revisto por um repórter e adolescentes em "Wal-Mart Tries to Be MySpace. Sério", de Mya Frazier, *Advertising Age*, 17 de julho de 2006.
Esta teoria e idéia foi desenvolvida por C. K. Prahalad e Venkat Ramaswamy em seu livro *The Future of Competition: Co-Creating Unique Value with Customers*, Harvard Business School Press, 2004.
Cammie Dunaway, diretor de marketing do Yahoo, conversou sobre o concurso de vídeo "Hips Don't Lie" durante sua apresentação na conferência em Brandworks University, em 25 de maio de 2006.

Página 115
Jay Frank, o chefe de programação e relações musicais do Yahoo Music, fala sobre quantas vezes a versão de fãs do vídeo "Hips Don't Lie" foi vista em "For Shakira, First Came the Álbum, The Came the Single", de Maria Aspan, *New York Times*, 12 de junho de 2006.

Leia a crítica da estréia no Sundance do filme do show dos Beastie aqui: *www.cinematical.com/2006/01/21/sundance-review-awesome-i-fuckin-shot-that*.
O crítico de cinema da BBC, Matt McNally, disse que o filme do show feito pelos fãs "são 89 minutos de alegria partilhada, espontânea e ruidosa" em sua crítica de 4 de julho de 2006: *www.bbc.co.uk/films/2006/06/26/awesome_i_shot_that_2006_review.shtml*.
Adam Yauch, dos Beastie Boys (vulgo MCA, vulgo Nathanial Hornblower), o diretor do filme do show da banda feito pelos fãs *Awesome: I Fuckin' Shot That*, fala sobre o filme "Awesome, I Sat Through That", de Jason Silverman, *Wired News*, 23 de janeiro de 2006.

Piaggio Group discute suas razões para iniciar o blog Vespaway em *www.vespausa.com/ VespaBlogs/blogFAQ.cfm.*

O blog VespaWay é encontrado em *www.vespaway.com.*

Página 116

Paolo Timoni, diretor executivo da Piaggio USA, fala sobre o blog Vespaway em "Corporate Marketers Try Out Blogs", de Brian Steinberg, *Wall Street Journal,* 3 de maio de 2005.

A história da criação coletiva do Lego Mindstorms é detalhada em "Geeks in Toyland", de Brendan I. Koerner, *Wired,* fevereiro de 2006.

Página 117

Dados da penetração de VCR são acumulados de "Video Is Here to Stay", de Everett Rogers, *Media & Values,* inverno de 1998. *www.medialit.org/reading_room/article260.html.*

A penetração na Internet em escolas é descrita em "Internet in Nearly Every School", de Kathie Felix, *Multimedia Schools,* 1º de janeiro de 2001.

Página 118

As citações de Coni Rechner sobre a DEN se baseiam em várias entrevistas que fizemos com ela durante todo o ano de 2006.

Página 119

O comentário de Susan Little sobre a Discovery Educator Network estava na seção de comentários para um post no blog DEN: *discoveryeducation.typepad.com/Discovery_educator_networ/2006/06/going_to_necc_j.html#comments.*

Todos os comentários de Steve Sidel são o resultado de uma entrevista que conduzimos com ele, em junho de 2006.

Scott Wilder conversou conosco sobre a QuickBooks Community em junho de 2006.

O número de clientes da QuickBooks é mencionado aqui: *www.networkworld.com/ newsletters/sbt/2006/0619networker3.html.*

Página 121

O CEO da Microsoft, Steve Balmer, é conhecido no setor de tecnologia por seu refrão "developers, developers, developers" em um evento interno da empresa. A filmagem foi remixada com uma trilha sonora techno e se tornou um vídeo viral. Veja a filmagem original em *www.youtube.com/watch?v=kaJREvJW72g.* Veja o vídeo remixado em *vídeo.google.com/v ideoplay?docid=4677979007007000993985&q=balmer.*

Jeff Sandquist, da Microsoft, contou-nos sobre a criação de conteúdo do Channel 9 em entrevistas por e-mail, em julho e agosto de 2006.

Jeff Sandquist fala sobre comunidades como festivais de música em seu blog: *www.jeffsandquist.com/CommunitiesAreMusicFestivals.aspx*.

Página 122
"The Core Competence of the Corporation", de Gary Jamel e C. K. Prahalad (*Harvard Business Review*, Vol. 68, nº 3, maio-junho de 1990, p. 79) é uma leitura obrigatória.

Página 123
A reação de David Ellis ao título SoaP é mencionada em "An Unfinished Flick's Online Fang Club", de Jacqueline Trescott, *Washington Post*, 8 de abril de 2006.
Roger Ebert destrói *Snakes on a Plane* enquanto era entrevistado para *The Current*, com a apresentadora Anna Maria Tremonti e o repórter Aaron Brindle, CBC Radio-Canada, 4 de maio de 2006.

Samuel L. Jackson fala sobre mudar o título de SoaP e sobre sua classificação em "Listening to the Hissing", de Josh Tyrangiel, *Time*, 1º de maio de 2006. David Ellis fala sobre adequar o filme aos fãs.
A melhor canção de fãs do SoaP é "SoapSong" de Subatomic Warp e DC Lugi (vulgo David Coyne): *www.snakesonablog.com/swp/wp-content/upload/2006/02/DCLugi_SoaPSong.mp3*.

Página 124
O blogger e roteirista Josh Friedman disse que usou *Snakes on a Plane* como seu "Zen koan". Um Zen koan é um paradoxo para ser meditado, usado para treinar monges budistas a abandonarem a dependência da razão e forçá-los a uma repentina iluminação intuitiva. Veja *hucksblog.blogspot.com/2005/08/snakes-on-motherfucking-plane.html*.

Este é o primeiro post de Finkelstein para o Snakes on a Blog: *www.snakesonablog.com/2006/01/12/snakes-on-a-blog*.
Entrevistamos Finkelstein em seu apartamento em Washington, D.C., em 12 de junho de 2006.
Finkelstein relatou dados estatísticos no seguinte blog: *www.snakesonablog.com/2006/07/14/snakes-on-a-blog-ix*.

Finkelstein fala sobre a abordagem de distanciamento da New Line aos citizen marketers fãs em "*Snakes on a Plane* blog buzz forces Hollywood into overdue attitude adjustment", de Neva Chonin, *San Francisco Chronicle*, 12 de junho de 2006.

Este foi um dos primeiros outlets de mídia importantes a escrever sobre os citizen marketers do SoaP: "*Snakes on a Plane* a Web phenomenon", de Erin Carson, *Associated Press*, 20 de abril de 2006.

Página 126
Chuck Klosterman acha que a adequação que nossos produtores estão fazendo do SoaP aos desejos dos fãs é uma péssima idéia e diz isso em "*The Snakes on a Plane* Problem", de Chick Klosterman, *Esquire*, agosto de 2006.

Página 127
John Heffernan acha que é uma excelente idéia colaborar com fãs de cinema. Ele diz por que em "Call it YouHollyWood", de Ryan Peason, *ASAP AP*, 26 de junho de 2006. Então, pegue esta, Chuck.
Veja : "*Snakes*: A Letdown After the Hype", de Sharon Waxman, 21 de agosto de 2006, *The New York Times*.
Os dados da bilheteria são da Nielsen EDI, Inc., via *New York Times*, 12 de setembro de 2006 (*www.nytimes.com;/pages/movies/boxoffice/weekend_us/index.html*).

Conclusão

Página 129
"Well, It Turns Out that Lonelygirl Really Wasn't", de Virginia Heffernan e Tom Zeller Jr.", *New York Times*, 13 de setembro de 2006.
O blog do *Times* tem mais sobre Lonelygirl15, mais comentários de leitor: *screens.blogs.nytimes.com/?p=77*.

Página 131
O sistema de comprador assíduo do Harrah é descrito em "Make Every Customer More Profitable: Harrah's Entertainement, Inc.", de Margaret L. Young e Márcia Stepanek, *CIO Insight*, 1º de dezembro de 2003.
A definição de fidelidade que preferimos é aquela descrita no artigo : "The One Number You Need to Crow", de Frederick F. Reichheld, Harvard Business Review, dezembro de 2003. O artigo dele foi ampliado, tornando-se um livro, *The Ultimate Question*, (Harvard Business School Press, 2006).

BIBLIOGRAFIA

Estamos em dívida com uma série de pesquisadores e grandes pensadores com quem contamos para entender a mídia social no contexto da história da mídia. Seus livros serviram como referência e orientação em nosso trabalho.

Becher, Gary S. e Kevin M. Murphy. *Social Economics: Market Behavior in a Social Environment.* Boston: The Belknap Press of Harvard Business School Press, 2000.
Becher, Gary S. *The Economic Approach to Human Behavior.* Chicago: University of Chicago Press, 1976.
Benkler, Joachia. *The Weath of New Haven*: Yale University Press, 2006.
Bryson, Bill. A *Shortt Hiatory of Nearly Everything.* Nova York: Broadway Books, 2003.
Dawkins, Richard. *The Selfish Gene.* Oxford, England University Press, 1976.
De Geus, Arie. *The Living Company: Habits for survival in a Turbulent Business Environment.* Boston: Harvard Business School Press, 2002.
Durant, Will. *The Story of Civilization: Part II, The life of Greece.* Nova York: Simon and Schuster, 1939.
Eisenstein, Elizabeth L. *The Printing Press as Agent of Change*, Vols. 1 e 2. Cambridge, England: Cambridge University Press, 1979.
Emery, Michael e Edwin Emery. *The Press and America*, Sixth Edition. Upper Saddle River, Nova Jersey: Prentice Hall, 1988.
Gelber, steven M. *Hobbies.* Nova York: Columbia University Press, 1999.
Jonhson, Steven. *Everything Bad Is Good for You: How Today's Popular Culture Is Actually Making Us Smarter.* Nova York: Riverhead Books, 2005.
Kuhn, Thomas S. *The Structure of Scientific Revolutions.* Third Edition. Chicago Press, 1996.

Kurzweil, Ray. *The Singularity Is Near: When Humans Transcend Biology*. Nova York: Viking, 2005.

Lessig, Lawrence. *Free Culture: How Big Media Uses Technology and the Law to Lock Down Culture and Control Creativity*. Nova York: The Penguin Press, 2004.

Man, John. Gutemberg: *How One Man Remade the World with Words*. Hoboken: John Wiley & Sons, 2002.

McLuhan, Marshall e Quentin Fiore. *The Medium Is the Massage*. Nova York: Touchstone, 1967.

McLuhan, Marshall. *The Gutemberg Galaxy: The Making of Typographic Man*. Toronto: University of Toronto Press, 1962.

McLuhan, Marshall. *Understanding Media: The Extensions of Man*. Nova York: Mentor/New American Library, 1964.

Moulitsas, Markos e Jerome Armstrong. *Crashing the Gate*. White River Junction, VT: Chelsea Green, 2006.

Ober, Josiah e Brook Manville. *A Company of Citizens*. Boston: Harvard Business School Press, 2003.

Pfeffer, Jeffrey e Robert I. Suttom. *Hard Facts, Dangerous Half-truths and Total Nonsense: profiting from Evidence-Based Management*. Boston: Harvard Business School Press, 2006.

Prahalad, C. K. e Venkat Ramaswamy. *The Future of Competion: Co-Creating Unique Value with Customers*. Boston: Harvard Business School Press, 2004.

Roger, Everett M. *Diffusion of Innovations*, 5ª Edition. Nova York: Free Press, 2003.

Smith, Adam. *Wealth of Nations*. Nova York: Modern library, 1994.

Strauss, William e Neil Howe. *Millennials and Pop Culture: Strategies for a New Generation of Consumers*. Great Falls, VA: Life Course Associates, 2006.

Von Hippel, Eric. *Democratizing Innovation*. Cambridge, MA: The MIT Press, 2005.

Zakaria, Fareed. *The Future of Freedom*. Nova York: Norton, 2003.

ÍNDICE REMISSIVO

3G (terceira geração, redes sem fio high speed), 52

A

Acta Diurna, 55
Adams, Douglas, 47-48
Aguilera, Christina, 32
Alibhai, Asif, 7-8
Altruísmo, 83-84
Amazon.com, 17-18
American Motorcyclists Association, 25-26
America's Funniest Home Videos, 88-89
Angel (WB Television), 10-11, 80
Anjos do Inferno, 25
AOL
    cancelamentos de conta, 17-18, 96-97
    compra da Weblogs Inc., 34-35, 61
Apple Computer, 5-6, 108
    ver também iPod
    vídeo de propaganda 7-8
Apple, Fiona, 1-4, 10-11
Apprentice, The [O Aprendiz], 16
Aristóteles, 38-39
Arrested Development, 10-11
Astroturfer, 98-99
Ataques terroristas de 11 de setembro, investigação, 44
Autenticidade, 20-22, 129-30
Autoridade dinâmica, 21-22

Awesome: I Fuckin' Shot That, 115-16

B

Baby Talk Radio, 63-64
Ballmer, Steve, 121
Barqsman.com [bebida energética da Barq], 9-10, 37-38
Barton, Jim 67-68
Baruzzi, Mario, 86-87
BBC, 66-67
Beastie Boys, The, 114-16
Becker, Gary S., 36-38
Bem comum, 85
BevNet, 19-20
Bizell, Drew, 4-5
Black hats, 4-5
Bleecker, Julian, 61-62
Blockbuster Online, 4-5
Blockbuster, lojas, 88
Blog daHackingNetflix, 4-6, 21
Blog Disney, O, 9-10
Blog Vespaway, 115-6
Blog(s), 58, 59-63
    alimentos e bebidas, 8-10, 76-77
    carro, 13-14
    crescimento em, 61-62
    empresa, 59-60
    sistema de feedback ao cliente, 59-60
    tendências, 74

Blogger, 58-59
Blogs de bebida. Veja Blogs de alimentos e bebidas.
Blogs de bebidas e alimentos, 8-11, 76-77
Blogs de carro, 13-14
Blogs de empresa, 59-60
Bloguide, 7
Blowfly Beer, 114
Boca-a-boca, 16-17, 19-22, 108-9, 127-8, 129-30
Bookmarking social, 33-34, 101-2
    pagamento e, 37-38
Boozefighters Motorcycle Club, 25
Bott, David, 13-14, 28, 67-69
Bowiechick, 16-18, 21, 108
Brand Autopsy, 7
Brando, Marlon, 25-26
Brokeback to the Future, 46-47
Brown, W. Earl, 12-13
Bruner, Rick, 21
Burton, Kilarie, 110
Bush, George W., 32, 44-45
Business Blog Consulting, 21

C

Calcanis, Jason, 34-36
Call centers, 17-18
Calúnia, 107
Câmeras de vídeo digital, 51-52
Câmeras digitais, 50-52
Campbell, Joseph, 93
Capacidade de armazenamento de computador, 48-49
Carlisle, Adrew, 7-8
Celular Treo, 52-53
Celulares, 52-53
Channel 9 (*channel9.msdn.com*), 29, 35-36, 120-21
Cheerios, 16
Chicago Cubs, 43, 44-45
ChicagoCrime.org, 46
Chicken McNuggets, 89-91
China
    bloggers na, 60-61
    surfando na Internet, 49-50
Chips de computador, 48-49
Chiquita Bananas, 19
Cidadania colaboradora, 105-6
Cidadania como conceito, 38-39
Citizen marketers, 129-30
    altruísmo e, 83-84
    pagamento a 34-38
    pontos em comum, 18-19
    tipos de 20-21
Clubes de moto, 25-26
CNN, 66-67
Coca-Cola Company, 108
    bebida energética Barq, 108
    Surge, 75-81
    Vault, 78-81
Colaboração, 17-18
Colaboradores de conteúdo, 27-28, 32-38, 51-52
Colecionadores/colecionar, 81-82
Collins, Chip, 11-13
Comcast, 95-97
Comportamento de ajuda ao Mercado, 83-84, 86
Comportamento humano, 36-38
Comunicação romana antiga, 55-56
Comunidade como core competency, 122
Comunidades on-line, 13
Comunidades
    bem comum e, 85
    Bookmarkers sociais, 34-35
    Channel 7, 120-121
    comportamento humano nas, 46-47
    criadores de comunidade, 116-20
    de interesse, 106-7
    dinâmica das, 154
    Discovery Education, 117-20

Os 1 Porcentos, 26-27
QuickBooks, 119-21
Snakes on a Plane, 34-35
Concursos, 108-114
    Converse Gallery, 108-110
    desodorante Ban, 110-111
    Firefox, 111-12
    The Rock, 111-13
    Wal-Mart, 112-14
Conexões de banda larga, 49-50
Consciência da marca, 80-81
Consciência de classe, 116-7
Constituição dos Estados Unidos, 32
Converse, 108-110
Costolo, Dick, 66-67
Crackers, 4-5
Creative Artists Agency, 129-30
Creative Commons, 35-36
Credibilidade, 107
Crestive Technologies, 51-52
Criação conjunta, 114
Crítica, 107
Cultura hip-hop, 46
Cultura ler-escrever, 35-36
Cultura não-comercial, 35-36
Cyworld, 73

D

Dawkins, Richard, 94-95, 100-1
Deadwood (HBO), 10-13
DeHart, Jacob, 103-6
Dell Computer, xv
Dell Hell, xiv-xv, 95-96
Dembo, Steve, 29-30
Democracia, definida, 106-7
Democratização, 41-54, 103-28, 131-132
    de tecnologia, 44-45
    definição, 106-7
    produção de massa, e coleção, 82
    vs. forças de controle, 41-43

    vs. sigilo, 44-45
Dennis, Paul, 63-64
Derivativos do *Star Wars* (Guerra nas Estrelas), 124-5
Descrição de radio sob demanda (podcasts), 63-64
Design da camiseta, 103-6
Desodorante Ban, 110-11
Di Bona, Vin, 88
Diet Coke, 100-2, 108
Digg.com, 33-38, 101-2
Digital still e câmeras de vídeo, 50-52
Dinkelstein, Brian, 95-97, 123-6, 127
Discovery Channel, 119
Discovery Communications, 117-8
Discovery Education, 29, 117-20
Discovery Educator Network, 29, 118-20
Distribuição de ação, 30-31
Distribuição de renda, 37-38
Dollarshort, 58-59
Dority, Dan, 13
Dotzler, Asa, 111-2
Draco, 38-39
Dreamless.com, 104-5
DSL, assinaturas, 40-50
Dulaney, William L., 25-27
Dungy, Tony, 8

E

Ebert, Roger, 122-3
Economic Approach to Human Behavior, The (Becker), 37-38
Edelman, empresa de RP, 21
Editora e radiodifusora, 55-74
    blogs, 59-63
    democratização das, 64-67
    e Roma antiga, 55-56
    feeds RSS, 64-67
    imprensa escrita de Guttenberg, 55-57
    mídia eletrônica, 57-60

MySpace, 69-70
podcasts, 62-65
TiVo, 67-69
Efeito de câmara privilegiada, 105-6
Efeito Network, 36-37
Eisenstein, Elizabeth L., 56-67
Ellis, David R., 122-3, 125-6
Encyclopaedia Britannica, 26-28
Energy Smart News, 64
Epic Records, 114-5
Estudo de *freeloaders*, 85
Expressão pessoal, 18
Extraordinary Machine (Apple), 1-4

F

Facilitadores, 13-15
Fanáticos por televisão, 10-13
Fanáticos, 7-13
    blogs de entretenimento, 9-13
    blogs de alimentos e bebidas, 8-10
Feedback, 16-17
Feedburner, 66-67
Feeds, 64-67
Feidler, Matt, 15
Ferrari, Vincent, 16-18, 96-97
Feynman, Richard, 129
Fidelidade, 129-32
Filo, David, 41-42
Filtradores (colecionadores de informação), 4-8
Firecrackers (artistas com um único sucesso), 14-19
Firefox, 111
Fitness Business Radio, 64
Fizz Factor: 50 Amazing Experiments with Soda Pop (Sprangler), 100-1
Flickr, 32-33, 50-51, 102
Fones movies, 52-53
Ford, Harrison, 75
Forrester Research, 54, 131

Fóruns de voluntaries, 35-36
Fóruns de voluntários, 35-36
Fraco, Armand, 86-88
Franceschi, Francesco, 86
FreeFiona.com, 1-3
Friendster, 70
Frost, John, 9-10
Full Service Network (FSN), 67

G

G. Love & Special Sauce, 15-16
Gangues de moto "foras da lei", 25-26
GarageBand, 46
Gelber, Steven M., 81-82, 83, 85
Gibson, William, 103
Google, 96-97
    capacidade de armazenamento, 49
    Google Vídeo, 72-73
    sistema de mapa, 46
Grobe, Fritz, 100-2
Guerra do Vietnã, 57
Guttenberg, Johann, 55-56

H

Hall, Justin, 58, 82
Hamel, Gary, 121
Harley Owners Groups (HOGS), 122
Harley-Davidson, 122
Harrah's Casino, 130-1
Hassenplug, Steve, 116
Hastings, Reed, 5-6
HBO, 10-13
HboNoMo.com, 10-12
Hefferman, John, 126-7
Hierarquia de roteiro, 33-34
Hips Don't Lie (Shakira), 114-5
Hobbies, 35-36, 81-82
Hobbies: Leisure and the Culture of Work in America (Gelber), 81-82
Holovaty, Adrian, 45-46

Horowitz, Bradley, 28, 102
Howe, Neil, 91-92
Hughes, Pete, 113
Hurst, Matthew, 60-61

I

Identificando tendências, 101-2
ihatestarbucks.com, 7
iLounge.com, 5-6
iMovie, 46
Imprensa escrita, 55-57
Informativo baseado na Web, 13
Institute for Interactive
    Journalism, The, 46
International Journal of Motorcycle Studies, The, 25-26
Internet, 131-2
Intuit Corp., 28, 119-20
Investigações dos ataques de 11 de setembro, 44
iPod
    iPodLoung.com, 5-6
    iPod's Dirty Secret, 93-96
    primeiras questões sobre impossibilidade de substituição da bateria, 93-96
    propagandas, 7-8, 14-15
    tiny Machine, animação, xi-xiii
iTunes
    podcasts e, 62-64
    propagandas, 7-8
    video podcasts, 64-65

J

Jackson, Samuel, L., 122-8
Jarvis, Jeff, X-Xii, 33-34, 96-97
Jeff from Houston, 63-64
Johnson, Samuel, 34-35
Jones Soda, 114
Jornalismo de marca amador, 5-6

Juran, Joseph, 29-30

K

Kaltschnee, Mike, 4, 20-22
Kalvianen, Erik, 29
Kandel, Amy, 113
Karkovac, Eric, 75-82
Kato, Cha, 88
Keith and the Girl, 63-64
Khalili, Chemda, 63-64
Kim, Peter, 131
Klosterman, Chuck, 126
Knight, Bobby, 8
Kuhn, Thomas, 47-48
Kurzweil, Tay, 48-49

L

Lazer produtivo, 81-82
Learning Channel, 119
Lego, 116
Lei de direitos autorais, 36-37
Lei de Moore, 48-49, 61-62
Lei do poder, 29-31
Lessig, Lawrence, 35-36
Libel, 107
Liberdade de expressão, 107
Links
    popularidade do blog e, 61
    YouTube, 71-72
Linux, 67-68
Little, Susan, 119
LiveJournal, 58-59, 60-61
Lloyd, Dennis, 5-6
Logitech, 17-18, 20-21, 51-52, 108
Lojas Discovery, 119
Lonelygirl 15, 129-31
Loveless, Dan, 15
Loves Threadless Blog, 105-6
Lund, Avery, 76-77
Luther, Martin, 56-57

M

MacPhail, Andy, 43
Malley, Keith, 63-64
Man, John, 55-56
Manville, Brook, 39
Marketing
    modelo AIDA, 22-23
    quatro Os do, 131
Marx, Michael, 9, 37-38
Mashup, 45-46, 46-47
Mashups de dados, 45-46
Mashups de entretenimento, 45-46
Masters, George, xi-xiii, 14-15, 33-34, 108
Mayer, Oscar G., 19
McChronicles.com, 8-9, 83, 108
McCracken, Harry, 7-8
McDonad's, 8-9, 20-21, 83, 89-91, 108
McLuhan, Marshall, 55, 57, 83, 130-1
Mehegan, David, 31
Memes, 15, 94-96
    mecanismo de disseminação da mídia social, 97
    replicação de, 95
Mentos, 100-2, 108
Micro Persuasion, 21
Microsoft, 29, 120-2
    channel9.msdn.com, 119-21
    serviço de blogging, 60-61
Microsoft6 Movie Maker, 46
Middleditch, Thomas, 89-91
Mídia eletrônica, 57-60
Midstorms, 116
Milch, David, 11-12
Milenares, 91
Milk and Cereal, 15-17
Millennials and the Pop Culture (Strauss e Howe)
Mini Cooper da BMW, 13-15
Mini Cooper, 13-15
MINI2.com, 13-15
Miniwatts Marketing Group, 61-62

Mintel, 51-52
Mizrahi, Issac, 98-100
Modelo AIDA, 22-23, 31
Modo & Modo, 108
Monnens, Neil, 10-11
Moore, John, 7
Mountain Dew, 79-80
Movable Type, 43, 58-61
Movimento de direitos civis, 57
Mozilla Foundation, 111
Mudança de paradigma, 47-49
Mullett, Paul, 13-15
Murdoch, Rupert, 60-61, 70
Muscato, Dave, 2-4, 10-11
MySpace, 50-51, 69-70, 122
    compra do, 60-61

N

Negroponte, Nicholas, 53
Neistat, Casey, 93-94, 108
Neistat, Van, 93-96, 108
Netflix, 4-6, 21-23
Netscape.com, 34-35
New Line Cinema, 123-7
Newsvine, 34-35
nicho de propaganda, 28
Nickell, Jake, 103-6
Nielsen Analytics, 64
Nielsen BuzzMetrics, 96-97
notebooks Moleskine, 86-88, 108
Novos produtos
    índice de fracasso, 103
    SoaP, 122-4
Nuzim, Eric, 63-64

O

Ober, Josiah, 39
Oliveria, Melody, 16-17
One Laptop Per Child, 53
OpentheGovernment.org, 44-45
Oral Fixation Vol. 2 (Shakira), 114-5
Orbitz, 71-72
Os 1 Porcentos, 25-39

como marginais da cultura, 26-27
cultura ler-escrever, 35-36
inspiração para, 108
leis de poder, 29-31
números de cidadãos criadores, 32-34
pontos em comum, 31
Oscar Mayer, música da salsicha, 19

P

Palm, 7, 52-53
Pareto, Vilfredo, 29-30
Participação, 131
Pathfinder.com, 41-42
Periódicos on-line. Veja Blog(s)
Pew Internet & American Life Project, 32-33, 49-50
Piaggio Group, 115-6
PigeonBlog, 61-63
Pissed Off Bastards of Bloomington Motorcycle Club, 25
Placares virtuais, 60-61
Podcast Meandering Mouse, 63-64
Podcasts da National Public Radio (NPR), 63-64
Podcsats, 62-65
poder de um, 129-30
Politéia, 41, 103-4
Poynter Institute, 5-6
Prahalad, C. K., 121
PregTASTIC Pregnancy Podcast, 63-64
Primeira Emenda, 107
Princípio de Pareto, 29-30
Printing Press as an Agent of Change, The (Eisenstein), 56-57
Problemas de atendimento ao cliente, xiii-xv, 93-97
ProductWiki.com, 29
Produtos SoaP, 122-4
Programas de incentive, 130-1
Públicos, 21-22, 91

Q

QuickBooks Community, 28, 119-21
QuickBooks, 119-21
QuickCam Orbit, 17-18

R

Rádio, 57
Radiodifusão. Veja Edição e radiodifusão.
Ramsay, Mike, 67-68
Real Deadwood Podcast, The, 63-64
Really Simple Syndication RSS), 64-67
Rechner, Coni, 118-119
Red Cart Romance, 98-99
Reddit, 34-35
Redes de afiliação, 80-81
Redes de mídia social, 15-18, 130-1
Reforma Protestante, 56-57
Regra do 1%, 27-28, 29-30, 32-33
   aplicada ao site, 38
Reichheld, Fred, 131
Relacionamentos, participação e, 131
Relevância pessoal, 91
Remixing, 46
Renda, distribuição de renda, 37-38
Responsabilidade moral, 116-117
Reuters, 66-67
revista Life, 25-27
Rituais partilhados, 116-7
Rock, The (estação de rádio da cidade de Kansas 98,9), 112-3
Rocketboom, 64-65
Romenesko, Jim, 5-7
Roosevelt, Eleanor, 4
Rose, Jéssica, 129-30
Rose, Kevin, 37-38
RSS (Really Simple Syndication), 64-67
Rubel, Steve, 21

S

Sandquist, Jeff, 121

SaveDeadwood.net, 11-12
SaveSurge.org, 76-78
SavingAngel.org, 10-11
School Your Way, 113
Scooters Vespa, 115-6
Seigenthaler, John, 31-32
Selfish Gene, The (Dawkins), 100-1
Shakira, 114-5
Shimura, Ken, 88
Shining, The, 46-47
Shirky, Clay, 30-31
Sidel, Steve, 119-20
Singularity Is Near, The (Kurzweil), 48-49
Sistema de feedback ao cliente, 59-60
Six Apart, 43-45, 58-60
SK Telecom, 73
Slave to Target, 97-100, 108
Smith, Adam, 34-35
Snapperfish, 52-53
SnapperMail, 52-53
Soderstrom, Erick, 109-110
Software agregador, 65-67
Sólon, 38-39
Sony, 1-2
Sopranos, The (HBO), 11-12
Sosa, Fernando, 89-91
Spaces, 60-61
Spangler, Steve, 100-1
Spielberg, Steven, 49
Spread Firefox, 111-2
Stafford, Brandford, 31
Star Trek Enterprise, 10-11
StarbucksGossip, 5-7
Status de amador, de *citizen marketers*, 18-19
Status, 86
Stein, Gary, xi-xii
Strauss, William, 91-92
Subway, 90-91
Sun Tse, 43
Surge, 75-81

Swenson, Casey, 13-14
Swisher, Kara, 41-42

T

Tags, 72-73
Target Corp., 97-100, 108, 113
Taylor, Chuck, 109-110, 118-9
Technorati, 61-62
Telefones, 52-53
Televisão, 57
Thompson, Hunter S., 25
Threadless, 103-6, 107, 108-9
threadlies.org, 105-6
Time Warner, 41-42, 44-45, 67
Timoni, Paolo, 116
Tiny Machine, xi-xiii
TiVo Community, 13-14, 28, 67-68, 108
TiVo, 67-69, 83-84
Tocqueville, Aléxis de, 84-85
Total Rewards (Harrah), 131
Trabalhos derivados, 36-37
Trachbacks, 61
Tradições, partilhadas, 116-7
TravelCommons, 64
trenauts.com, 7
Trentlage, Richard, 19-20
TreoCentral.com, 35-36, 52-53
Tribune Company, 43
Troca de dados, 45-46
Trott, Bem, 58-60
Typepad, 58-60

U

Ulrich, Robert, 99
Unitedstreaming, 117-9

V

Valor próprio, 86
Vandalismo digital, 31-32
Vandalismo, 31-32

vandalismo destrutivo, 32
vandalismo digital, 31-32
Vault, 78-80
VaultKicks.org, 78-79
Verizon, 52, 53
Vídeo da Comcast, 95-96
    atenção indesejada, 17-18
    iPod's Dirty Secret, 93-97
    redes de mídia social, 15-17
Vídeo Podcasts, 64-65
Vila global, 57
Voltz, Stephen, 100-2

W

Wal-Mart, 112-4
Walt Disney World, 9-10
Walws, Jimmy, 31
WatchMacTV.com, 7-8
Web 2.0, 45-46, 47-48
Webcams, 16-18, 51-52
Weblogs Inc., 34-35, 61
Whitehead, A. N., 1
Wiki, 121
Wikipedia, 26-28, 31-32, 85
Wild Ones, The (Os Selvagens) 25-26

Wilder Scott K.m 119-21
Will George, 88
Windows Live Spaces, 60-61
Winter, 81-82, 108
World Wide Web, 45-46
Wrigley Field, 43

X

XML, 45-46

Y

Yahoo Groups, 28
Yahoo, 43, 102
Yang, Jerry, 41-42
Yankelovich Inc., 19-20
Yanuch, Adams, 115-6
YouTube, 69-73
YouTube.com
    Bowiechick, 16-18, 20-21
    imitação como homenagem, 114
    memes e, 97
    páginas de perfil público, 72-73
    parcerias com a Logitech, 17-18
    popularidade do, 35-36, 69-73, 122
    Share this vídeo, 71-72